dtv

Die in diesem Band versammelten Aufsätze des renommierten Historikers Christian Meier behandeln die Schwierigkeiten bei der Erinnerung an die beiden deutschen Diktaturen, kommentieren den Prozeß der deutschen und europäischen Vereinigung und betonen die Notwendigkeit der Besinnung auf die Geschichte in einer Zeit, die Gefahr läuft, schon ihre eigene Gegenwart nicht mehr wahrzunehmen. Es wird deutlich, dass bei der Einschätzung der Gegenwart und Prognosen für die Zukunft historisches Denken unverzichtbar ist.

Christian Meier, geboren 1929 in Stolp/Pommern, lehrte Alte Geschichte an der Universität München, war Präsident der Deutschen Akademie für Sprache und Dichtung und hat zahlreiche Veröffentlichungen zu historischen und politischen Themen vorgelegt. 2003 wurde ihm der Jacob-Grimm-Preis für besondere Verdienste um die deutsche Sprache verliehen.

Christian Meier

Das Verschwinden der Gegenwart

Über Geschichte und Politik

Deutscher Taschenbuch Verlag

Von Christian Meier ist im
Deutschen Taschenbuch Verlag erschienen:

Caesar (dtv 30593)
Die parlamentarische Demokratie (dtv 30812)

Ungekürzte Ausgabe
Februar 2004
Deutscher Taschenbuch Verlag GmbH & Co.KG, München
www.dtv.de

Umschlagkonzept: Balk & Brumshagen
Umschlaggestaltung unter Verwendung der Installation
›Global Domes‹ (2001) von John Armleder
Satz: Filmsatz Schröter GmbH, München
Druck und Bindung: Druckerei C.H. Beck, Nördlingen
Gedruckt auf säurefreiem, chlorfrei gebleichtem Papier
Printed in Germany · ISBN 3-423-34069-X

Inhalt

Einleitung 7

Die andere Mauer in den deutschen Köpfen –
Gefangen zwischen Vergangenheit und Zukunft 36

Erinnern – Verdrängen – Vergessen 70

Das Problem eines Berliner Denkmals 96

Müde Gaedt 123

Am Ende der alten Bundesrepublik 125

Das Problem der Arbeit in seinen Zusammenhängen 145

Wo bleibt die Demokratie in diesem Europa? 166

Vom »fin de siècle« zum »end of history«? –
Zur Lage der Geschichte 176

Läuft der Zeit die Zeit davon? 201

Historiker und Prognose 209

Anmerkungen 247

Einleitung

Man kann seiner eignen Zeit nicht böse sein,
ohne selbst Schaden zu nehmen
(Musil)

Die Aufsätze, welche hier folgen, sind mit kleinen Ausnahmen als Versuche eines Historikers geschrieben, sich in der eigenen Zeit zu orientieren. Sei es mit Hilfe von Geschichte – wo es etwa um die weiteren Zusammenhänge des Endes der Arbeitsgesellschaft geht oder um das uralte Problem von Erinnern-Verdrängen-Vergessen –, sei es, indem die Geschichte selbst in ihrer heutigen Beschaffenheit und das Problem der Prognose zum Thema werden, sei es schließlich in der Reflexion auf die Lage und Zukunft des eigenen Gemeinwesens, die so stark durch eine exzeptionelle Vergangenheit bestimmt zu werden scheinen.

Es sind insgesamt sehr kleine Ausschnitte aus der Problematik unserer Zeit, von denen die Rede ist. Die Aufsätze stammen aus den letzten zehn Jahren (1990-2000), und die Frage, ob sie nicht überholt seien, mag sich durchaus nahelegen. Ich möchte versuchen, ausgehend von Fragen, die mich heute beschäftigen, kurz dazu Stellung zu nehmen.

*

Die gegenwärtige Beschaffenheit der Geschichte als Bewegung der Welt in der Zeit – könnte sie dadurch charakterisiert sein, daß der Zeit die Zeit davonläuft (u. S. 201)? Unsere Sprache kennt den »Wettlauf mit der Zeit«, den etwa die Retter eines Verschütteten gewinnen müssen, wenn sie die Zeit, das heißt den Prozeß seines Verdurstens oder Erstickens einholen wollen, bevor er an sein Ende gelangt ist. Indes kann vielleicht auch der Zeit selbst, wenigstens streckenweise, die Zeit davonlaufen; wenn nämlich die Zeit, als das Zeitalter, mit der Zeit im Sinne des selbsttätigen Wandlungsprozesses nicht mitkommt, den sie so hervorruft, wie sie ihm ausgesetzt ist.

Menschliche Gesellschaften können zwar auf erstaunliche Weise imstande sein, sich auf neue Gegebenheiten und Lebensverhältnisse einzurichten; indem sie diese nicht nur zur Kenntnis nehmen und sie zu überblicken, sondern sie auch in ihr Selbst- und Weltbild einzuordnen lernen, ihnen insofern Bedeutung verleihen, um sie schließlich mehr oder weniger als selbstverständlich anzunehmen. Das heißt: indem sie ihre Erwartungen, ihre Maßstäbe, ihre Ziele und Ideale darauf einstellen, unter Umständen auch neue Gegensätze und Parteiungen um die neu sich auftuenden Probleme hervorbringen. Das geht zuweilen unvermerkt vor sich, in langsamer Anpassung, gelegentlich schubweise durch das Aufkommen deutlich von den vorangegangenen sich abhebender Generationen, doch kann es auch harte Auseinandersetzungen und Kämpfe kosten.

Die Auseinandersetzungen und Kämpfe, aus denen nicht nur Reformen, sondern auch Umschläge vorherrschender Anschauungen hervorgehen können, sind am leichtesten auszumachen. Der Vorgang allmählicher Anpassung dagegen ist am ehesten an den Ergebnissen abzulesen, die sich irgendwann eingestellt haben. Heinrich Popitz hat einmal von einem »Anpassungsvorgang« gesprochen, »in dem wir lernen zu wollen, was wir sollen, um es schließlich zu tun, ohne es zu merken«. Hildegard Hamm-Brücher hat dazu bemerkt, jeder Abgeordnete, der nicht völlig abgestumpft sei, könne es an sich selber bemerken. Eben diese Anpassungsvorgänge machen aber auch ganze Gesellschaften mitsamt ihren »Werten« durch; nicht unbedingt insgesamt, aber doch in ihren maßgebenden Teilen. Was hat sich nicht alles in den Anschauungen und Wertschätzungen von Rechten wie von Linken seit 1968 subkutan verändert!

Sobald aber der Prozeß des Wandels sich stark beschleunigt, zumal wenn er, nachdem man seine Wahrnehmung lange eher verdrängt hat, geradezu über die Gesellschaft hereinzubrechen scheint, kann es schwieriger werden. Dann stellt sich ziemlich ausgeprägt das Problem des Sich-Zurechtfindens in Zeiten des Umbruchs: manch eine gemeinsame, in die ganze Gesellschaft oder doch in wesentliche Teile von ihr eingerastete Anschauung, manch ein (bis dahin) wertbesetzter Begriff, wohlbewährte Maßstäbe des Urteils, Leitbilder und damit vielerlei Auffassungen greifen nicht mehr; es wirken nicht mehr jene gemeinsamen Erwartungen (sowohl solche im Sinne halbwegs vertrauter Zukunftsvorstellungen als auch solche, die sich auf das Handeln von Mitmenschen, nicht zuletzt von Politikern erstrecken). Damit entfallen wichtige Voraussetzungen für das Funktionieren von Institutionen, ja des gesellschaftlichen Lebens. So werden nicht nur vorherrschende Anschauungen erschüttert, sondern die Gesellschaft kann sich ihrer selbst unsicher werden, so daß allerhand scheinbar Undenkbares möglich wird. Dann lassen sich im Alltag zwar vielerlei Probleme nach wie vor anpacken, doch die Maßstäbe werden weich und die Orientierung problematisch.

Dann kann die Zeit schneller laufen als das gesellschaftliche Fassungsvermögen, die Fähigkeit, sich auf das Neue einzustellen, und zwar gleichgültig, wie weit das in gleichem Sinne und wie weit es in Gegensätzen geschieht. Jedenfalls muß man sich dann mit den neuen Lagen, mit den in ihnen relevanten Konstellationen erst allmählich vertraut machen, muß neue Handlungs- und Erwartungsweisen entwickeln, muß sich auf neue Unterscheidungen zwischen möglich und unmöglich, wichtig und unwichtig, richtig und falsch, erlaubt und verboten, recht und unrecht verständigen – um von neuem eine gewisse Sicherheit des Urteilens zu erlangen.

»Die menschliche Vernunft ist – wie der Mensch selbst – ängstlich und vorsichtig, wenn sie allein dasteht, und gewinnt an Festigkeit und Zutrauen im Verhältnis zu der Anzahl Gleichgesinnter, mit der sie sich einig weiß«, hat James Madison in den Federalist Papers (Nr. 49) bemerkt. So hänge die Überzeugungskraft, welche politische Meinungen in jedem Einzelnen entfalten könnten, sehr von der Zahl derer ab, von denen er annehme, daß sie derselben Meinung seien wie er. Das gilt nicht nur im Einzelfall, sondern auch für die durchhaltenden Meinungen etwa über das politisch Erlaubte, die Maßstäbe von richtig und falsch, wichtig und unwichtig und anderes.

In Zeiten des Umbruchs aber pflegt, sobald es um mehr als die je eigenen Interessen geht, Unsicherheit oder gar Ratlosigkeit vorzuherrschen, bei den Einzelnen und zwischen ihnen; und dazu kommen Ressentiments, Desinteresse und Verdrängungen. Hier braucht es im Zweifel länger, bis sich die gesellschaftliche Wirklichkeit unter den neuen Verhältnissen wieder einpendelt. Und in der Zwischenzeit kann man sehr wohl – wie es etwa einem der sensibelsten Beobachter der Jahre um 1835, Alexis de Tocqueville, seinerzeit geschehen ist – die Angst haben, die Zeit laufe einem davon; die »neue politische Wissenschaft«, die man brauche, lasse sich möglicherweise nicht rasch genug entwickeln. Diese Befürchtung hat sich damals bald als unbegründet erwiesen; man hat sich, und weithin ohne diese Wissenschaft, in einer neuen – von vielen ja auch gewollten – Normalität einzurichten vermocht, hat ein neues Instrumentarium des Begreifens, Urteilens, Führens, Kontrollierens, Mitkommens entwickelt.

Jedenfalls kann sich in einer Gesellschaft eine Ungleichzeitigkeit auftun zwischen dem, was in ihr geschieht, und den Mitteln, die eigene Lage – als Gesellschaft – zu erkennen und zu verstehen, vor allem aber: die eigenen Bedingungen in ihr zu bestimmen. Gerade Zeiten des Umbruchs sind dadurch charakterisiert, daß sich in kurzer Frist ungeheure Möglichkeiten erschließen, daß viele Einzelne, vielleicht ganze Schichten sie in großem Stile nutzen, daß sie dadurch eine ganze

Reihe neuer Tatsachen und Bedingungen heraufführen – oft als unbeabsichtigte Nebenwirkungen der Wahrnehmung sehr individueller Interessen –, daß aber die Gesellschaft als ganze sich darauf so rasch nicht einstellen kann. Dann ist der von den Vorandrängenden ausgemachte Prozeß der Zeit bald weiter als große Teile der Gesellschaft, mithin als die Gesellschaft selbst, wenn diese denn der Körper sein soll, innerhalb dessen die verschiedenen Teile, soweit möglich, die nötige Kontrolle über die eigenen Bedingungen auszuüben vermögen. Dazu nämlich gehören nicht nur institutionelle Mittel (die man eventuell adaptieren muß), sondern auch jenes mentale Instrumentarium, mit dem man begreift, was vorgeht, und die eigene Wirklichkeit bestimmt und beurteilt.

Wo Einzelne, Firmen, vielleicht Schichten sich rasch zurechtfinden, kann nicht zuletzt dadurch sehr vieles in Fluß geraten, wird es fraglich, was eine Gesellschaft als Wirklichkeit (und was sie als beliebig) wahrzunehmen und anzuerkennen vermag – bis sie es schließlich neuerdings weiß und sich in den neuen Verhältnissen zu Recht findet.

*

Vieles spricht dafür, daß unsere Zeit mit dem Verstehen, dem Einordnen, der Bildung neuer Zusammenhänge des Begreifens, neuer Maßstäbe und Meinungen nicht nachkommt; daß es uns noch an ausreichendem Wissen (im weitesten Sinne des Wortes) mangelt, um die richtigen Antworten auf die neuen Gegebenheiten zu finden, die unter und mit uns entstehen, ja um zu sehen, wieweit man sie – und eventuell: was man an ihnen – ernstzunehmen hat.

Es fragt sich also, ob wir zur Zeit mit den Veränderungen, die sich unter uns vollziehen, gehörig mitkommen, ob wir überhaupt schon die Sprache, die Ansatzpunkte haben, um uns darüber nachhaltig zu verständigen, also Meinungs- und Willensbildungsprozesse anzustiften, anders gesagt: um uns einzuschalten in das, was im Gange ist. Es müssen auch die Zusammenhänge erst wieder entstehen, in denen Argumente im Blick auf die ganze Gesellschaft etwas gelten; einstweilen sind es ja vor allem Bilder, die statt dessen vorherrschen, und denen ist man zu leicht ausgeliefert.

Dem Problem, daß die Politiker über die Köpfe ihrer Völker hinweg die Bedingungen von deren Leben tiefgreifend verändern, ist ja nicht unbedingt mit mehr Plebisziten, viel eher schon mit mannigfachen Prozessen der öffentlichen Meinung beizukommen – sofern diese denn möglich sind; das heißt zunächst einmal, sofern die notwendigen Voraussetzungen dazu im geistigen und mentalen Haushalt dieser Völker gegeben sind.

Derweil steigern sich die Möglichkeiten zur Entwicklung neuer Erkenntnis, neuer Kommunikations-, Produktionsweisen und Güter und ganz neuer Organisation (wirtschaftlich, politisch, kulturell, religiös, auch kriminell) ungemein rasch und stark. An allen Ecken und Enden der Welt ist eine riesige Zahl von Menschen, Instituten, Firmen dabei, sie auf unterschiedliche Weise zu nutzen und voranzutreiben. Völlig neue Felder öffnen sich menschlicher Disposition, bis hin zur Gentechnologie. Ungeheure Energien sind freigesetzt. Einzelnen, Firmen, Netzwerken bieten sich unermeßliche Handlungsspielräume verschiedenster Art. Und allesamt verändern sie, indem sie sie wahrnehmen und weitertreiben, die Bedingungen unserer Gesellschaften über die ganze Welt hin, in betäubender Eile, ob man das nun will oder nicht.

In der Summe genommen, haben wir eine Macht wie nie zuvor, Veränderungen zu bewirken, und wissen zugleich weniger als je, wohin wir, aufs Ganze gesehen, eigentlich unterwegs sind. Die Atemlosigkeit, in die uns das versetzt, ist uns deswegen vielleicht gar nicht so unerwünscht. Und da in der Tat sehr vieles für sehr viele zur Zeit recht gut geht, haben viele von uns viel Spaß dabei, und aller Ernst wirkt angesichts dessen gern sauertöpfisch.

Der alte stolze Anspruch auf gesellschaftliche Selbstbestimmung wird damit auf neue Weise problematisch, vielleicht gar obsolet. Wo man früher die Fremdbestimmung durch einen Gewalthaber, Monarchen oder andere Nationen loswerden wollte, um eben das besser zu leben, was man sich als Leben vorstellte, anknüpfend an das, was man schon erreicht hatte, fragt es sich heute eher, was überhaupt unser gesellschaftliches Leben künftig wird sein können. Die Frage lautet viel weniger, was wir sein wollen, als was wir zu sein vermögen. Es geht um das »Selbst« nicht mehr so sehr als Subjekt (im Gegensatz zum Fremden), sondern als Objekt. Das »Selbst« selbst ist nämlich neu zu bestimmen, wenn man an dem Anspruch festhalten will. Vieles wird hinzunehmen, vieles mitzumachen sein, an vieles wird man sich gewöhnen, auch konservative Überzeugungen werden sich fortbilden müssen. Die Frage ist, ob und wie dadurch eine Basis erwachsen kann, auf der neu sich verstehende Gesellschaften sich selbst bejahen, sich neue Ziele setzen und mit einer neuen Zukunft werden befreunden können.

Wie sollen wir es halten mit der Gentechnologie? Es geht ja nicht nur darum, deren Gefahren zu bestimmen und einzugrenzen, wie das im Kalten Krieg und danach mit denen der Atombombe gelungen ist. Vielmehr werden wir ein ganz neues Menschenbild entwickeln müssen – mit ganz neuen Freiheiten, ganz neuen Unsicherheiten und Konsequenzen bis weit in Probleme der Krankenversicherung hinein. Wie weit wollen – und vor allem dürfen und können – wir noch eine Mehrzahl von Kulturen aufrechterhalten? Was daran wäre unter Umständen fördernswert? Wieweit soll überhaupt noch anderes als die Beförderung der Wirtschaft und des Standorts die Politik bestimmen? Welche Rolle sollen in Zukunft überhaupt noch die verschiedenen Sprachen spielen? Sollten wir nicht überall dort, wo es um Forschung und Lehre, aber auch um die Verständigung zwischen Eliten geht, das Englische so sprechen, wie man im 18. Jahrhundert das Französische gesprochen hat (gegen das dann das Deutsche, im Zeichen der Aufklärung, mühsam durchgesetzt werden mußte)? Was freilich das bestehende Gefälle zwischen Hoch und Niedrig sehr stark vergrößern würde.

Was soll in Zukunft noch die Rolle der Demokratie sein? Hätte man vor 20 Jahren in Westdeutschland in einem breiteren Kreis die Frage gestellt, wieweit die Demokratie noch geeignet sei, die Probleme unserer Zeit zu lösen, wäre man geradezu auf vielerlei Widerstände gestoßen. Heute würde es kaum mehr als interessante Meinung registriert. Und was soll auch die Demokratie im vereinigten Europa sein, wo es keine europäische Gesellschaft gibt, in Nationalstaaten, deren Zukunft völlig ungewiß ist und die inzwischen weit mehr von vielerlei Netzwerken als von Volksvertretern (nach herkömmlichem Verständnis) und mehr von außen als von innen regiert werden? Auch hier aber steht unser Menschenbild in Frage. Denn Mitsprache, Mitkommen gehörte doch eigentlich zur Menschenwürde. Individuelle Selbstbestimmung (die für so viele heute ganz im Mittelpunkt steht) war bisher jedenfalls Teil auch der gesellschaftlichen; wie Freiheit auch die der anderen war, die, die in einer Gesellschaft gemeinsam gewonnen und bewahrt werden mußte – und nicht nur die in und zwischen den verschiedenen Nischen sowie in den immer kleiner werdenden Räumen auf der ganzen Welt, in die wir zu fliehen lieben. Und wie und woraufhin sollen wir eigentlich unsere Kinder erziehen? An dieser Stelle kann man die ganze Ungewißheit, in der wir stecken, besonders stark bemerken; freilich: Wer tut das noch?

*

Die Geschichte kennt verschiedene Beispiele für große Diskrepanzen zwischen voraneilenden, drängenden Veränderungen innerhalb von Gesellschaften und deren Zurückbleiben in anderen Hinsichten, eben in der Veränderung ihres Denkens, Fühlens, ihrer Leitbilder und ihres politischen Instrumentariums. Manche erstaunliche Epochen erschließen sich dem Verständnis nicht zuletzt dadurch, daß man sie unter der Frage nach ihrem Herausgefordertsein durch derartige Diskrepanzen studiert. Sehr vieles spricht zum Beispiel dafür, daß die ungeheure kulturelle Blüte in wenigen Jahrzehnten des klassischen Athens während des fünften Jahrhunderts vor Christus wesentlich dadurch bedingt war, daß sich da eine Bürgerschaft in einer für damalige Verhältnisse ganz ungewohnten Schnelligkeit einer ganzen Reihe von Problemen konfrontiert sah, denen sie nur unter Anstrengung aller geistigen und künstlerischen Potenzen beikommen konnte; in Tragödie, Geschichtsschreibung, Philosophie, ja in bildender Kunst und Architektur, vermutlich auch in der Musik; damit zugleich aber notwendig auch im Denken, Vorstellen, Erwarten einer breiten Bürgerschaft, die als Resonanzboden und Fragegrund dieser Kultur nicht wegzudenken ist. Vieles Auffällige daran wird sehr viel besser verständlich, wenn man sich deutlich macht, wie sehr damals Maßstäbe, Urteilsgrundlagen, Erwartungen ungenügend wurden oder zerflossen, weil sie sich nicht mehr bewährten, und daß man sich mit den daraus resultierenden Problemen höchst fruchtbar auseinandersetzte. Man war noch gar nicht aufs Resignieren aus, sondern aufs lebhafteste gewillt, es mit allem aufzunehmen.

Was diese Stadt der auf diese Zeit folgenden Weltgeschichte in den unterschiedlichsten Brechungen, und ohne daß es bis heute schon recht ausgeschöpft wäre, vermacht hat, konnte vermutlich anders als unter einer solchen Herausforderung kaum zustande kommen. Indes hat es auch große Katastrophen, übrigens auch neue Herausforderungen gegeben; schließlich ist wieder Routine eingekehrt.

Aber ebensogut kann ein Zeitalter sich auch als unfähig erweisen, sich den Forderungen der eigenen Zeit zu stellen, wie sich etwa am Beispiel der späten römischen Republik zeigt. Auch diese Zeit war künstlerisch und philosophisch hochinteressant, aber nur für kleine Kreise, und woran sie politisch waren, haben auch die nicht begriffen.

Allerdings waren solche Perioden der Diskrepanz verschiedener Geschwindigkeiten innerhalb von Gesellschaften vor dem 18. Jahrhundert selten; zumal die Verhältnisse im ganzen normalerweise relativ statisch waren.

Ganz anders in den großen, umfassenden, weit über das Politische hinaus alle Lebensverhältnisse umwälzenden Wandlungsprozessen und Umbrüchen der jüngeren Neuzeit. Da war die Orientierung bei allen Schwierigkeiten die längste Zeit über dadurch erleichtert, daß bestimmte Schichten, grob gesagt erst mehr das liberale Bürgertum, dann mehr das Proletariat, bereitstanden, um auf Neues zu drängen. Sie waren stark auf eine Zukunft aus, auf die die Geschichte hinführen sollte, die sie sich aber auch selber erarbeiten wollten. Und was sie anstrebten, war jeweils in großen philosophischen Theorien antizipiert; derart, daß diese reformfreudigen Bürokratien wie der preußischen in der ersten Hälfte des 19. Jahrhunderts als Richtschnur dienen konnten.

Diese Zeit hat zwar vielerlei schwere, zum Teil blutige Konflikte und Revolutionen gesehen, doch haben die Gesellschaften in ihr, zumindest nach einer gewissen Frist, ihre eigene (aus verschiedenen Gründen, etwa der Industriellen Revolution und der Wissenschaftsgeschichte, aber auch des politischen Bewußtseins, des Freiheitsstrebens, vorangetriebene) Veränderung zum Gegenstand der Politik machen und sich darüber auseinandersetzen können. So kam die Veränderung mindestens in vielen der durch sie betroffenen Lebensbedingungen auf die Tagesordnung der Gegenwart, die Dinge klärten sich (wie immer man sie auch beurteilen mochte), man verstand einigermaßen, was geschah – nicht zuletzt indem man, seit dem späten 18. Jahrhundert, eine Größe zur Hilfe nahm, die vieles zu erschließen und zu verstehen erlaubte: die Geschichte. In deren Gang konnte man sich selber einordnen, viele konnten sie zu guten Teilen, zumindest auf einige Strecken, gutheißen, als Fortschritt. Einen späten Abglanz davon haben manche westliche Gesellschaften um 1968 erlebt – mit vielen Konflikten und schließlich, zum Teil eher untergründig, verschiedenen Adaptationen an neue Formen von Politik, Umgang, Organisation, Kleidung, Sexualität, im Verhältnis zwischen den Geschlechtern und unendlich vieles andere mehr.

Wo bestimmte Teile einer Gesellschaft in die Zukunft drängen, weil sie von ihr Verbesserungen erhoffen, wo sie sich daraufhin zusammentun, politische Programme entwickeln und es mit den Gegnern, den »Konservativen« aufnehmen, kann zwar vielerlei Streit entstehen, aber man weiß wenigstens einigermaßen, was gespielt wird, und bestimmt mit, was geschehen soll, man kann sich seiner eigenen Lage und der Lage der Gesellschaft einigermaßen bewußt sein.

Für das aber, was sich heute auf der Welt an Neuem einstellt, gibt es keine philosophische Theorie, die es hätte antizipieren können. Rückbeziehung auf die Vergangenheit ist sehr schwer, überall gerät man unverhofft auf Neuland. Wenn Paul Valéry sich noch darüber wundern konnte, daß auch die Zukunft nicht mehr ist, was sie einmal war, so hat man heute den Eindruck, daß unsere Gesellschaften sich, je schneller sie in sie vordringen, um so weniger überhaupt noch für sie interessieren; und daß sie nicht das Gefühl haben, daß ihnen deswegen etwas fehlte.

Den Grund dafür könnte Nietzsche in seiner Bemerkung über die Grenzen unseres Hörsinns formuliert haben: »Man hört nur auf die Fragen, auf welche man imstande ist, eine Antwort zu finden«. Auch Fragen nämlich brauchen einen Zusammenhang, in dem sie etwas bedeuten. Und daran könnte es zur Zeit hapern, da mancher Rahmen nicht mehr gegeben ist und neue sich so leicht nicht bilden können. Jedenfalls sollte man nicht einfach als Stumpfsinn oder Stupidität auffassen, was eher Ratlosigkeit ist angesichts einer Zeit, die man fürs erste zu verpassen scheint, aber auch einer Sprache, deren Worte vielfach nicht mehr einrasten. Womit freilich noch nichts über die Zukunft gesagt ist.

*

»Während Sie diesen Satz lesen, verändert sich die Geschäftswelt bereits wieder«, heißt es in der Anzeige einer Bank, die sich anheischig macht, den Wandel zu erkennen, mitzugestalten und ihren Kunden dienstbar zu machen.

Kann es sein, daß das, was wir als Gegenwart ansehen können, heutzutage stark am Schrumpfen ist? Wohl ist wahrhaft gegenwärtig nur der Moment, in dem ein Stück Zeit von der Zukunft zur Vergangenheit wird. Doch hat es sich ja aus guten Gründen eingebürgert, als Gegenwart eine ganze Strecke Zeit, über viele Jahre hin, zu betrachten und dieser Strecke Dauer zuzusprechen und Zustände in ihr anzunehmen statt nur Prozesse des Wandels. Es wäre eine Dauer, die vielerlei Wandel gleichsam überbrückt (oder übertüncht) respektive in kleinen Portionen mit hineinnimmt in die präsentische Wahrnehmung.

Diese, unter Umständen sehr verschieden zu bemessende (und von verschiedenen Seiten verschieden erlebte) Dauer einer Gegenwart könnte einem stark verbreiteten Bedürfnis nach Konstanz so genügen wie etwa die Vorstellung, daß die Sonne auf- und untergeht, dem Bedürfnis, den eigenen Sinnen zu trauen – und überhaupt die eigene Erde als Zentrum der Welt zu betrachten. Vielleicht müssen wir uns das abgewöhnen, aber so ganz leicht wird es den meisten von uns ja nicht fallen, die eigene Zeit – was vielfach heißt: die Zeit in der (nicht zu kurz bemessenen) Mitte unseres Lebens – als bloßes Durchgangsstadium zu verstehen. Man mag sich fragen, wie lange eine Gegenwart halbwegs stabil bleiben muß, damit man die Illusion haben kann, sich in einer zu befinden, aber selbst in Zeiten starken Wandels wird man sich ihr gern hingeben. Man kann sich ja stets auch an Konstant-Bleibendes halten. Und man kann sich ausklinken aus der Erfahrung des Wandels, kann seine Gegenwart gar zu einer Art »Unaufhörlichkeit« verkommen lassen.

Die Annahme nun einer – wenn auch, vor allem nach Generationen, verschieden verstandenen – gemeinsamen Gegenwart hat bisher in einer bestimmten Korrespondenz zu Vergangenheit und Zukunft gestanden. Eine halbwegs konstante Gegenwart kann lernen, sich in bestimmter Weise aus der Geschichte zu verstehen, das heißt Geschichte auf sich zu beziehen. Sie muß dazu freilich ein gewisses Bewußtsein ihrer selbst entwickeln. Das geschah bisher im Rahmen der Gesellschaften; nicht unbedingt nur jeder für sich, sondern es konnten – zum Beispiel im europäischen Bürgertum, anschließend im Proletariat – auch über sie hinaus Gemeinsamkeiten bewußt werden (auch wenn sie immer wieder von nationalen Ansprüchen durchkreuzt wurden).

Jedenfalls mußten diese Gesellschaften, um Geschichte auf sich zu beziehen, ein gewisses Bewußtsein ihrer selbst entwickeln; das heißt zugleich: Die Einzelnen mußten sich weitgehend als Glieder der Gesellschaften verstehen.

Wo man sich dergestalt seiner Zeit bewußt wurde, ergaben sich die Verbindungen zu Vergangenheit und Zukunft von selbst. Das mentale Wegesystem der Gegenwart verlängerte sich einfach in die beiden zeitlichen Dimensionen. Schon wenn eine Gesellschaft Kinder erziehen will, muß eine Balance zwischen Herkunft und Zukunft, die in neuzeitlich bewegter Zeit immer neu herzustellen ist, zum Problem auch der Geschichte werden.

Anders gesagt: aus der Position einer einigermaßen gesichert erscheinenden Gegenwart heraus können nicht nur Einzelne, Firmen und Netzwerke ihre Zukunft planen, sondern auch ganze Gesellschaften sich in die Zukunft weiterdenken; nicht zuletzt weil sie wissen, aus welcher Vergangenheit sie kommen.

Die Frage ist, ob dieses Verhältnis zwischen Gegenwart, Vergangenheit und Zukunft heute »stimmt«, da alles Gegenwärtige ein unheimliches Maß an Vorläufigkeit angenommen hat. Wir durcheilen, was unsere Gegenwart sein könnte, ohne uns recht auf Geschichte beziehen zu können. Und obwohl das in großer Geschwindigkeit geschieht, sind wir insofern nicht in der Lage des Hasen, sondern des Swinegels, als wir immer schon in der Zukunft »da sind«, ohne es recht zu wissen. Einfach indem wir, um es in Musils unnachahmlicher Formulierung zu sagen, »bloß das tun, was geschieht«. Man kann auch hier einen Reklamespruch zitieren, diesmal den einer Telephongesellschaft: »Zukunft ist heute«. Manch einer mag sich wie Botho Strauß fragen, ob wir uns vielleicht nur in einem Hamsterrad bewegen. Gehlen hatte von »Beweglichkeit auf stationärer Basis« gesprochen. Und doch wird alles anders.

Da aber die Geschwindigkeiten sehr unterschiedlich sind, zerdehnen und zerklüften sich unsere Gegenwarten zunehmend. Die Generationen folgen sich in immer dichteren Abständen, immer mehrere von ihnen leben also gleichzeitig. Das heißt aber auch: je schneller die Zeit ist, um so ungleichzeitiger sind die verschiedenen Teile der Gesellschaft in ihr – wobei das im Einzelfall nicht unbedingt vom physischen Alter abhängt.

Unendlich vieles, was die heute Dreißigjährigen noch als Gegenwart haben erleben können, ist heute schon Vergangenheit. Wer 40 ist, erläge einer Illusion, wenn er sich einbildete, sich die Welt vorstellen zu können, in die sein vielleicht zehnjähriges Kind hineinwächst, wenn es die Schule verläßt. Wie ja auch die Schule, wo sie aktuell sein will, nicht sicher sein kann, daß die Welt, die sie im Auge hat, um die Kinder auf sie hin zu bilden, noch besteht, wenn diese mit der Schule fertig sind. (Was etwa für das Humanistische Gymnasium sprechen könnte.) Wer heute 70 Jahre alt ist, muß, falls er so lange lebt, damit rechnen, sich nach 10 Jahren in einer ganz anderen Welt zu befinden.

Was für die einen Vergangenheit, ist für die anderen Gegenwart, was für diesen noch Zukunft, ist für jenen schon Gegenwart, wenn nicht Vergangenheit. Bevor man es begriffen hat, ist man weiter. »Wenn früher ein Mensch in Ohnmacht fiel, weil er einen großen Affekt nicht bei klarem Bewußtsein meistern konnte, so ist heute« – laut Botho Strauß – »das Bewußtsein vom Ganzen der Welt in Ohnmacht gefallen«, was wohl richtig ist; und wir haben noch nicht mal einen großen Affekt erlitten.

Gleichzeitig divergieren und zersplittern sich die Interessen; das Gemeinsame wird weniger. Die Nischen werden mehr. Höchst aufschlußreich dafür ist die Unmenge spezieller Magazine und Zeitschriften in einer großen Bahnhofsbuchhandlung, wo umgekehrt die allgemeinen Tages- und Wochenzeitungen nur mehr eine marginale Rolle spielen. Und eine große Zahl von Menschen hat sich darauf spezialisiert, alles ständig umzuorganisieren, nicht zuletzt wohl, um sich selbst unentbehrlich zu machen. Sie verbreiten höchst eindrücklich die Kunde, daß die, die dadurch belästigt werden, davon Vorteile hätten: »Wir bauen für Sie«, heißt es, obwohl wir meist herzlich gerne darauf verzichten würden. Zumal sich, da man mit ständiger, meist durchaus unnötiger Umgewöhnung in lauter Unwichtigem, aber Alltagsfüllendem beschäftigt ist, zusätzlich die Zeit verkürzt, die man auf Besinnung und gegenseitige Verständigung verwenden sollte; der Gegenwart zunächst mal auf und über sich selbst, dann aber auch über die Gestaltung der Zukunft. Auch damit verringert sich die Gemeinsamkeit innerhalb der Gesellschaften.

Die meisten heute leben zwar viel länger als die meisten früher, aber die Gegenwart heute tendiert zum raschen Verschwinden. Wem das paradox erscheint, der sollte berücksichtigen, daß in einer Umbruchperiode nichts so erwartungsgemäß ist wie das Erwartungswidrige.

Entsprechend rasch entfernt sich nicht nur die Geschichte, sondern auch die Zeitgeschichte – außer der deutschen Vergangenheit der NS-Zeit, an der wir bei aller Geschwindigkeit der Bewegung in Zeit und Raum weiter kleben.

Dies aber zieht zugleich eine grundstürzende Veränderung der Lage des Historikers nach sich. Nicht zwar in den innerfachlichen Diskursen, die davon höchstens marginal betroffen werden, aber in seinem Verhältnis zu seiner Gesellschaft. Mit der Abspaltung der Gegenwart von der Vergangenheit schwindet die Gemeinsamkeit der Fragen, der Anschauungen, der Wertschätzungen zwischen den Menschen der Vergangenheit, mit denen er sich beschäftigt, und seinem Publikum. Geschichte wird dadurch keineswegs uninteressant, ganz im Gegenteil, aber die Zugänge zu ihr werden zunehmend eng. Was kann sie bedeuten, wie kann sie vermittelt und über den Fachbetrieb hinaus fruchtbar werden, woran kann sie anknüpfen in dieser Zeit?

*

Mit dem raschen Wandel ist es vermacht, daß die Bedingungen, die unser Leben bestimmen, in wachsendem Ausmaß zu unseren eigenen Lebzeiten entstehen. Man hat alle Hände voll damit zu tun, sie – und ihren Wandel – zu begreifen. Das heißt aber zugleich: um so weniger hat man das Bedürfnis oder zumindest die Möglichkeit, für das Verständnis der eigenen Welt auf die Geschichte zurückzugreifen, sich an sie anzuschließen oder gar aus ihr zu verstehen. »Zu einer persönlichen Existenz gehört«, so Hans Freyer, »daß aus eigener Erfahrung geschöpft wird«. Heute aber veralten Erfahrungen nicht nur sehr schnell und in einem weit größeren Ausmaß als früher, sondern es fragt sich, wie weit bei der vorherrschenden Geschwindigkeit – des Lebens wie der Veränderungen seiner Umstände – Beobachtungen und Erlebnisse überhaupt noch zu so etwas wie Erfahrung gerinnen können. Muß man diesen Teil persönlicher Existenz also mehr oder weniger aufgeben?

Wenn in den letzten zwei Jahrhunderten Kinder und Enkel damit beschäftigt waren, zu fordern und herbeizuführen, was ihre Eltern und Großeltern schon gefordert (und zum Teil auch schon herbeizuführen begonnen) hatten, so ist, was wir heute vielleicht wollen, ziemlich weit aus dem Kreis dessen herausgeraten, was unsere Eltern und Großeltern überhaupt für möglich und erstrebenswert gehalten hätten. Man kann einiges aufzählen, was schon länger erträumt worden ist, Frieden, Massenwohlstand, die Vereinigung Europas etwa, die zunehmende Beachtung der Menschenrechte; darüber hinaus verschiedene Einzelheiten, Geschwindigkeiten des Reisens etwa, Bequemlichkeiten, langes Leben, Sieg über Krankheiten, Raumfahrt und ähnliches.

Aber selbst wenn unsere Vorfahren vieles von dem, was uns heute selbstverständlich zu werden beginnt, schon erträumt hätten, hätten sie sich die Zusammenhänge, zu denen all das Neue sich uns vielleicht nicht: fügt oder vereint, in die es aber doch miteinander gerät, sowie die Kosten und Bedeutungen von vielem kaum vorstellen können.

Was immer sie nämlich als möglich gedacht, was allem sie vorgearbeitet haben mögen, wir sind jedenfalls auf ganz anderen Wegen, und die Verbindungen von uns zu ihnen werden immer dünner.

Tutto e subito ist die Parole unserer Zeit. Auch wenn wir gelegentlich meinen, manches brauche seine Zeit – zum Beispiel die Anpassung der Ostdeutschen an die Westdeutschen –, ist heute so viel direkt zu haben (oder einfach abzurufen), zu importieren aus anderen Ländern oder anderen Zeiten, wie etwa die Demokratie (wie immer man sie versteht), daß kaum vorstellbar ist, wie langsam, Schritt für Schritt und über wie viele Schwierigkeiten und Rückschläge hinweg die wichtigsten »Errungenschaften« der Geschichte herangewachsen sind.

Wie also können wir aus unserer Zeit Zugang zur Geschichte finden? Das beste Indiz dafür, daß es eigentlich kaum mehr möglich ist, bildet die Tatsache, daß das zur politischen Union zu werden sich anschickende Europa bei aller Betriebsamkeit so gut wie keinen Gedanken darauf verschwendet, sich auf eine Vorgeschichte zu besinnen; wie das einstmals etwa die Nationen allesamt zu tun pflegten. Was man über die Geschichte hört, ist nur das »Nie wieder«, das sich auf Krieg, Auschwitz und künftig wohl auch, angesichts der Osterweiterung der EU, auf GULAG bezieht. Und das ist offenkundig konsequent.

»Wer nicht von dreitausend Jahren / Sich weiß Rechenschaft zu geben, / Bleib im Dunkeln unerfahren, / Mag von Tag zu Tage leben«, das konnte eineinhalb Jahrhunderte über Goethe hinaus noch einen Sinn haben; heute aber ist Geschichte – oder was sie dafür halten – eher eine Sache von zurückgebliebenen Völkern und Stämmen, auf dem Balkan etwa und mit entsprechenden Konsequenzen; wie auf Biographien sich nur Ostdeutsche berufen. Für die fortgeschrittenen aber besteht keine Not, sich über dreitausend Jahre Rechenschaft zu geben. Wozu? Sie leben ohnehin von Tag zu Tage. Folglich geschieht es auch kaum mehr; respektive es geschieht nur noch für die engeren Kreise derer, die Interesse daran haben. Im übrigen aber ist Geschichte im Zeitalter der Universalisierung, des reißenden Wandels, der Bedingtheit aus der eigenen Zeit, Schnee vom vergangenen Jahr.

Wenn man lange gemeint hat, je enger die Welt zusammenwachse, um so mehr wäre es notwendig, daß sich die Völker und Kulturen gegenseitig über ihre Geschichten orientieren (weil sie sich nur so recht verstehen können), so scheinen sich jetzt Ebenen des Verkehrs aufzubauen, die überall mehr oder weniger nach den gleichen Regeln funktionieren und bei denen es völlig gleichgültig ist, wer einer – oder eine Gesellschaft – nun ist und woher er oder sie nun kommt; Hauptsache, er spurt wenigstens einigermaßen, alles andere ist bloß Folklore, gehört zum Tourismus, also etwa in das Beiprogramm für die Ehepartner oder Lebensgefährten unserer Staats- – oder sagt man besser Welt-? – -männer bei ihren verschiedenen Konferenzen.

Auch innerhalb der sogenannten multikulturellen Gesellschaften unserer Tage beschränken sich die Kontakte zwischen dem Verschiedenen auf das Nippen beim jeweils anderen; vielleicht daß mit der Zeit eine Literatur entsteht, die etwas mehr davon deutlich macht, wie es einem beim anderen zumute ist, was man selbst mit ihm zusammen sein oder werden kann. Aber ob solche Tendenzen denen des gegenseitigen Sich-Abschottens und zugleich des Sich-Abstumpfens wenigstens Paroli bieten können, steht noch in den Sternen.

Doch wie auch immer dem sein könnte: Historie wird dafür nicht oder nur in homöopathischen Dosen gebraucht.

Die konventionellen Formen, in denen Geschichte früher und bruchstückhaft, faut de mieux, noch heute angeeignet werden konnte, sind für unsere Welt nicht mehr geeignet. Wo wir – ob als Deutsche oder Europäer – nur mehr kleine Teile einer klein gewordenen Welt sind, muß entsprechendes auch für unsere Geschichte gelten. Eigentlich müßten wir sie mit den Augen der anderen sehen lernen, um sie denen begreiflich zu machen. Doch schon das ist vermutlich unmöglich. Und wie könnte die Geschichte der Welt begriffen werden? Vielleicht als Fortschritt? Und wo fänden wir uns selbst in ihr?

»Wir möchten gerne die Welle kennen, auf welcher wir im Ozean treiben, allein wir sind diese Welle selbst« (Jacob Burckhardt). Genauer müßte man wohl sagen, daß wir (samt denen, die uns voraus waren) die Welle voranjagen, auf der wir selber treiben. Und ob wir diese Welle noch kennen wollen, ist ganz ungewiß.

*

Was kann und soll in einer solchen Zeit der Historiker? Warum soll er ohne Not seiner Zeit von Vergangenheiten reden, zu denen sie so leicht keine Beziehung finden kann? Gewiß, er findet hier und da Interesse, und das Fach im ganzen hat überdies die bemerkenswerte Fähigkeit, sich mit sich selbst zu unterhalten, ohne viel Rücksicht auf andere zu nehmen. Doch darum geht es hier nicht. Die Frage ist vielmehr, wo es sich als nützlich erweisen könnte. Wo könnte es gar gebraucht werden? Selbstverständlich sind Historiker nicht dazu da, ihrer Zeit irgendetwas zu apportieren, sich ihr irgendwie beliebt zu machen. Aber immer sind Historiker von ihrer eigenen Zeit in ihrer Arbeit angeregt worden; unbewußt zumindest, aber zuweilen haben sie darauf auch zu reflektieren gesucht. Und jedenfalls wird man auch heute sagen können, daß sich ihnen aus der Beobachtung ihrer Zeit Fragen ergeben, mit denen sie Geschichte neuerdings aufschlüsseln können – etwa die des Sich-Zurechtfindens in Umbruchszeiten –, und es wird sich dabei zeigen, daß sie, indem sie diese Fragen in die Vergangenheit wenden, zugleich ihrer Gegenwart zu einer gewissen Distanz zu sich selbst verhelfen können; vielleicht gar die Fragen selbst klarer herauszuarbeiten, um auch die Gegenwart besser zu erkennen. Und das müßte dann ja wohl auch einen Nutzen über das Fach hinaus haben.

Und trotzdem hat sich etwas Entscheidendes verwandelt; soweit man vermuten kann. Denn wie alle anderen, die Macht weder haben noch haben wollen (vielmehr nur Gedanken und Argumente), können sie heute außer bei unmittelbar Interessierten keinen Anspruch auf Gehör erheben. Und zusätzlich ist ihnen der Kredit abhanden gekommen, den man ihnen vorher zugestand – als man jedenfalls meinte, daß man die Gegenwart aus der Vergangenheit verstehen müsse; nicht zuletzt um der Zukunft willen. Und da es historischen Betrachtungen weithin an einem Zusammenhang im Leben fehlt, tragen sie im Zweifel eher zu einer weiteren Zersplitterung der Interessen bei. Das hat die vielfältigsten Auswirkungen. Sie werden erst allmählich deutlich. »Jedem Sprecher fehlt die Sprache/fehlt dem Hörenden das Ohr« (Grillparzer). Die Auswirkungen reichen also bis hin zu massiven Sprachschwierigkeiten.

*

Angesichts dieser Überlegungen wird man verstehen, daß ich die Sammlung der folgenden Aufsätze mit nicht geringer Unlust auf den Weg bringe, genauer – da die Initiative dazu nicht bei mir lag, sondern beim Verlag –: geschehen lasse. Manch einer könnte versucht sein, die eigenen früheren Gedanken und Antriebe historisch, oder biographisch, interessant zu finden, vielleicht gar in ihnen eine Geschichte nachzuzeichnen. Doch wüßte ich keinen (mich eingeschlossen), den das interessieren könnte.

Goethe hat zwar gemeint, »daß des Menschen Leben nur insofern etwas wert ist als es eine Folge hat.« Doch will mir inzwischen die Devise einer abfallgeplagten Epoche auch als Lebensdevise mehr einleuchten: »Verlasse diesen Ort so, wie Du ihn vorgefunden«. Dem war nicht immer so, und ganz habe ich mich auch heute (vielleicht aus alter Gewohnheit?) noch nicht daran gewöhnen können. Sonst hätte ich dem Erscheinen dieses Bandes wohl auch hartnäckiger widerstanden.

Rebus sic stantibus rette ich mich zu seiner Rechtfertigung in die Annahme, daß in der Gegenwartszerdehnung, die unsere Zeit charakterisiert, der eine oder andere der hier vorgetragenen Gedanken vielleicht auch anderen noch vertraut ist; immerhin stellen die Aufsätze Fragen, die sich nicht nur mir aufgedrungen haben, und benutzen Instrumente, die einmal zumindest nicht ganz aus der Welt waren. Vielleicht kann man sie zu Sprungbrettern machen, von denen aus man weiterkommt?

*

Das Problem der Lage der Geschichte am vermeintlichen End of History stellt sich nach wie vor, aber man müßte es, wie ich es heute sehe, doch wohl mit Reflexionen darauf verknüpfen, welcher Sinn historischer Betrachtung überhaupt noch zukommen kann. »Wir beziehen uns als Wesen und Existenz doch ehrlicherweise auf gar nichts mehr« (Benn an Oelze, 18. Januar 1945). Außerdem wäre unbedingt die »Formveränderung« der Geschichte in unsern Jahren sowie der so veränderte Platz der Menschen in ihr zu berücksichtigen gewesen.

Wenn man die Situation am »Ende der alten Bundesrepublik« bedenkt, so ist die Frage nach der Nation der Deutschen vermutlich zu konventionell, also zu flach angesetzt, von den weiteren Folgerungen zu schweigen, wo doch längst gesellschaftliche Zusammenhänge überhaupt fraglich geworden sind; wie ja auch die künftige Möglichkeit von Demokratie, zumal in Europa.

Die Äußerungen zum Problem der Arbeit und »Erinnern-Verdrängen-Vergessen« mögen dadurch weiterhin von Interesse sein, daß sie historische Perspektiven für das Bedenken nach wie vor aktueller Probleme eröffnen. Hier müßte man wohl nur weiterschreiben, etwa dem Erinnern eine Betrachtung zur Entschuldigungswelle anfügen.

Anders steht es mit den Überlegungen zum geplanten Holocaust-Mahnmahl. Sie haben, da die Debatte durch den inzwischen erfolgten Bundestagsbeschluß erledigt ist, keinen praktischen Angriffspunkt mehr. Doch sind sie dadurch nach meinem Urteil noch nicht überholt. Ich halte die Einwände gegen die Denkmalpolitik der Regierung Kohl, die die Regierung Schröder fortsetzt, nach wie vor für richtig, würde inzwischen eher weiter gehen. Es scheint mir nicht angebracht, ein staatliches Denkmal nur für die ermordeten Juden zu errichten, und schon gar nicht, es an der vorgesehenen Stelle auf dem zu Megalomanie verführenden »Reichsopferfeld« (Walter Jens) zu tun. Hoffentlich bewahrheiten sich wenigstens nicht die Befürchtungen, wonach man es auf gut deutsche Weise schützen muß, mit Wachtürmen, Scheinwerfern und Polizisten mit Schäferhunden. Jedenfalls aber müßte, was über die Vorgeschichte zu berichten war, als Zeugnis für ein denkwürdiges kleines Stück bundesrepublikanischer Geschichte und Symptom des Systems Kohl auch weiter auf Aufmerksamkeit stoßen können.

Die »andere Mauer« dagegen zielte auf eine Debatte, deren längerfristige Kontinuität auch für die Zukunft absehbar ist. Der Vortrag, der hier in erweiterter Form erstmals abgedruckt wird, wurde Ende 1997 gehalten, gehört also in die Situation nach der Goldhagen-Debatte. Erstmals hatte man erlebt, daß eine aufsehenerregende Äußerung, die die Gesamtheit »der Deutschen« – noch dazu auf historisch höchst unsaubere, ganz unzulässig pauschalisierende, ungerechte Weise – direkt mit dem Holocaust belastete, nicht mehr auf zumindest hinhaltenden Widerstand, sondern im Gegenteil auf lebhafte Zustimmung stieß. Nachdem zuvor die Tendenz dahingegangen war, nicht mehr davon wahrhaben zu wollen, als sich als unumgänglich erwies, konnte es jetzt des Bösen gar nicht genug sein. Gewiß, es gab Einwände, aber sie mußten gegen den Strom der öffentlichen Meinung ankämpfen (was immer die schweigende Mehrheit gedacht haben mag, sie hat das Klima nicht bestimmt). Kein Vergleich mit dem lauten Protest, den gleich darauf die Wehrmachtsausstellung erntete.

Da drängte sich die Frage nach den Befriedigungen und Vorteilen auf, die aus Vorwürfen, Betroffenheiten und Opfer-Identifikationen auf Kosten früherer Generationen zu beziehen waren; nach all dem gegenwärtig Trennenden einer gemeinsamen schlimmen Vergangenheit, vor allem aber die Beobachtung eben des Aufbaus einer anderen Mauer in den Köpfen, diesmal zur Vergangenheit hin, die aber der in der Gegenwart zwischen Ost und West auf mannigfache Weise korrespondiert. Möglicherweise muß man auch hier in Hinblick auf das Abreißen der Fäden zwischen Vergangenheit und Gegenwart künftig anders ansetzen.

Auch für die Frage nach dem Umgang mit der NS-Vergangenheit kann dieser Aufsatz nur einen Zwischenschritt darstellen. Insbesondere finde ich mich immer mehr einem Problem konfrontiert, das sich gerade denen, die die Zeit noch erlebt haben, heute stellt: Selten, vielleicht nie in der Geschichte ist eine ganze Generation derart in Verruf, ja in Schande geraten wie die Deutschen der Zeit zwischen 1933 und 1945.

Mir ist kein Beispiel dafür bekannt, daß die Geschichte einer Zeit nachträglich unter ein Vorzeichen rückte, unter dem sie vom Gros der Zeitgenossen nicht erlebt worden ist. Unser Blick auf diese Zeit wird aufs stärkste angezogen und eingenommen durch die einzigartigen Untaten, die damals verübt wurden. Notwendigerweise erscheint alles Handeln und Unterlassen, ja alles Leben in dieser Zeit im fahlen Licht, das diese Untaten darauf werfen.

Allein, auch wenn wir heute wissen, daß die Kenntnis von Judenverfolgungen, auch von Judenerschießungen und, in geringerem Maße, von den Vernichtungslagern viel weiter verbreitet war und daß vor allem die Beteiligung daran viel weiter reichte, bis tief auch in die Wehrmacht hinein, als man früher gemeint hatte: ist damit schon ausgemacht, wie weit und wann das, was berichtet wurde, auch geglaubt, also für möglich gehalten und auch: zu glauben gewagt wurde? Weiß man schon, wie weit und bei wie vielen diese Untaten wirklich über Momente hinaus mehr als ein störender Gedanke sein *konnten* – in einer so stark und so umfassend durch den Krieg bestimmten Atmosphäre; durch die Sorge um die Angehörigen an der Front wie in der Heimat, nicht selten fiel ein Sohn nach dem anderen, die Trauer, die Wut, den trotzigen Willen, zu überleben und sich nicht unterkriegen zu lassen, durch vielerlei Beengungen des täglichen Lebens, Luftangriffe, Entbehrungen, übermäßige Arbeitsbelastung? Noch dazu bei partieller Lähmung durch Angst vor Denunziationen.

Welchen Platz kann die Kenntnis solch unvorstellbarer Verbrechen – und das waren ja schon die massenhaften Judenerschießungen – im Bewußtsein von Soldaten an der Front und im Gros einer derart beanspruchten Bevölkerung überhaupt einnehmen? Wie weit kann sie aufkommen, gegen all das, was damals so beherrschend im Vordergrund stand?

Noch heute ist es ja kaum möglich, diesem einzigartigen Geschehen einen zentralen Platz im Bewußtsein zu schaffen, im öffentlichen wie in dem der Einzelnen; weil es einfach, sofern man sich ihm nicht ganz und gar hingibt, unmöglich ist, diese totale Infragestellung von Zivilisation, noch dazu als Werk der eigenen Nation, mitzudenken in den verschiedenen Bereichen unseres Lebens. Sonst müßte es ja nicht immer wieder zu den wellenartigen Beben kommen, wenn sich die Öffentlichkeit und zumal neu heranwachsende Generationen angesichts neuer Ereignisse, Entdeckungen oder Bücher der ganzen Ungeheuerlichkeit von Auschwitz neu ausgesetzt sehen.

Wahrscheinlich hätten solche aus aller Regel fallenden Verbrechen einen zentralen Platz im Bewußtsein der Deutschen jener Zeit nur einnehmen können, sofern sie daraus praktische Folgerungen hätten ziehen können: ihnen entweder im eigenen Bereich wehren, wofür es bewundernswerte Bespiele gibt, oder sie verhindern respektive stoppen oder als Antwort auf sie die Täter bestrafen, das Regime stürzen, den Krieg beenden. Aber was alles hätte das wiederum vorausgesetzt?

Doch ist es ja nicht das Wissen, sondern das mehr oder weniger widerstandslose Mitmachen so unübersehbar vieler, das das eigentliche Problem darstellt. Nur wird man ihm und all den anderen Fragen im engeren und weiteren Zusammenhang, die sich da stellen, kaum beikommen, wenn man es sich zu leicht macht. Und so wenig man weiß, wie andere, die nicht am Vollzug der Morde und ihrer Vorbereitung teilhatten, gegebenenfalls gehandelt hätten, so wenig darf man doch diejenigen, die es in der Tat nicht getan haben, damit behaften.

Und dies ist der Punkt, um den es hier geht: Es darf nichts, was geschehen ist, verwischt, keiner soll von etwas reingewaschen werden, dessen er sich schuldig gemacht hat. Es geht nur darum, daß man künftig mehr darauf achten muß, den Rahmen, die Voraussetzungen mitzudenken, unter denen jene Generationen zu leben hatten und in denen allein sie denken oder handeln konnten; auch die Tatsache, daß sie noch weithin in der Überzeugung groß geworden waren, man habe für sein Vaterland zu kämpfen; was für viele makaber genug war, wenn es zugleich ein Kampf für den Führer und sein Regime war; doch war das ja nicht einfach zu trennen.

Doch ist es nicht nur ein Gebot der Gerechtigkeit gegenüber dieser, bei aller Schuld, so weit überforderten Generation, für das ich plädieren möchte. Sondern es geht auch darum, daß man über diese Zeit nicht viel lernen kann, wenn man nicht die begrenzten Horizonte zu rekonstruieren und zu denken versucht, in denen sich die Zeitgenossen befanden – ganz abgesehen davon, daß wir wenig Grund zu der Annahme haben, daß wir uns heute mutatis mutandis in entsprechenden Situationen anders verhalten würden, trotz all unseres besseren Wissens; jedenfalls scheint mir die Zivilcourage heute keineswegs weiter verbreitet zu sein als damals, obwohl sie viel ungefährlicher zu üben wäre.

Um ein kleines, aber sehr begrenztes Beispiel zu zitieren, von dem unten die Rede ist: Müde Gaedt, mein Geschichtslehrer war nur einer, gewiß ein besonders respektfordernder, besonders feiner, kluger aus dem Kreis meiner Lehrer an der Großen Stadtschule in Rostock. Ihm zur Seite müßte ich vor allem Walther Neumann stellen, der – im Unterschied zu Gaedt – Direktor seiner Schule bleiben durfte, dem aber – ebenfalls im Unterschied zu Gaedt; versteh' einer die Logik! – verboten war, sein eigentliches Fach, die Geschichte, zu unterrichten. Er war nicht nur von Herkunft Demokrat, 1924 mit 35 Jahren zum Direktor ernannt, sondern auch ein entschiedener Gegner des Nationalsozialismus (was nicht daran hinderte, daß die Russen ihn nach 1945 absetzten, weil er auch ihnen nicht genehm war).

Was sollten diese und andere meiner Lehrer machen? Sie enthielten sich der Propaganda, hoben die Hand sichtlich unwillig (und teilweise das Vorgeschriebene bis zur Karikatur verzerrend) zum Hitlergruß. Und sie öffneten nebenbei die Augen für vieles, was damals geschah, wozu ja neben der Geschichte Latein-, Griechisch-, Deutsch- und nicht zuletzt auch Biologieunterricht Gelegenheit genug gaben. Im Gespräch unter vier Augen wurden sie zum Teil deutlicher. Mit Klugheit, Diplomatie und einem augenzwinkernden Verständnis vermochten sie, Schaden von einigen meiner Mitschüler abzuwenden, die nachts leicht angetrunken eine Flasche in die Fenster der Kreisleitung der NSDAP geworfen hatten.

Ich wüßte von keiner Widerstandsleistung zu berichten, aber eben von Kritik, Sich-Versagen gegenüber verschiedenen Zumutungen, von Versuchen, Eigenständigkeit zu bewahren, und von einer gewissen Zivilcourage. Vielleicht herrschten in Rostock, jedenfalls an unserer Schule, besondere Verhältnisse? Aber mutatis mutandis ist manches gewiß auch auf sehr viele andere zu übertragen.

Sie hatten den Aufstieg Hitlers nicht verhindert, auch nicht jene selbst die Partei überraschende Ausbreitung von Willfährigkeit in Behörden, Presse, Schule und anderswo, nicht die Begeisterung im Volk, nicht die Aussonderung und vielfältige Mißhandlung der Juden, nicht den Krieg – was immer sie eventuell dagegen gehabt und vielleicht gar, das war vor meiner Zeit, in ihrem engsten Kreis dagegen versucht hatten, soweit ihre Möglichkeiten reichten; und das war auf jeden Fall sehr eng begrenzt.

Aber in der Lage, wie sie dann war, die sie so wenig wie ihr Geburtsdatum gewählt hatten, im wohlverstandenen Sinne dessen, was ihres Amtes war, haben sie sich bewährt, nicht unvorsichtig, aber auch nicht ohne einen gewissen Mut. Dürfen wir zulassen, daß sie nachträglich mit brauner Soße übergossen und in den großen, fürchterlichen Block einfach eingegliedert werden, als der das Deutschland jener Zeit so leicht erscheint? Dürfen wir alles Handeln und Unterlassen nur im Blick auf das beurteilen, was gleichzeitig geschah, wofür sie nichts konnten, was sie vermutlich zutiefst mißbilligt hätten, wenn sie es gewußt und, falls sie davon hörten, unerhörterweise geglaubt hätten?

Die Schwierigkeit des Umgangs mit jenen Jahren ist nicht nur durch die Unermeßlichkeit und Unvorstellbarkeit der damaligen Untaten bedingt, sondern gerade auch dadurch, daß die Größe dieser Verbrechen in einem kaum überbrückbaren Mißverhältnis nicht nur zur Banalität jener, die sie ausführten, sondern auch zum Alltag der Übrigen stand; daß sie kaum oder gar nicht zusammenzudenken sind.

Die Beifügung eines ganz jungen Aufsatzes schließlich soll als Hinweis dienen auf ein ganz neues Interessenfeld, das mir dringend der Aufmerksamkeit zu bedürfen scheint, bevor es zu spät wird; bevor all das obrigkeitsstaatliche Gehabe, das die europäische Politik, das selbst die neue Grundrechts-Charta (mit ihrer Neigung, Grundrechte als Zugeständnisse zu formulieren) kennzeichnet, immer tiefer in Europa einrastet. Den Abschluß macht nicht ohne Grund eine Betrachtung über Historiker und Prognose.

Die Aufsätze sind an einigen Stellen redaktionell überarbeitet worden. Für aufmerksame, sorgfältige Schreibarbeit habe ich Katharina Weikl zu danken.

Januar 2001

Die andere Mauer in den deutschen Köpfen

Gefangen zwischen Vergangenheit und Zukunft

»Mauer in den Köpfen«, dieser Ausdruck spielt an auf die Ersetzung der handgreiflichen Mauer zwischen Bundesrepublik und DDR durch eine Mauer, die »nur« noch in den Köpfen vorhanden ist: durch die nicht oder kaum übersteigbare Barriere also, die West- und Ostdeutsche voneinander trennt; geistig, nachdem körperlich nichts mehr der Grenzüberschreitung im Wege steht.[1] Das will sagen: Sie können zusammen in einem Staat leben, sprechen die gleiche Sprache, können auch zusammen arbeiten – aber sie kommen trotzdem nicht recht zusammen, sie haben sich nichts zu sagen (und schon gar nicht wollen sie sich zuhören), sie mißtrauen, sie verdächtigen einander, sie nehmen sich, etwas überspitzt gesagt, nicht wie ein Mensch den andern wahr, sondern dazwischen steht ihre unterschiedliche Gruppenzugehörigkeit, stehen die Klischees, die sie ineinander sehen. Wie jede Generalisierung stimmt auch diese nur mit Einschränkungen. Es gibt Ausnahmen genug, manches verbessert sich, und trotzdem ist der Tatbestand im ganzen mit dem Bild der Mauer in den Köpfen nicht unzutreffend bezeichnet.

Das bedeutet in gewissem, nicht gleichgültigem Sinne: Die Deutschen sind in der Selbstwahrnehmung erheblich behindert. Sie können nicht in den Spiegel sehen, den der jeweils andere Teil ihnen vorhält. Mit gutem Grund vermutlich, da sie sich ja ganz schön häßlich darin ausnehmen würden; obwohl es vielleicht gut täte. Schließlich kann man an seinem Aussehen auch arbeiten.

Neben dieser Mauer in den deutschen Köpfen aber gibt es noch eine andere, so möchte ich behaupten, die sich übrigens mit ihr kreuzt, streckenweise deckt und in ihre Fundamente eingegangen ist. Diese andere Mauer (die zumeist nicht wahrgenommen wird) trennt die Deutschen in der Zeit voneinander; die gegenwärtigen von den früheren. Das ist freilich eine andere Art von Barriere; sie hindert nur von einer Seite den Zugang, von der Gegenwart nämlich zur Vergangenheit. Denn die Toten können höchstens in der Erinnerung zu uns gelangen; in dem, was wir von ihnen auf unsere Seite lassen oder holen.

Mauer in den Köpfen – das will zunächst einmal sagen, daß uns der geistige Weg in die Vergangenheit, und zwar in die Vergangenheit noch unserer Eltern und Großeltern, ungewöhnlich stark versperrt ist. Irgend etwas türmt sich zwar immer und notwendigerweise zwischen Vergangenheit und Gegenwart auf, nur hier ist es besonders viel. Damit stellt sich die Frage, ob uns das nicht auch den Weg in die Zukunft eng macht.

Ich möchte im folgenden in einer generellen Vorbemerkung das Problem, das für uns mit der Vergangenheit verbunden ist, kurz umreißen, um den Umgang mit ihm sodann unter drei Gesichtspunkten zu behandeln.

1. Die Auseinandersetzung mit der Vergangenheit als wesentliches Stück Identitätsgeschichte, primär der Westdeutschen.
2. Die Last der Vergangenheit als nicht unwesentlicher Beitrag zur Vertiefung der Gräben zwischen Ost- und Westdeutschland und damit zu den Schwierigkeiten deutscher Integration, man kann vielleicht auch sagen: deutscher Republik, womit übrigens die »Vergangenheitsbewältigung« der DDR eher erschwert als erleichtert wird.
3. Das Auseinandertreibende der Erinnerung, wobei vor allem die Frage zu stellen ist, ob sich in diesem Punkt in letzter Zeit eine Verschiebung ergeben hat.

Daraus sollten sich am Ende zumindest gewisse Fragen in Hinsicht auf die andere Mauer in den deutschen Köpfen, unsern Realitätsbezug und die Offenheit zur Zukunft ergeben.

Es ist ein altes, naheliegendes, vielfach bewährtes Rezept, daß man am Ende von Kriegen und Bürgerkriegen das Vergessen sucht, ja es beschließt. Denn die Erinnerung droht stets die Feindschaft wieder wachzurufen – und die Forderung nach Rache. Je näher man der Zeit der ideologischen Kriegführung kommt, um so schwieriger wird das, wobei das Motiv der Rache meist sublimiert wird. Und trotzdem sind noch in unserm Jahrhundert manche der alten Regeln angewandt worden.

Nach Auschwitz aber war das schlechterdings nicht möglich. Der Versuch, ein ganzes Volk, oder genauer: eine wenn nicht Glaubens-, so doch Schicksalsgemeinschaft mit Alten und Babys, soweit man ihrer überhaupt nur habhaft werden konnte, von Staats wegen zu ermorden, großenteils fabrikmäßig, wie Ungeziefer, wie wenn sie der Menschheit nicht zugehörten, und indem man ihnen zumeist nicht mal das Recht beließ, in eigenen Kleidern oder überhaupt in Kleidern ermordet zu werden, und ihre Goldzähne der Reichsbank übergab – ein solches Verbrechen gegen die Menschheit bildet einen derartigen Kulturbruch, daß davon so leicht nicht loszukommen ist.

Auschwitz aber (wenn man das Wort in diesem Sinne nimmt) stand nicht allein. Der Mord an den europäischen Juden war nur das Äußerste. Er war eingebettet in weitere Zusammenhänge, weitere Versuche, ganze große Gruppen von Menschen zu beseitigen, in Mißhandlungen schlimmster und verschiedenster Art, aber auch in bestimmte Formen der Kriegführung, etwa beim »Vernichtungskrieg« im Osten. Was zugleich heißt, verschiedene Kriegsverbrechen, die man unter andern Umständen durchaus in ein Vergessen hätte einbeziehen können, werden in diesem Fall, da sie dem näheren und weiteren Umfeld von Auschwitz zugehören, dem Gesamtkomplex des Unvergeßbaren hinzugeschlagen; sie sind mit ihm unlösbar verquickt.

Das Problem, das sich von daher den Deutschen stellte, nennt man gern mit einem verräterischen Wort »Vergangenheitsbewältigung«. Wie wenn eine Vergangenheit »bewältigt« werden könnte! Das heißt im einfachsten Sinne: erledigt; aber natürlich schwingen in der »Bewältigung« auch die Bedeutung der Beherrschung und der Gewaltsamkeit mit. Auch »Aufarbeitung« wäre falsch. Denn es erweckt den Eindruck, wie wenn da ein Berg von Problemen läge, die man Stück für Stück eben auf- (oder ab-)arbeiten könnte.

Aber das Auschwitz genannte Verbrechen läßt sich nicht aufarbeiten. Es übersteigt unsere Fassungskraft. Wir können es allerdings erklären. Doch schon in die Erklärung muß viel Unverstehbares eingehen. Und jedenfalls ist das Ganze nicht zu verstehen. Aus dem einfachen Grund, weil jede Vernunft sich dagegen zur Wehr setzen muß, einen solch einzigartigen Eingriff in die Menschheit überhaupt für möglich zu halten. Wir müßten, Gott bewahre, uns an Schlimmeres gewöhnen, so daß sich der Horizont dessen, womit zu rechnen ist, derart ungeheuerlich ausweitete, daß so etwas verständlich würde.

Es geht letzten Endes um das für »menschenmöglich« Gehaltene. Alle unsere Erwartungen müssen sich darauf richten, daß Menschen ihre Hand nicht dazu hergeben, ganze Völker auszulöschen. Daß das trotzdem möglich ist, wenn jedenfalls bestimmte Bindungen versagen, welche Menschen normalerweise daran hindern, ja wenn ein großer Staat gar unter das Kommando von Verbrechern gerät, kann man zwar lernen, aber eben weil man sich sträubt, es für menschenmöglich zu halten, nicht wirklich nachvollziehen. Die riesigen Zahlen der Opfer des Kommunismus, die man jetzt berechnet hat, ändern daran nichts. Sie sind in diesem Zusammenhang nicht gleichgültig, doch sollten sie wirklich verständlich machen, was die Deutschen im Zweiten Weltkrieg, und teilweise schon davor, an Untaten begangen haben?

Nein, weder Bewältigen noch Aufarbeiten noch Verstehen ist hier möglich. Sehr wohl allerdings Arbeit an dieser Vergangenheit. Und dagegen kann man auch nicht einwenden, daß sie vergangen und nicht mehr zu ändern sei. Das ist zwar richtig, aber der Einwand sticht nicht. Denn Arbeit an der Vergangenheit heißt natürlich: Arbeit an dem, was von der Vergangenheit gegenwärtig ist oder gegenwärtig gemacht wird oder was zumindest (auf die verschiedensten Weisen) fortwirkt von ihr. Geschichte ist nach Droysen das »gewußte Geschehene«. Daran kann, daran muß man arbeiten. Man hat zu schaffen mit der Erinnerung, die sich aufdrängt, der wir auch von unsern Zeitgenossen her immer wieder konfrontiert werden und die selbst, sofern wir sie verdrängen, immer wieder sich virulent macht.

Auf diese Arbeit ist in West und Ost, freilich im Westen des Landes weitaus mehr als im Osten, nach dem Krieg sehr viel Mühe, sehr viel intellektuelle und emotionale Energie verwandt worden. Normal ist nach Niederlagen, daß man nichts so sehr hütet wie seinen Stolz. Der pflegt einen gegen vielerlei Schlimmes an der eigenen Vergangenheit abzuschirmen. Davon konnte hier keine Rede sein.

I

In dieser Geschichte nun spielt sich – das wäre mein erster Gesichtspunkt – ein wesentlicher Teil deutscher Identitätsgeschichte ab. Ich möchte das in aller Kürze am Beispiel der alten Bundesrepublik rekapitulieren.

Zunächst waren die Deutschen nur die Besiegten, die von den Alliierten (obwohl nicht nur von ihnen) auf all das gestoßen wurden, was sie angerichtet hatten. Besonders herausragend die verschiedenen großen und kleinen Kriegsverbrecherprozesse, aber auch der Vorgang der Entnazifizierung.

Überraschend schnell wurde die frisch entstandene Bundesrepublik aber von den westlichen Alliierten auch gebraucht. Alle Vorwürfe traten in den Hintergrund. Auch sollte die Vergangenheit beim Aufbau der Demokratie möglichst wenig stören. Man konnte freilich von ihr nicht absehen, mußte ihre schlimmen Seiten, die Riesenverbrechen verurteilen. Schon deswegen, weil einem ja vom westlichen Ausland her die Hand gereicht wurde – als einem anderen Deutschland.

Die so geknüpfte Traditionslinie, das »andere Deutschland«, bot zugleich einen Grund, auf dem die deutsche Nation als Nation im allgemeinen Bewußtsein zunächst mal fortdauern konnte; beschnitten und beschränkt zwar, aber immerhin ein Stück nationaler Kontinuität war gesichert, mit Fahne, Hymne etc. Korrespondierend dazu wurden die Verbrechen Hitler selbst und seinen Schergen, im wesentlichen der SS, zugeschoben. Sie stellten das eine, das unanständige, das schlimme Deutschland dar, mit dem man nichts mehr zu tun haben wollte.

Wie sehr hinter dieser Fassade ein undeutliches, aber wirksames Gefühl der deutschen Großverbrechen lebendig war (trotz und vielleicht gar wegen aller Verdrängungsversuche), ist über die Jahre hin am besten daraus zu ersehen, daß die Deutschen die Teilung ihres Landes letztlich willig hinnahmen. Jedenfalls konnten sie nicht jene geistige Zusammengehörigkeit, die eine Nation gerade bei politischer Trennung hochzuhalten vermag, derart verankern und ausbauen, daß das Gefühl der Zusammengehörigkeit an die folgenden Generationen lebendig hätte weitergegeben werden können. Sie hatten nicht die Kraft und nicht die Gewißheit eines historischen Rechts, um sich der Teilung zumindest geistig mit Macht entgegenstemmen zu können.

Mit der Zeit veränderten sich die Identifikationen. Neben

die eher schwache und weiter sich schwächende nationale Identität trat die europäische samt der Einreihung unter die westlichen Verbündeten. Sie bot die Möglichkeit, in einem größeren Ganzen unterzukommen, innerhalb dessen die eigene, engere Zugehörigkeit zurücktreten konnte. So hatte die frühe Europabegeisterung der Deutschen offensichtlich viel mit dem Wunsch zu tun, die eigene Identität an der Garderobe Europas abzugeben – wobei es ihnen zunächst kaum auffiel, daß sie die einzig Nackten unter weiterhin Angezogenen, nämlich Nationen waren, die Nationen sein wollten. Europa war keineswegs nur Fluchtpunkt zukunftsgerichteter Politik, sondern auch Fliehburg vergangenheitsgepeinigter Deutscher. Aber diese fliehenden Deutschen versäumten es gleichzeitig nicht, sich den andern als Vorbilder hinzustellen.

Die europäische und die NATO-Identifizierung verquickte sich zugleich mit einer eifrig weiter ausgebauten Kontinuitätslinie, der Gegnerschaft gegen die Sowjetunion, in der die Deutschen den Westmächten gegenüber ebenfalls einigen Vorsprung zu haben beanspruchen konnten.

Im Zeichen des Antitotalitarismus bekämpfte man den Kommunismus um so entschiedener, als man sich damit zugleich vom eigenen totalitären Regime absetzen konnte, nicht nur die Distanz von ihm, sondern implizit geradezu eine Gegnerschaft markierend, ohne daß viel nach dem eigenen früheren Handeln und Denken hätte gefragt werden müssen. Man konnte sich einfach in der neuen Frontstellung verstecken.

Dies konnte sich mit der Tendenz verbinden, die eigenen Gefallenen als Opfer des (auf die andere Seite transportierten) Adolf Hitler zu verstehen; zu Opfern gemacht, statt daß sie, der alten Auffassung gemäß, ihr Leben zum Opfer gebracht hätten. Typisch dafür ist die offizielle Gedenkplatte der Bundesrepublik in Bonn, die Präsident Lübke einweihte. Sie trug fast genau die Inschrift, die jetzt, perverserweise vergoldet, in der Neuen Wache leuchtet: Den Opfern der Kriege und der Gewaltherrschaft. Dieses Ehrenmal wurde am 16. Juni 1964, also am Vorabend des 17. Juni eingeweiht, und der erste Kranz, der dort niedergelegt wurde, galt nicht den Gefallenen, auch nicht den Opfern des »Holocaust«, sondern – den Opfern der kommunistischen Gewaltherrschaft. Unvorstellbar von heute aus gesehen. Daher erklärt sich wohl auch das Wort Gewaltherrschaft, während die hauptsächlichen Opfer der Deutschen doch nicht von einer einfachen Gewaltherrschaft, sondern von einem auf totale Vernichtung ganzer großer Menschengruppen gerichteten Regime (samt dem weiten Kreis derer, die ihm dabei zur Hand gingen) geschunden und gemordet wurden. Die so begründete Opfergemeinschaft, die 6 Millionen Juden mit vielen Millionen Kriegstoten, darunter Roland Freisler und zahlreiche Judenmörder, vermengt, besteht noch heute, dank jenes unglaublichen Ausmaßes an Gedankenlosigkeit, das wir uns in diesem Punkt noch immer erlauben.

So wichtig der Antikommunismus freilich offiziell und wohl auch für weite Teile der Gesellschaft war, daneben verliefen andere Linien, die mit der Zeit zu einem weiteren Wandel in der Auffassung der deutschen Untaten wie in der deutschen Identitätsgeschichte führten.

Seit Ende der fünfziger Jahre, nahezu eine halbe Generation nach Kriegsende, zieht eine Serie großer Prozesse, herausragend vor allem der Eichmann-Prozeß in Jerusalem und der Auschwitz-Prozeß in Frankfurt, zunehmende Aufmerksamkeit auf sich. Theaterstücke – keineswegs nur Hochhuths »Stellvertreter« –, Pressekampagnen und anderes verändern seit den frühen sechziger Jahren das Verhältnis der westdeutschen Gesellschaft zur Vergangenheit. Noch sind freilich unwürdige Kämpfe um das Ausmaß der deutschen Verbrechen auszutragen (waren es vielleicht doch nur 1, 2, 3 Millionen Juden, wenn nicht gar nur ein paar Tausend, die irgendwie zwischen die Fronten geraten sein sollten?).

Zugleich mit den Kenntnissen vom Ausmaß der Verbrechen wird allmählich deren Bedeutung stärker bewußt; es geht nicht nur um die Zahlen; es schält sich mehr und mehr die ganze Ungeheuerlichkeit dessen, was da geschah, heraus – und es beginnt, etwas langsamer, zeitverschoben, klarzuwerden, daß der Kreis derer, die daran beteiligt waren, ein gutes Stück größer war als ursprünglich angenommen: Nicht nur Hitler und die SS, sondern vielerlei Ministerien, Ämter, die Polizei, die Reichsbahn, also sehr weite Personenkreise haben geholfen, die Sache ins Werk zu setzen. Und im Umfeld des Ganzen, sofern es um die Herstellung der Bedingungen der Möglichkeit ging, war manch einer tätig gewesen, der in der Bundesrepublik eine geachtete Position einnahm; es stellte sich außerdem die Frage nach der Rolle der Kirchen und sogar des Papstes. Die Wehrmacht indes blieb zunächst weitgehend ausgeblendet.

Ein besonderer Anteil an dieser Geschichte wird normalerweise den Achtundsechzigern zugesprochen. Das ist richtig, nur muß man dabei differenzieren. Zum einen sollte man nicht unterschätzen, daß die Öffnung zu neuem Ernstnehmen der deutschen NS-Vergangenheit, der Beginn vielfältiger Auseinandersetzungen damit früher einsetzt. Zum andern ist sehr zu fragen, was durch 1968 bewirkt wurde. Identitätshistorisch jedoch war es zweifellos ein sehr großer Schritt, den man damals tat. Jetzt wurde die Sache umgestülpt: Statt nur eines, freilich wachsenden Kreises von Beteiligten wurde die ganze Gesellschaft unter Faschismusverdacht gerückt. Das hieß, grob ausgedrückt, die ganze Gesellschaft war schuld (und hatte sich angeblich kaum verändert), höchstens Ausnahmen waren es nicht. Damit wurde gleichsam jeder Soldat unter Rechtfertigungszwang gestellt, weil er überhaupt mitmarschiert war (Ständig begegnete man dem Aufkleber: »Stell dir vor, es ist Krieg, und keiner geht hin«).

Unter der Wucht des Faschismusverdachts (selbst wenn

viele ihn im ganzen nicht teilten) wurde es leichter, den Kreis der direkt und indirekt an Auschwitz Beteiligten (und Schuldigen) immer weiter zu ziehen. Und das ist dann ja auch geschehen. Wieweit die Achtundsechziger durch eigenes Erleben der zumeist so schweigsamen Elterngeneration mit all ihren Leichen im Keller zu diesen Vorwürfen veranlaßt waren und wieweit sie sie deswegen vorbrachten, weil sie damit *den* schwachen Punkt bei ihnen trafen, weil dieser Vorwurf also sehr praktisch war – das ist vermutlich schwer zu entwirren.

Jedenfalls ging zum einen, wie gesagt, ein identitätshistorischer Schub von den Achtundsechzigern aus. Indem man, zunächst mehr subkutan, eine neue Distanz nicht nur zur deutschen NS-Vergangenheit, sondern auch zu Deutschland überhaupt gewann, wurde der historische Graben vertieft. Man zog sich aus der deutschen Rolle zurück. Man fühlte sich künftig zunehmend als Bundesrepublikaner, nicht mehr so sehr, oder doch nur sehr zurückhaltend, als Deutscher. Damals begann man, wenn ich mich nicht täusche, von Nazi-Armeen zu sprechen, während es vorher natürlich deutsche Armeen gewesen waren (worauf viele ehemalige Soldaten auch bestanden hätten; und was natürlich auch stimmte, sowohl im Guten wie im Bösen).

Zum zweiten aber zielte der von '68 ausgehende Schub in Richtung auf eine Verhärtung. Denn das war ja weithin immer der Effekt der Vorwürfe: Diejenigen, die davon getroffen wurden, schirmten sich dagegen ab. Ich vermute, daß der Prozeß der Öffnung der »Wahrnehmung« für die Untaten und die breite Beteiligung daran durch '68 eher verlangsamt worden ist.

Zum dritten aber kam es infolge des durch die Ereignisse um '68 besonders tiefgreifenden Generationswechsels dazu, daß mit der Zeit in Wissenschaft und Schule, aber auch darüber hinaus, unter den Jüngeren Barrieren abgebaut oder doch niedriger gelegt wurden, die der Anerkennung des ganzen Ausmaßes der Verbrechen und der Beteiligung daran im Wege gestanden hatten.

Unter dem, was folgt, möchte ich nur die drei herausragenden »Wellen« in dieser Geschichte herausheben:

Zunächst 1979 die vielfältige, breithin wirksame Erschütterung durch den Holocaust-Film, die manches Gespräch und auch einige Verständigung (jetzt vielfach zwischen Großeltern und Enkeln) freisetzte, aber identitätshistorisch wohl keine große Rolle spielte.

Sodann 1985 bis 1988: die mit Bitburg anhebenden, um den 8. Mai 1985 sich konzentrierenden, 1986/88 im Historikerstreit kulminierenden Auseinandersetzungen. Hier spielten die Sache und die Beteiligung der Deutschen daran keine irgend nennenswerte Rolle mehr. Denn darin waren sich alle Streiter einig (außer im Fußvolk respektive unter denen, die sich an den Streit anhängten und etwa die Auschwitz-Lüge verbreiteten). Gewinne für das Verständnis der Zeit 1933/45 waren nicht zu verzeichnen, zumal das Bestreben nach »Historisierung« dieser Zeit in den falschen Hals geriet, folglich gebremst wurde. Um so wichtiger waren die Gesichtspunkte »nationaler Identität«. Schließlich brach der Historikerstreit aufgrund von Bemühungen um eine Gewinnung oder Festigung nationaler Identität aus (die sich etwa in der Gründung des Deutschen Historischen Museums niederschlug). Daher war es, für Ernst Nolte, wichtig, daß die Deutschen mit ihren einzigartigen Untaten nicht allein dastanden, ja: antworteten auf die kommunistischen.

Die vorläufig letzte Welle intensiver Beschäftigung mit Auschwitz folgte dann genau 10 Jahre später, wiederum mit einem Präliminar-Teil, den Diskussionen darüber, ob der 8. Mai ein Tag (nur) der Befreiung sei. Auch die Wirkung von Klemperers Tagebüchern könnte man hier anführen. Der Hauptteil folgte 1996 mit den Auseinandersetzungen um Goldhagen und seinem Siegeszug sowie – teilweise damit sich überlappend – der »Wehrmachtsausstellung«. [Nachtrag: Ein

Epiphänomen, durch die Auseinandersetzung um das Holocaust-Mahnmal veranlaßt, war die Walser-Bubis-Debatte von 1998.]

Es ist gut erklärlich, daß sich die großen Auseinandersetzungen um die deutschen Untaten während des NS-Regimes jeweils wellenartig vollziehen, um dann Perioden relativer Beruhigung Platz zu machen. Offensichtlich gelingt es nicht, dem Wissen von Auschwitz kontinuierlich einen Platz im zentralen Bereich des öffentlichen Bewußtseins zu sichern (was nicht mit den modischen Formen der Betroffenheitsrituale zu verwechseln ist). So kann es nicht ausbleiben, daß immer wieder, vermutlich auch durch das Nachwachsen neuer Generationen, ein großes Erschrecken Platz greift, ein dringendes Bedürfnis, sich massiv mit diesem Teil unserer Geschichte zu befassen. Interessant sind dabei die stets neuen Gesichtspunkte, unter denen das geschieht und die natürlich nicht zuletzt von der jeweiligen Gegenwart bestimmt sind.

1996 erlebte man eine eigentümliche Konstellationsänderung gegenüber 86/88: Die »Linken«, um es abgekürzt zu sagen, des Historikerstreits standen zumeist Goldhagen sehr kritisch gegenüber – und sie blieben in der Minderheit. Was immer von der schweigenden Mehrheit zu gelten hat, unter denen, die sich stark interessierten und öffentlich in Erscheinung traten, standen ganz im Vordergrund solche, die offenbar geradezu genossen, was Goldhagen »den Deutschen« (denn so sagte er doch) vorwarf, und das war ja nicht wenig. Bei der Wehrmachtsausstellung war der Widerstand allerdings kräftiger. Das hängt letztlich damit zusammen, daß die Deutschen der Nachkriegszeit sich aufs stärkste an die Wehrmacht geklammert haben, in der unendlich viele von ihnen Ehemänner, Väter, Söhne, Brüder, Freunde verloren hatten, in der unendlich viele verwundet worden waren und zumindest viele kostbare Lebenszeit und Energie eingebüßt hatten. Was hier geleistet und geopfert worden war, sollte, wenn es schon umsonst war, doch wenigstens ehrenvoll gewesen sein! In diesem Punkt gab es auch zwischen Rechts und Links wenig spezifische Differenzen.

Goldhagens Erfolg kann kaum einfach darauf zurückgeführt werden, daß er als ein charmanter junger Mann auftrat, angesichts einer Front von Kritikern, und daß er sich als Diskutant angenehm absetzte von manch einem deutschen Professor. Schließlich hätte seine Botschaft eigentlich geradezu niederschmetternd wirken müssen: das ganze deutsche Volk aufgrund eines tief eingewurzelten eliminatorischen Antisemitismus seit Jahrhunderten darauf bedacht, die Juden auszurotten; Hitler nur das Werkzeug, das sie schließlich fanden – um sich ihm als willige Vollstrecker anzudienen. Führende Historiker, nicht nur in Deutschland, sondern auch in Amerika, England, Frankreich, nicht zuletzt Israel hatten Einspruch gegen das – Grundregeln der Wissenschaft widersprechende – Verfahren Goldhagens, gegen viele seiner Thesen erhoben; man hätte sich leicht darauf berufen können. Doch tat man es kaum. Das heißt: Jetzt war offenbar die letzte Schranke gefallen: *The worse the better* war die Devise: Je schlimmer die Deutschen vor 1945 dastanden, um so weniger meinte man offenbar, mit ihnen zu tun zu haben, wozu die Generalabsolution Goldhagens für die Deutschen ab dem 8. Mai 1945 liebenswürdigerweise beitrug.

Kurz, durch die Nachkriegsgeschichte führte ein langer Weg von vielerlei Widerständen gegen die Anerkennung der Wahrheit der Untaten und ihres Ausmaßes bis zu deren williger Hinnahme. Von vielerlei Einschränkungen in Hinsicht darauf, wie die direkte und indirekte Verantwortung für diese Untaten unter den Deutschen verteilt war, bis zur beflissenen Übernahme der These, daß sie allesamt, daß also »die Deutschen« den Mord an den Juden gewollt und ins Werk gesetzt hätten. Nicht bloß »Faschismus« wurde ihnen ja zuletzt vorgeworfen, denen von damals, während die heutigen sich gern unter alle diejenigen mischen, die diesen Deutschen alles Böse zutrauen – um höchstens noch dadurch sich von ihnen zu unterscheiden, daß sie einen ganz besonderen Eifer dabei entfalten. Ein langes Stück Identitätsgeschichte mithin. Wenn es auch vor allem nur die Geschichte von Minderheiten ist, die sich der Frage, so oder so, annehmen. In irgend einer Weise wirkt das ja doch für die ganze Gesellschaft (und auf sie).

Um es in einem etwas gewagten Bild zu sagen: Bis vor kurzem haben wir mit unseren Vorfahren zusammen in der Arena gestanden, in die die Steine vielfältiger Anklagen geworfen wurden. Wir mochten den Eltern und Großeltern nicht zuletzt deswegen höchst kritisch, mit Zorn, mit Wut begegnen, mochten uns möglichst abseits von ihnen halten (und uns unter dem europäischen Schirm zu verstecken suchen), wir bekamen trotzdem unser Teil ab, als Deutsche. Jetzt dagegen suchen wir die Arena zu verlassen und stellen uns unter die, die Steine werfen.

Welche weiteren Schritte in der gegebenen Richtung noch getan werden können, ist nicht abzusehen. Die zunehmende Bereitschaft, immer weitere Kreise der Deutschen als willige Teilhaber der Untaten anzusehen, signalisiert, daß nationale Identität in dieser Hinsicht nicht mehr als Erkenntnishemmung dienen kann. Insofern ist die letzte Barriere auf diesem Weg niedergelegt. Was nicht heißt, daß es nicht noch sehr viel zu lernen, zu vermitteln, zu erforschen, zu erschrecken geben wird. Es stellt sich aber auch die Frage, ob sich der Zugang der Deutschen zu ihrer NS-Vergangenheit in der neuen Lage eher verengt oder erweitert.

II

Der zweite Gesichtspunkt, unter dem ich diese Geschichte rekapitulieren will, ist der der Rolle, die sie bei der Vertiefung der Gräben zwischen Ost- und Westdeutschen gespielt hat.

Die DDR hat sich seit ihren Anfängen zentral auf die deutsche NS-Vergangenheit bezogen: Denn sie behauptete, der antifaschistische Staat zu sein, der deutsche Staat, der im Unterschied zur BRD Lehren aus der Geschichte gezogen hatte. Das bedeutete, daß sie eine ganze Reihe von Menschen (keineswegs nur Nazis oder Kriegsverbrecher, sondern auch Großgrundbesitzer, Fabrikeigentümer, liberale Anwälte etc.) hart bestrafte, die übrigen aber mehr oder weniger exkulpierte, wobei sie freilich eine gewisse Loyalität zur Voraussetzung machte. Schließlich mußte man Antifaschist sein, um unschuldig gewesen sein zu können. Zahlreiche alte Nazis flohen nach Westen, andere durften auch in der DDR zu Amt und Würden gelangen. Im einzelnen herrschte viel Willkür.

Unter dem Schutz des Antifaschismus erübrigten sich die Frage der historischen Verantwortung für die Untaten der Deutschen zur Zeit des NS-Regimes und die Auseinandersetzung weiterer Teile der Gesellschaft damit, wie sie mit der Zeit im Westen anhob, sowie die Wiedergutmachung. Übrigens ergab sich das Problem im Westen auch als Konsequenz sowohl der Rechtsnachfolge des Deutschen Reiches, zu der man sich bekannte, als auch vieler Erwartungen oder jedenfalls Erwartungserwartungen angesichts unserer neuen westlichen Alliierten. Zudem folgte es aus der demokratischen Verantwortung für das Gemeinwesen, die gleichsam nicht auf Gegenwart und Zukunft begrenzt bleiben konnte.

Für die DDR saßen »die Faschisten«, zum Teil die Schuldigen, im übrigen gleichsam ihre Nachfolger, in der BRD, die deutsche Vergangenheit war deren Sache. Erst spät und ansatzweise änderte sich daran etwas (von manchem Einzelnen natürlich abgesehen). Umgekehrt saßen für die Bundesrepublik die Erben und Fortsetzer des Totalitarismus in der DDR. Beide deutsche Staaten entlasteten sich selbst, zumindest ein gutes Stück weit, indem sie die Vergangenheit dem je anderen zuschoben, die DDR der BRD im ganzen, die Bundesrepublik der DDR zum Teil; die einen explizit, die andern implizit. Wahrscheinlich kann man hier geradezu von Projektionen sprechen. Projektionen, an denen auf seiten der DDR auch größere Teile der Bevölkerung teilhatten, die sonst nicht gerade mit ihrer Führung übereinstimmten; Projektionen auch und nicht zuletzt eines deutschen Selbsthasses.

So trug die Last dieser Vergangenheit sehr wohl zur Vertiefung der deutschen Teilung bei; nicht nur, indem sie die Deutschen hinderte, geistig ihren Zusammenhang um so mehr zu befestigen, je stärker sie politisch und körperlich (durch Beschränkung der Reisemöglichkeiten) voneinander getrennt waren.

Wie Anfang der sechziger Jahre der Mauerbau und die Belebung der westdeutschen Auseinandersetzung mit Auschwitz zeitlich zusammenfielen, so entsprach der weiteren Entfernung von der gemeinsamen schlimmen Vergangenheit die Vertiefung der Gräben zwischen den beiden Staaten.

Die seit Ende der siebziger Jahre begegnenden Behauptungen von der Postnationalität der Bundesrepublik folgten aus der Teilung so gut wie aus der Erinnerung an die deutschen Untaten. Wobei diese dazu diente, jene zu zementieren. (Daß später aus der – falschen – Erklärung der Teilung als Folge von Auschwitz herausgelesen wurde, die Vereinigung stünde uns nicht zu, war vermutlich nur eine Konsequenz aus einem inzwischen tief eingewurzelten Zusammenhang; eben dem, aufgrund dessen schon der geistige Widerstand gegen die Teilung sehr schwach gewesen war.)

In den achtziger Jahren wurden daraus vor allem zwei Folgerungen gezogen. Die eine durch Habermas, der 1986 erklärte, der Verfassungspatriotismus sei der einzige, der uns noch zukäme. Dolf Sternberger hatte ihn 1979, als er den Begriff prägte, noch als einen zweiten Patriotismus aufgefaßt und bezeichnet. Andererseits betrieb man auf der rechten Seite die »nationale Identität« der BRD. Beide Tendenzen dokumentierten die Nicht-Zusammengehörigkeit mit den Deutschen der DDR. Habermas bezog sich offen auf Auschwitz, auf der andern Seite wurde die deutsche Geschichte vor 1933 (die tausend Jahre, die mehr bedeuten sollten als die zwölf!) für die BRD allein beansprucht (daher die Frage: »Wem gehört die deutsche Geschichte?«), das heißt, man wollte die andern Deutschen historisch aus der Gemeinsamkeit herausdrängen, was dadurch möglich wurde, daß man diese ohnehin, unter Umgehung der NS-Zeit, ganz neu zu konstruieren unternahm.

Die Zusammengehörigkeit einer Nation ist normalerweise in drei Komponenten gegründet: im Bewußtsein gemeinsamer Herkunft, in gegenwärtigem Miteinanderleben und in gemeinsamer Eigenart. (Wohl sind Nationaleigenschaften fiktiv, aber der Glaube, sie zu haben, fördert ihre Ausbildung ein Stück weit und stellt jedenfalls etwas Verbindendes dar.) Da das Miteinanderleben aufgehoben war (und die Deutschen sich weitgehend in diese Lage fügten) und da die Geschichte – respektive das im Bewußtsein dominierende Stück von ihr – befleckt war (wenn sie sie nicht gar voneinander schied), fehlten wichtige Gegengewichte gegen die systembedingt zunehmend unterschiedliche Ausbildung von Lebensformen, Anschauungen, eben der jeweiligen Eigenart.

Ja, da die Deutschen zumal im Westen sich gern als Musterknaben aufführten, wollten sie möglichst wenig »deutsch« sein; gewiß hatte ihre Verwestlichung auch mit Überzeugung und Faszination zu tun. Aber der Wunsch, sich vom Herkommen, der schrecklichen Geschichte zu lösen, förderte den Prozeß und gab ihm zusätzliche Akzente.

Je mehr damit Eigenschaften zur wichtigsten Basis der jeweiligen Gemeinsamkeit wurden, um so mehr gründete die kollektive Identität der beiden Gesellschaften, vor allem die der Westdeutschen, der Selbstbewußteren, der Erfolgreicheren in dem, worin sie sich von den andern Deutschen, denen aus der DDR und den früheren Deutschen unterschieden. Und die Unterschiede wurden stark aufgewertet. Was natürlich zu Gegenreaktionen führte – letztlich (nach der Vereinigung) zur Mauer in den Köpfen erheblich beitrug. Denn wie das Musterknaben zu tun pflegen: Die Westdeutschen genieren sich wegen ihrer »Brüder und Schwestern« aus dem Osten, die sich nicht richtig zu benehmen wissen, gleichsam mit ihren lehmverschmierten Stiefeln auf unsern schönen Teppich treten, wie Richard Schröder es formulierte.

Schwer zu sagen, wie die deutsche Vereinigung zu den Modalitäten der Goldhagen-Debatte beigetragen hat. Wird die Absetzung von »den Deutschen« von früher leichter und dringlicher nicht nur durch den zeitlichen Abstand, sondern auch dadurch, daß nun der jeweils andere Staat als Projektionsfläche deutschen Selbsthasses ausfällt; daß die Deutschen wieder zusammen sind und sich, da sie keine Nation mehr sein wollen, um so stärker gegen die Deutschen der Vergangenheit anstemmen – also die geschichtliche Verbindung in der Zeit wie im Raum immer stärker ausdörren lassen? Oder gibt es einen neuen Wettbewerb in Antifaschismus?

III

In diesem Zusammenhang scheint der dritte Gesichtspunkt wichtig zu sein, unter dem ich die Auseinandersetzung mit der NS-Vergangenheit hier behandeln möchte: das Auseinandertreibende, das gegenseitige Sich-Abstoßen der Erinnerungen. Es wird besonders gut illustriert durch jenes Buch, das für viele gleichsam den Klassiker der Arbeit an der Vergangenheit darstellt: Alexander und Margarete Mitscherlichs »Unfähigkeit zu trauern«, 1967 erschienen. Man hat in diesen Titel gern die Behauptung eines willentlichen Mangels der Deutschen hineingelesen, wie wenn sie sehr wohl hätten trauern können, es aber nicht gewollt hätten. In Wirklichkeit betonen die Autoren, wohl zu Recht, daß die Deutschen 1945 in eine lebensbedrohliche Melancholie verfallen wären, wenn sie »getrauert« hätten. Insoweit also eine objektive Unfähigkeit in jener Lage. Das war 1967 mehr als 20 Jahre her, inzwischen hätte die Lage verändert sein können. Sie war es auch, seit 1960 zunehmend. Davon aber ist bei Mitscherlichs keine Rede; das haben die Autoren gar nicht wahrgenommen; auf die Frage, wie es inzwischen um die Fähigkeit zu trauern bestellt war, verwenden sie keine Mühe. Statt dessen leeren sie einen ganzen Sack voll Vorwürfen an die Adresse ihrer Landsleute: Sie finden nämlich, daß die Politik der Bundesrepublik in vielem gründlich verfehlt und eine andere Politik am Platze sei. So wird die Feststellung einer Unfähigkeit zu trauern zum Vorwurf an »die andern«, genauer »die Mehrheit«, daß nicht die rechte Politik, sprich die von den Mitscherlichs (als Konsequenz von Auschwitz, wie sie meinen) für gut gehaltene, betrieben wird. Die Gegenwart also beherrscht das Ganze, die Politik.

Aber damit nicht genug: Tilman Moser hat inzwischen gezeigt, daß auch in den Krankengeschichten, die die Mitscherlichs vortragen, deutlich wird, daß sie ihren Nazi-Patienten eher inquisitorisch begegneten, von Einfühlungsbereitschaft sei wenig die Rede. Er findet bei ihnen eher einen Katalog von Beschimpfungen als Dokumente des Verstehenwollens, bezeugt sein »Unbehagen an der Vermischung von Psychoanalyse und vorwurfsvoller Moral«, spricht von »psychoanalytischer Bußpredigt, Daueranklage und diffamierender Entlarvung der Deutschen«. Daß das Buch nicht die von den Mitscherlichs erhoffte politische Wirkung hatte, führt er darauf zurück, »daß die Autoren einerseits diagnostizieren, als hätten sie einen Einzelpatienten vor sich, andererseits aber die Diagnose einem ganzen Volk anhängen, dem sie die Unfähigkeit sich zu ändern, dauernd vorhalten«.

So verständlich das alles sein mag: Diese Art des Umgangs mit der Vergangenheit zeigt sehr schön, wie leicht es dazu kommt, daß Erinnerung sich in Vorwürfen und Anklagen gegen Zeitgenossen entlädt, die selbst solche abstoßen mögen, die die Empörung über die Untaten teilen, nur eben politisch zu andern Urteilen gelangt sind. Zumindest werden Barrieren aufgerichtet, die den Zugang zur Sache, der eröffnet werden soll, abblocken.

Doch ist dies nur ein besonders prominentes – und durch die Illusionen von Selbstreinigung durch Trauerarbeit, die es weckt, besonders wirksames – Beispiel. Immer wieder läßt sich beobachten, daß Arbeit an der deutschen NS-Vergangenheit zum einen leicht, explizit oder implizit, andere vor den Kopf stößt. Selbst wo die Augen gleichsam reuevoll auf die schwarze Wand der Untaten gerichtet sind, gehen davon immer wieder anklagende Seitenblicke auf andere aus. Zum andern ist die Empfindlichkeit vielfach so groß, daß Anklagendes leicht auch dort wahrgenommen wird, wo es kaum oder gar nicht beabsichtigt ist.

Offenbar sind wir, bisher jedenfalls, allesamt zu stark betroffen, zu sehr verletzt von der Erinnerung und dem Erinnertwerden an Auschwitz. Kein Wunder. Schon die Aussagen darüber sind schwer zu formulieren, überall eröffnen sich Möglichkeiten zum Mißverständnis, zur Verdächtigung, entsteht die Versuchung, die Verantwortung auf andere abzuwälzen. Immer wieder rühren die Behauptungen über die Vergangenheit an gegenwärtige Positionen, stellen sie in Frage oder erwecken wenigstens den Eindruck, daß sie das täten. Eine Fülle von Fehlleistungen bezeugt die Wunden, die da in uns noch schwären, auch wenn wir das kaum für möglich halten.

Das ist grundsätzlich nichts Neues. Nicht jede Vergangenheit vergeht nach wenigen Jahrzehnten. Tief einschneidende Ereignisse wie die Französische Revolution haben noch über nahezu zwei Jahrhunderte die Menschen getrennt, haben sie verletzlich gemacht, haben die Erinnerung der einen immer wieder zur Distanzierung, ja Abstoßung von den andern werden lassen.

Nur scheint mir, daß dieser Zusammenhang in der Geschichte der deutschen Geschichtserinnerung an Auschwitz zu wenig beachtet wird.

Vorwürfe aber, mit denen man schlecht fertig wird (weil das Thema eben unfaßbar ist), führen leicht zu Abwehr und Verhärtung, sind insofern kontraproduktiv. Sie schränken die Offenheit ein, die man zur Verständigung braucht. Was, nebenbei gesagt, gerade auch für die öffentliche Auseinandersetzung um die DDR-Vergangenheit gilt. »Von jetzt an wird nichts mehr zugegeben«, war das Motto eines Leipziger Kabarettisten, nachdem er die Erfahrung gemacht hatte, daß alles Zugeben von westlicher Seite nur ausgenutzt wurde für weiteres Nachfassen, verständnislose Äußerungen und neue Vorwürfe. Wahrscheinlich sind da weithin unbewußte, im übrigen oft ungesteuerte Reaktionsweisen im Spiel. Und das sollte man sehr ernst nehmen.

Eine besondere Art der Instrumentalisierung hat das Thema der NS-Vergangenheit in den Auseinandersetzungen zwischen Rechts und Links gefunden. Die Trennlinien verlaufen nicht ganz klar, aber immer wieder kam es dazu, daß von links mehr Offenheit, mehr Trauerbekundung eingefordert wurde, während von rechts eher für den »Schlußstrich«, zumindest dafür plädiert wurde, daß man »die Dinge«, bei aller Anerkennung, doch besser auf sich beruhen lasse. Woran sich dann explizit oder implizit die beliebten Vorwürfe etwa der Nestbeschmutzung oder des Mangels an Patriotismus schließen mochten. Im Hintergrund stand die Befürchtung der »Rechten«, daß die »nationale Identität« durch zu viel Wühlen in der deutschen Vergangenheit beschädigt würde, freilich teilweise auch, daß sie selbst wie mit Vorläufern zumindest mit denen identifiziert würden, die am Hochkommen der Nazis einst beteiligt waren. Und eben das mag die »Linken« besonders dazu gereizt haben, das Thema zu forcieren. Obwohl durchaus auch Überzeugungen im Spiel waren, richtige Überzeugungen, wie ich meine, während die »Rechte«, aufs Ganze gesehen, bei etwas mehr Klugheit eigentlich schon früher hätte merken müssen, daß um Auschwitz kein Weg herumführt und daß es besser ist, die historische Wahrheit, soweit sie mit Sicherheit oder Wahrscheinlichkeit anzunehmen ist, rückhaltlos anzuerkennen und Wege zu suchen, wie man sie öffentlich respektieren und Konsequenzen aus ihr ziehen kann. Manche Stellungnahme im Historikerstreit, aber auch die Parlamentsdebatten um das geplante Bonner Mahnmal lassen die unterschiedlichen politischen Haltungen noch in den achtziger Jahren deutlich werden.

Erst zur Mitte der neunziger Jahre hin hat sich dies gründlich verändert. Verschiedenes kam zusammen, um das zu bewirken. Ernst genommene Erfahrung aufgrund früherer Pannen, die weitere zeitliche Distanz, das Nachwachsen neuer Generationen, wahrscheinlich auch international sehr viel stärker gewordene Erwartungen. Keineswegs sind damit die alten Bedenken, man solle nicht zuviel Aufhebens von den deutschen Untaten machen, der Wunsch, daß diese Vergangenheit endlich aus dem Bann der Gegenwart herausrücke, schon erledigt. Aber sie werden in der Öffentlichkeit kaum mehr geäußert. Ihre Verfechter sind klar unterlegen, und sie wissen es.

Wer lange Zeit dafür gekämpft hat, daß die Bedeutung von Auschwitz in ihrem ganzen Umfang ernst genommen wird, bemerkt plötzlich, daß der Widerstand nicht mehr da ist, gegen den er argumentierte.

Die Frage ist, ob damit das Trennende, ja Abstoßende, Verständigungshemmende der Erinnerungen entfällt. Das ist bisher nicht abzusehen, zumal im Stillen allerhand Groll gegen die jetzt vorherrschende Richtung sich zusammenbrauen könnte. Vielleicht muß man sich gar auf Einiges gefaßt machen.

Unverkennbar aber ist, daß sich die Kluft in der Zeit, zwischen den heutigen Deutschen und denen der NS-Zeit, im wesentlichen also ihren Eltern, Groß- und Urgroßeltern, erheblich vertieft hat. Oder, um es mit dem hier sonst gebrauchten Bild zu sagen, daß sich die andere Mauer weiter auftürmt. Hier könnte gar Quantität in Qualität umschlagen.

Auf weite Strecken haben für die Zeit des Zweiten Weltkriegs, ganz abgesehen von den je verschiedenen Konstellationen, in die die Einzelnen eingebunden waren, stets verschiedene Vergangenheiten nebeneinandergestanden, oft im Denken ein und derselben Person. Um es vereinfacht darzustellen: Hier die Vergangenheit des Gros der deutschen Zivilbevölkerung und der Soldaten, dort die der Mißhandlung und des Mordens von Juden, Zigeunern, Geisteskranken und anderen. Der Vernichtungskrieg der Wehrmacht in der Sowjetunion tritt ja im allgemeinen Bewußtsein der Westdeutschen weit zurück. Kurz: Was das Gros der Deutschen im Zweiten Weltkrieg gewesen war und was die deutsche Vernichtungspolitik angerichtet hatte, ließ sich von vielen Biographien her kaum zusammendenken, auch wenn die offizielle Nachkriegspolitik die Toten, ob nun Täter oder Opfer oder beides zusammen, als »Opfer von Krieg und Gewaltherrschaft« in einen Topf warf (und wirft). Übrigens korrelieren diese Spannungen zwischen Krieg und Verbrechen streckenweise denen, die gar nicht so wenige Deutsche im Krieg auszuhalten hatten, zwischen dem, was sie offiziell taten (nämlich ihr Land verteidigen), und dem, was sie zugleich damit bewirkten (nämlich die NS-Herrschaft, den Terror und die Mordmaschinerie schützen) und woran sie verschiedentlich teilzunehmen hatten – was sie zumeist doch wohl keineswegs als so spaßig empfunden haben, wie es bei Goldhagen erscheint und wie verschiedene Bilder der Wehrmachtsausstellung, wenn man sie falsch interpretiert, es nahezulegen scheinen. Man muß ja auch von der simplen Frage, wie viele im Krieg was wovon gewußt haben, irgendwann einmal zu differenzierterer Betrachtung vordringen. Es geht doch nicht nur darum, was man sieht oder erfährt, sondern wesentlich auch darum, wo man es im eigenen Bewußtsein unterbringen, verstehen, zu anderem in Beziehung setzen: was zugleich heißt, welche Konsequenzen man daraus ziehen kann.

Eben durch solch ein letztlich unvermitteltes Nebeneinander war es lange Zeit möglich, das ehrende Angedenken an die Eltern und Großeltern bei aller Kritik und Empörung aufrechtzuerhalten, wenn auch in eher reservierter Form. Und immer wieder wurde die Wehrmacht öffentlich verteidigt, auch politisch. Noch in den Debatten der achtziger Jahre um das Bonner Mahnmal standen für die Koalitionsparteien unter den »Opfern« die Gefallenen ganz im Vordergrund.

Gewiß war die Brücke zur Vergangenheit der NS-Zeit immer schmal; es hatte an Erzählungen gemangelt, vieles war verdrängt, vieles nicht zur Kenntnis genommen worden, manches hatte man so genau auch gar nicht wissen wollen, das Verstehen des Handelns und Leidens der vorangegangenen Generationen war ziemlich begrenzt.

Wenn jetzt aber der Eindruck vorherrscht, die ganze Wehrmacht selbst sei weithin und tief in die Verbrechen verwickelt gewesen, so sehr, daß sich der Widerstand dagegen auf, wenn auch mitunter lautstarke, Proteste beschränkt, tritt der eine Teil der damaligen Wirklichkeit samt dem Andenken nach 1945 ganz zurück. An die Stelle des Zusammendenkens tritt die Aussparung. So wird es immer schwieriger, neben dem Verurteilen das Verstehen zu versuchen. Das ganze Geschehen der Zeit erscheint eher wie ein einziger großer, böser, abweisender Komplex. Entsprechend beherrschen moralische Gesichtspunkte weit über Gebühr das Feld der Beschäftigung mit der Vergangenheit der NS-Zeit. Um nicht mißverstanden zu werden: Diese Gesichtspunkte sind in der Debatte nur allzu sehr am Platz. Wenn sie jedoch andere verdrängen, wird damit zum einen der Zugang zu dem, was damals geschehen ist, stark verengt, zum andern tut sich eine große Kluft auf zwischen dem, was für die Vergangenheit verlangt, und dem, was in der Gegenwart geleistet wird. Das in jeder Gegenwart notwendige höchst facettenreiche, häufig zum Konflikt geratende Widerspiel moralischer Gebote und praktischer Abwägungen (was zugleich heißt: zwischen verschiedensten Erwartungen an Handeln und Denken; aber es stehen auch Voraussetzungen des Verstehens der eigenen Welt hier in Frage) wird gestört. Um die Zivilcourage zum Beispiel ist es heute ja wohl um nichts besser bestellt als damals, bei weit geringerer Gefahr.

Diese moralischen Urteile sind zum Teil erdrückend. Sie haben etwas Zuschnürendes, je unerbittlicher sie geäußert werden, um so mehr; man ist ihnen gegenüber allzu leicht wehrlos. Wer will schon gegen eine Verurteilung, die ihr Recht aus der fürchterlichen Einzigartigkeit der Ermordung von 6 Millionen Juden zieht, auf Verstehen des Verstehbaren an Handlungen und Unterlassungen, die auch nur im weiteren Umfeld der Verbrechen stattgefunden haben, plädieren?

Nicht zuletzt deswegen nimmt die Identifikation mit den Opfern – natürlich nur den Juden, nicht etwa den Zigeunern – zu, da man es mit den »Tätern« (als welche die Nicht-Opfer nun vornehmlich erscheinen) nicht kann. Psychologisch verständlich, obzwar wenig logisch, verknüpft sich mit dieser Identifikation eine bereitwillige Schuldübernahme. Bei allem Respekt läßt sich zuweilen der Eindruck nicht leicht von der Hand weisen, daß damit unbewußt eine neue, masochistische Form der Überlegenheit gesucht wird. Schließlich hat der reuige Sünder – auch der, der nicht-begangene Sünden auf sich nimmt – unter christlichen Vorzeichen Anspruch auf besondere Anerkennung. Und er kann andere beschämen.

Die Einzelheiten spielen hier keine Rolle. Was es bedeutet, sich risikolos und luxuriös in einen Status einzuschleichen, der andern unter unvorstellbaren Qualen und Demütigungen aufgenötigt worden ist, um fast immer in gewaltsamem Tod zu enden, mag jeder mit sich selbst ausmachen.

Und warum mußte man den 8. Mai 95 öffentlich als Tag der Befreiung feiern? Ganz abgesehen von den makabren Assoziationen, die sich für die Ostdeutschen damit verbinden mußten: Nahm man damit endgültig auf der richtigen Seite Stellung, unter den Opfern der Nazis, die, wie man irgendwann doch wohl annehmen wird, Deutschland besetzt hatten?

Im ganzen entsteht jedenfalls der Eindruck, daß die in der Öffentlichkeit vorherrschende Tendenz heute den Deutschen während der NS-Zeit immer ungerechter gegenübertritt; daß sie immer mehr dazu neigt, mit den Belastungen durch diese Vergangenheit fertig zu werden, indem sie jenen eher mehr Schuld zuschiebt, als sie hatten (und mildernde Umstände auch denen nicht zubilligt, die sie verdienen). Wenn die deutsche Schuld vielfach so bereitwillig bekannt wird, so doch wohl, weil man sich auf diese Weise aus der deutschen Tradition herauslösen zu können meint, auf Kosten anderer, nämlich derer, denen man bei der Gelegenheit die Schuld gehäuft zuschiebt, teils sehr zu Recht, so pauschal, wie es gern geschieht, aber durchaus zu Unrecht; den Nazis, wie man dann gern, mitunter verharmlosend und vielfach falsch, sagt. Sehr merkwürdig übrigens: Einerseits macht man die Deutschen der NS-Zeit zu Nazis, so daß der deutsche Name gleichsam von ihnen befreit wird, andererseits geniert man sich bei diesem Namen. Aber das gleiche passiert ja, wenn man einerseits postnational zu sein vorgibt, andererseits »den Deutschen« das Bekenntnis zur Schuld der Nation abverlangt, die es dann doch eigentlich gar nicht mehr geben dürfte. So wird dann nationale Kontinuität leicht zu einer Einbahnstraße, auf der das Schlechte in die Vergangenheit geschoben wird.

In der ganzen Nachkriegsgeschichte verbindet sich mit Schuldgefühlen und dem Bewußtsein historischer Verantwortung die angstvolle Erwartung, daß andere uns unsere Vergangenheit vorrücken. Und wie leicht werden dabei aus einfachen Feststellungen Vorwürfe herausgehört, die uns oft gar nicht zugedacht waren. Was es für uns und unser Verhältnis zur Geschichte und zu unserem Land bedeutet, unsere Vergangenheit zu eliminieren, ist eine andere Frage.

Eine von den einen voll Betroffenheit bekundete, von den andern teils schweigend, teils unbelehrt übergangene Erinnerung trennt vielleicht in der Gegenwart noch mehr, als es die früheren Auseinandersetzungen getan haben. Wie sie, samt ihren Implikationen eines moralisch unmäßig anspruchsvollen Urteilens, sich auf die Integration zwischen den seit '45 gleichsam vergangenheitslosen Westdeutschen und den Deutschen mit Vergangenheit, also denen aus der DDR, auswirkt, und damit auf das Ganze der Republik, ist noch kaum abzusehen.

IV

Damit zum Schluß: Was bedeutet die andere Mauer in den deutschen Köpfen? Hier hätte ich vor allem Fragen zu stellen, ohne daß ich mir der Antworten gewiß wäre. Letztlich geht es um das Problem, wieweit die deutsche Vergangenheit uns den Weg in die Zukunft verengt. Ist es sinnvoll, von einer Gefangenschaft zwischen Vergangenheit und Zukunft zu sprechen? Bildet die tiefe Kluft, die uns von der Vergangenheit trennt, etwa gar die eine Hälfte eines Kreises, der sich auf der anderen Seite durch eine ebensolche Kluft gegenüber der Zukunft schließt?

Die Unbeweglichkeit der heutigen westdeutschen Gesellschaft hat viele Gründe. Aber sollte sie nicht auch damit zusammenhängen, daß das Selbstvertrauen hierzulande eher gering ist? Vielleicht eine Fortsetzung und Steigerung der Angst, für die wir bekannt sind, der »German angst«? Woher immer sie sich im einzelnen herleiten mag, daß sie auch ein Produkt der Vergangenheit ist, scheint mir unverkennbar.

Und so verhält es sich doch wohl mit verschiedenen Eigentümlichkeiten der alten BRD, die sich aus Fluchtbewegungen und Kompensationen nach Niederlage und Schande erklären und zum einen auf eine Vereinseitigung, zum andern auf Erstarrung hinwirken.

Sollte zum Beispiel die niederschmetternde Wirkung der so ungemein weit verbreiteten Arbeitslosigkeit in Deutschland nicht auch dadurch bedingt sein, daß Arbeit (die hierzulande immer besonders großgeschrieben wurde) nach dem Krieg nicht nur besonders nötig war, sondern auch wie eine Droge gesucht wurde, weil sie Betäubung und Vergessen versprach? Und hat der Wohlstand vielleicht geradezu die Funktion eines Unterpfands dafür gewonnen, daß wir, endlich, auf dem rechten Weg waren – so daß »Besitzstandswahrung« zu einem – sonst vielleicht gar nicht so unerbittlich verfochtenen – Muß wurde?

Reicht es, für die libidinöse Bindung der Deutschen an die D-Mark die zwei Inflationen zur Erklärung anzuführen, die ihnen noch in den Knochen stecken? Spielt hier nicht auch deren Funktion als Nationalsymbol, ja Identitätsverbürgung hinein, nachdem alle andern Symbole, zumal infolge der NS-Zeit, im allgemeinen Bewußtsein, bei aller Ehrwürdigkeit, viel weniger haben anschlagen können?

Und wenn wir in besonders hohem Maße auf Konsens angewiesen zu sein scheinen, liegt das nicht vor allem auch daran, daß Weimar nicht zuletzt an seinen Konflikten zugrunde gegangen ist? So könnte es erklärt werden, daß sich, was verschiedene westliche Gesellschaften zur Zeit bestimmt, bei uns besonders stark ausprägt: der Wille, das Unhaltbare, vor allem in seinen bequemen Teilen, zu behaupten.

Gewiß war die alte BRD ein nicht nur sehr erfolgreiches, sondern auch ungemein offenes, mit der Zeit doch wohl auch recht sympathisches Gemeinwesen. Aber wieviel davon beruhte auf Unsicherheit und auf dem Glück eines (durch fremde Mächte) machtgeschützten Daseins verminderter Verantwortung? So daß uns die neuen Aufgaben besonders schwer zu schaffen machen?

Andere Ursachen der Unbeweglichkeit müssen in den Konsequenzen gesucht werden, die der Verlust der eigenen Geschichte im Laufe des Umgangs mit der NS-Vergangenheit, im Zuge westdeutscher Identitätsgeschichte nach sich zog.

Hat nicht die Kluft, die zwischen uns und unserer Geschichte aufgerissen ist, auch die Weitergabe der alten historischen Erfahrung beeinträchtigt, daß es gute und weniger gute Zeiten gibt? Ist, nachdem wir von so vielem meinen, es läge mitsamt unserer Geschichte hinter uns, vielleicht auch die Möglichkeit einschneidender, unangenehmer Richtungswechsel des historischen Prozesses aus unserem Gesichtskreis geschwunden? So daß wir uns, abgeschnitten von dieser Geschichte und getrennt von den andern Deutschen, so sehr auf die in der BRD in kurzer Frist her-gestellte, erfreuliche Ordnung ein-gestellt haben, daß wir uns so leicht nicht um-stellen können? Gerade weil wir nach dem Krieg so großen Wert darauf legten, uns ordentlich zu benehmen, sind wir jetzt vielleicht auf die Bewahrung der Umstände geradezu angewiesen, unter denen das möglich, ja günstig war? Weil Musterknaben sich besonders gut an das halten, was sie gelernt haben? Vielleicht sind wir uns unser aber auch nicht sicher genug, um so leicht glauben zu können, wir könnten uns auf die Wagnisse des Umdenkens einlassen? Beschäftigung mit der Geschichte befähigt nach alter Auffassung zum Handeln und zum Aushalten. Aber sie nimmt der jeweiligen Gegenwart auch etwas von der Tendenz nach dem Absoluten, zumindest dem Stationären; sie relativiert, sie macht beweglicher. Wieweit fehlt uns das mangels eigener Geschichte?

Den Generationen, die in die Bundesrepublik hineinwuchsen, ist ein Teil der Einübung in die Wirklichkeit versagt geblieben, die normalerweise dadurch geschieht, daß sie sich den Erlebnissen und den Bewährungs- wie Versagensweisen der Eltern aussetzen, einiges nachahmen, im übrigen aber es besser zu machen suchen. Letzteres war und ist natürlich auch bei uns, sogar in besonderem Maße, der Fall. Allein, vieles konnten wir nicht lernen, weil die Kriegsgeneration, außer vielleicht wenn sie am Stammtisch unter sich war, vorwiegend nicht erzählt, sondern geschwiegen hat. Und anderes konnten wir nicht lernen, weil wir dazu kamen, die Zeit der Elterngeneration rundum zu negieren. Und weil wir unter gleichsam sterilisierten Verhältnissen mit zunehmend strengeren moralischen Maßstäben zu hantieren lernten.

Was ergibt das für ein Realitätsverhältnis, sobald die Dinge einmal etwas schwieriger werden? Sobald das Gelernte, Gewohnte nicht ausreicht? Wieweit bringt es uns dazu, mit der alten, vielbewährten »Wird-schon-gut-gehen«-Maxime vieles, was sich verändert, gar nicht erst zu ignorieren?

Wie sehr haben die sich verengenden Wahrnehmungsweisen dazu beigetragen, daß die Deutschen im Westen die im Osten so weitgehend nicht nur mißverstanden haben, sondern für verdächtig hielten, da sie für die ganze Schwierigkeit eines Lebens unter bedrohlichen Umständen keinen Sinn aufbringen wollten oder konnten?

Um solche Fragen, die letztlich auf Imponderabilien zielen, zu beantworten, besitzen wir kaum ausreichende Anhaltspunkte und Argumente. Aber das heißt noch nicht, daß sie unberechtigt seien. Und man könnte fortfahren, indem man etwa der eigenartigen Dialektik zwischen Sicherheit und Angst im Laufe der Nachkriegsgeschichte nachginge.

Jedenfalls könnte es sehr wohl sein, daß auch der fehlende Anschluß an die Geschichte die heutige Situation um einiges schwieriger macht, indem er die Spielräume des gesellschaftlichen Denkens und Vorstellens einengt. Indem er aber auch nationale Kontinuität – nicht in vielen Eigenschaften, aber im Bewußtsein – nicht recht aufkommen läßt. Ich sehe darin eine Schwäche. Genauer: Nicht, daß wir uns – aus nur allzu guten Gründen – seit '45 stark verändert haben, soll eine Schwäche sein, sondern der tiefe Schnitt, den wir zwischen uns und den Deutschen der NS-Zeit gezogen haben. Um es zugespitzt zu sagen, daß wir die Veränderung des Landes nicht nur in Absetzung von den Vorangegangenen vollzogen, sondern versucht haben, diese schließlich möglichst ganz hinter uns zu lassen. Weithin jedenfalls.

Das ist keine Haarspalterei. Denn das eine bedeutet, bei allen Protesten, aller Empörung gegen die Älteren einen Anschluß an die Geschichte und eine darin gründende Identität, das andere läuft auf Beziehungslosigkeit hinaus. Das eine sieht die eigene bedeutende Leistung des Aufbaus der neuen Republik und Gesellschaft nach dem Krieg als dank gründlicher Umorientierung gelungene Fortsetzung dieser Geschichte, während das andere nur den neuen Anfang herausstellen kann. Das eine setzt uns wirklich der Schwere historischer Verantwortung aus, während das andere das Ausweichen ins Nirgendwo bloßer Betroffenheit offenhält.

Wenn es richtig ist, daß die Abwendung von der Vergangenheit mit der von den Ostdeutschen zusammenhängt und sie verschärft, fehlt damit ein wichtiges gegenwärtiges Bindeglied, und das betrifft nicht nur die Beziehungen von hier nach da, sondern das Ganze der Republik. Es erschwert uns übrigens auch das Bekenntnis zur »friedlichen Revolution« in der DDR, die einen Ehrenplatz in der deutschen Geschichte und damit in unserm Bewußtsein (wenn wir denn noch eine Geschichte hätten) verdiente.

Das Funktionieren eines Gemeinwesens lebt davon, daß seine Angehörigen sich irgendwie zusammengehörig fühlen, indem sie alle zusammen eben das Gemeinwesen als das ihre betrachten; daß sie bei allen Kämpfen untereinander wissen, daß eine gemeinsame Grundlage bleibt. Sie muß keineswegs allein aus nationalhistorischer Identität stammen, sie verträgt durchaus die Einbürgerung anderer. Nur, da die Mehrheit von Herkommen her etwas Bestimmtes ist, als Nation, spielt dabei der damit gegebene Kitt eine besondere Rolle, und zwar am besten in bewußter Selbstbestimmung, zu der durchaus gehören kann – und soll, daß man Toleranz, Offenheit und

Großzügigkeit als gemeinsame »Eigenschaften« ansieht und hochhält.

Das Defizit im Nationalen wird um so spürbarer, als die Ersatzzugehörigkeiten so weitgehend versagen. 1989 hat man richtig festgestellt, daß die DDR ohne Sozialismus keine Existenzberechtigung mehr habe. Inzwischen muß man sich fragen, was die Bundesrepublik ohne ihren nicht nur wirtschaftlichen, sondern auch sozialen und zivilisatorischen Erfolg noch ist. Zumindest weist sie ein starkes Legitimitätsdefizit auf. Und die zunehmende Angleichung der BRD an die schlechten Seiten der DDR ist ja wohl auch keine Lösung.

Es stellt sich die Frage, ob sich die Bundesrepublik im Wesentlichen nicht doch nur als Wirtschaftsgesellschaft verstanden (und die Güte ihrer Demokratie an dem Wohlstand, der unter ihr möglich wurde, bemessen) hat. Man hat sie letztlich unter dem Gesichtspunkt, »was unter dem Strich für einen herauskommt«, beurteilt. War der Verfassungspatriotismus vielleicht nur ein Gewächshausprodukt? Kann die Demokratie jetzt als eine luxuriöse Zutat zur Arbeitsgesellschaft anläßlich von deren Auslaufen vernachlässigt werden?

Wahrscheinlich werden wir die Grundlagen unseres Gemeinwesens neu bedenken müssen. Und das kann nicht nur dadurch geschehen, daß wir es mit der alten deutschen Unfähigkeit, Nation und Republik (sowie Demokratie) zusammenzudenken, aufnehmen, die im 19. und 20. Jahrhundert so viel Unheil angerichtet hat und die noch die intellektuelle Linke der Nachkriegszeit so stark bestimmte. Vielmehr müssen wir, wenn ich mich nicht täusche, auch unserer Vergangenheit auf neue Weise begegnen. Das sollte uns von manchen Lähmungen freimachen. Die trotz aller Unzulänglichkeiten beachtliche Arbeit an unserer Vergangenheit sollte uns dazu instandsetzen.

Pauschale Anklagen bringen wenig. Verurteilung und Scham könnten gezielter ansetzen, wenn gewisse Differenzierungen sich auch in der Öffentlichkeit verbreiteten. Dann würde andererseits deutlich, daß in der NS-Zeit neben Gedanken- und Gefühllosigkeit, Erbärmlichkeit, Schäbigkeit, neben blindem Gehorsam – von der Teilnahme am Verbrechen und den Befehlen dazu ganz zu schweigen – auch sehr verantwortliches Handeln und Denken am Werk war, sehr ernsthafte Bemühungen, sich und andere (zumal freilich unter nichtjüdischen Deutschen) aus dem Toben des Regimes herauszuhalten; vielfach überfordert und gewiß unter extremen Bedingungen, aber gerade deswegen oft durchaus respektabel.

Das Bild »des Deutschen« jener Zeit, das uns so stark abzuschrecken pflegt, erweist sich bei näherem Hinsehen in vielem als falsch. Es besteht aller Anlaß, neben dem Verurteilen, das so weithin am Platze ist, Verstehen zu üben, wo immer es angebracht ist. Es müßte jedenfalls möglich sein, die Mauer, statt an ihr weiterzubauen, ein Stück weit abzutragen.

Doch genug, wenn wir das Gemeinwesen neu zu bedenken haben, wenn das Bewußtsein, Bürger zu sein, und die Zusammengehörigkeit zwischen Ost und West Boden gewinnen, wenn sich die Möglichkeit eröffnen soll, daß die Bürger sich in die Demokratie wieder einfädeln, wenn überhaupt dieses Gemeinwesen und damit sein politischer Anspruch sich selbst behaupten soll, so ist jedenfalls neue Arbeit an der Vergangenheit nötig. Die Phantasie des Handelns und Denkens, die Ausbildung der Urteilskraft, das Bewußtsein, ja die Würde der Republik kann dadurch nur gewinnen.

Es fällt heute auf, daß der, welcher sagt, die Gegenwart sei so, wie sie ist, nicht haltbar, vieles müsse sich jedenfalls für viele verändern, in Deutschland Pessimist genannt wird. Wahrscheinlich ist das symptomatisch: Die zuletzt doch recht geruhsame, selbstgerechte (unter anderem auch weil »bußfertige«) alte Bundesrepublik, die in Hinsicht auf die östlichen »Brüder und Schwestern« schon Schwierigkeiten mit dem Gedanken hat, daß ein Deutscher freiwillig anders sein möchte als ein Westdeutscher – diese Gesellschaft kann sich offenbar ebenso wenig vorstellen, daß ein anderer Zustand als der ihre (vor allem als ihre Bequemlichkeiten) etwas anderes sei als die Apokalypse. Vielleicht sollte man aber doch versuchen, Wesentliches von Unwesentlichem neu zu unterscheiden und Zuversicht zu entwickeln, ohne die auch ein Gemeinwesen nichts erreichen kann.

Erinnern – Verdrängen – Vergessen

»Die Erinnerung darf nicht enden; sie muß auch künftige Generationen zur Wachsamkeit mahnen« – so heißt es in der Proklamation, durch die Bundespräsident Herzog Anfang 1996 den 27. Januar zum »Tag des Gedenkens an die Opfer des Nationalsozialismus« erklärt hat.[1] »Wer sich der Unmenschlichkeit nicht erinnern will, der wird wieder anfällig für neue Ansteckungsgefahren«, hatte Richard von Weizsäcker in seiner Rede zum 8. Mai 1985 gesagt. Zwei Zitate aus einer unendlich langen Reihe: Ohne Erinnerung an die beispiellosen Untaten des nationalsozialistischen Deutschlands, so die weit verbreitete Überzeugung unserer Tage, erwächst die Gefahr der Wiederholung.

Ganz anders liest man es im ersten Artikel eines Vertrags aus dem Jahr 851. Dort bekunden die Parteien ihre Absicht: »daß aller vergangenen Übel« – und nun folgt eine Aufzählung verschiedener Arten von Schädigungen und Betrügereien – »eine Aufhebung *(abolitio)* geschähe, zwischen uns und bei uns, und daß all dies aus unseren Herzen gründlich herausgerissen werde mitsamt aller Bosheit und allem Groll – derart, daß künftig nichts davon ins Gedächtnis, nämlich daß es nicht zur Vergeltung des Übels«, der Widerwärtigkeiten etc. komme.

Einmal soll Erinnerung also der Wiederholung des Bösen vorbeugen, das andere Mal will man die Erinnerung geradezu aus den Herzen reißen, weil man befürchtet, daß sie das Böse neuerdings erzeuge.

Sieht man sich sonst in der Geschichte um, so findet man (falls ich nicht an lauter falschen Stellen gesucht haben sollte) vor allem Zeugnisse für das letztere: Immer wieder wird beschlossen, vereinbart, eingeschärft, daß Vergessen sein soll,

Vergessen von vielerlei Unrecht, Grausamkeit, Bösem aller Art. So in einer langen Reihe von Friedensverträgen. Noch anläßlich des Türkischen Friedens von Lausanne 1923 wird ein Amnestieabkommen geschlossen, dessen Präambel den Wunsch ausdrückt, Vergessen *(oubli)* über die »Ereignisse, die den Frieden im Orient gestört haben«, zu breiten.

Entsprechend urteilt Cicero in einer Rede, die er zwei Tage nach Caesars Ermordung, also am 17. Mai 44 vor Christus, im römischen Senat hält: *omnem memoriam discordiarum oblivione sempiterna delendam:* alle Erinnerungen an die mörderischen Zwieträchtigkeiten seien durch ewiges Vergessen zu tilgen. Auf diese Weise will er die »Fundamente des Friedens« legen und das Beispiel der Athener, die berühmte Amnestie von 403 erneuern. Damals war es um die Beendigung eines Bürgerkriegs gegangen. Den Griechen wird auch jenes Wort verdankt, das ursprünglich einfach »Nicht-Erinnern« heißt: Amnestie. Es begegnet seit dem 2. Jahrhundert vor Christus. Churchill forderte 1946 in Zürich einen *blessed act of oblivion*, was über Gladstone, auf den er sich berief, auf Cicero zurückgehen wird.

1814 wird die gleiche Methode auf die Untaten und Greuel der Französischen Revolution, zumal den Königsmord angewandt. Der aus dem Exil zurückkehrende König, Ludwig XVIII., erklärt in der Präambel der Charte Constitutionelle, der von ihm gewährten Verfassung: »Indem Wir so versucht haben, die Kette der Zeiten neu zu knüpfen, welche unheilvolle Abweichungen« – so umschreibt er Revolution und Empire – »unterbrochen hatten, haben Wir aus Unserer Erinnerung sämtliche Übel, welche während Unserer Abwesenheit die Heimat bedrückten, ebenso getilgt, wie Wir wollten, daß man sie aus der Geschichte tilgen könnte«. Anschließend setzt der König in Artikel 11 fest: »Sämtliche Nachforschungen über Meinungsäußerungen und Abstimmungen vor der Restauration sind verboten *(interdits)*. Dasselbe Vergessen wird den Gerichten und den Bürgern auferlegt.«

Der Wunsch, Vergessen zu stiften, ist keineswegs auf Europa beschränkt. Auch das »Begraben des Kriegsbeils« bei den Indianern (man darf es nicht einfach wegwerfen, sonst könnte es wiedergefunden werden!) gehört hierher. 1743 bieten die Irokesen dem Staat Virginia an, »diese Angelegenheit im Grunde zu begraben, daß sie nicht wieder gesehen noch davon gehört werden kann, solange die Welt steht.« Aber man findet Beispiele auch in Asien.

Was alles, könnte man aus unsern Tagen hinzufügen, wäre Millionen Menschen, ja Europa und der Welt erspart geblieben, wenn die Serben die Schlacht auf dem Amselfeld und die Türkenherrschaft vergessen (oder jedenfalls nicht so verdammt lebendig erinnert) hätten – um von kurzfristigeren Erinnerungen an das, was in diesem Jahrhundert zwischen Serben und Kroaten geschah, zu schweigen.

Genug der Beispiele, fürs erste. Gegenbeispiele habe ich nur in der Geschichte der Juden gefunden, unter denen vom Deuteronomion bis in unsere Tage ständig und intensiv das Gebot der Erinnerung eingeschärft worden ist. »Hüte Dich, daß Du des Herrn vergissest, der Dich aus dem Lande Ägypten herausgeführt hat.« Aber auch das Schlimme soll erinnert werden, sowohl das erlittene – »Und Du sollst daran denken, daß Du Sklave warst im Lande Ägypten«; »Gedenke daran, was Dir Amalek antat« – wie das selbst angerichtete: »Denk daran und vergiß es nicht, wie Du den Herrn, Deinen Gott, in der Wüste erzürntest!«

»Denk an die Tage der Vergangenheit«, wird eingeschärft, »frage Deinen Vater, er wird es Dir erzählen, frage die Alten, sie werden es Dir sagen.« 169mal begegnet das Wort *Zachar* in seinen verschiedenen Formen in der Bibel. Erinnerung gehört zum Inhalt fast aller großen Feste und wird dabei auch in den Familien stets neu aufgefrischt. »Das Vergessenwollen verlängert das Exil, und das Geheimnis der Erlösung heißt Erinnerung«, sagt jüdische Weisheit. Freilich bleibt hier die Erinnerung an das Schlimme, das in Mißachtung der göttlichen

Gebote Selbstgetane und das Erlittene (wenn Jahwes Zorn sie traf), eingefangen in seiner Verheißung – bis Auschwitz alle jüdische Erinnerung vor kaum (oder nicht mehr) lösbare Aufgaben stellt.[2]

*

Erinnern – Verdrängen – Vergessen: Wenn man die Frage so stellt, ist klar, daß es sich um Erinnerung an Schlimmes handelt, sonst bräuchte es ja kein Verdrängen. Schlimmes – dieses Wort soll hier und im Folgenden ganz formal gebraucht werden, das heißt unabhängig vom Ausmaß und von der Qualität dessen, was jeweils angerichtet worden ist. Die willkürliche Hinrichtung einiger hundert Griechen soll also ebenso darunterfallen wie der weitgehend fabrikmäßige Mord an sechs Millionen Juden im Zweiten Weltkrieg. Wichtig ist nur, daß es um den Umgang mit störender, zu schaffen machender Erinnerung gehen soll, und zwar für Gemeinwesen. Die Frage ist, wie die damit fertig werden.

Als Gegenstand solch störender Erinnerung kommen vielerlei Untaten, Verbrechen, Morde, Vertreibungen in Frage, wie vor allem Krieg und Bürgerkrieg sie immer wieder mit sich bringen. Oft genug für beide Seiten, wenn auch für jede auf verschiedene Weise. Daraus erwachsen speziell dann besondere Probleme, wenn Völker oder Bürgerkriegsparteien sich wieder vertragen und das Zusammenleben sichern wollen. Denn die Erinnerung an Schlimmes erzeugt nur allzu leicht den Drang nach Rache. Doch kann es auch Vorteile für denjenigen geben, der sich die Erinnerung an Untaten anderer zunutze macht.

Indem die Gemeinwesen respektive Gesellschaften durch solche Vergangenheiten stark angegriffen werden können, kann an dieser Stelle zugleich ihre kollektive Identität tangiert sein. Dies vor allem macht – neben den unmittelbaren

Gefahren durch Rache – das Schlimme der Vergangenheit potentiell brisant; freilich erst in unserm Jahrhundert.

Auffälligerweise ist der Fragenkreis um Erinnern, Verdrängen, Vergessen für frühere Zeiten bisher kaum bearbeitet worden. Dabei pflegen Historiker doch eigentlich Probleme, die ihre Gegenwart umtreiben, auch in der Vergangenheit zu verfolgen. Aber es hat sich ja auch im Historikerstreit von 1986/88 gezeigt, daß die Frage, wie eine Gesellschaft mit einer so einzigartig schlimmen Vergangenheit wie Auschwitz umgehen *kann*, die Historiker dieser Gesellschaft kaum interessiert hat. Denn es ging dort ja zum einen um historische Wertungen oder Einordnungen, zum anderen um moralische Forderungen. Das ganze Gebiet dazwischen, die Realität der Erinnerung und der Bereich der realen Möglichkeiten, welcher sie umgibt, blieb unerörtert.

*

Bei den Griechen hat der Wunsch nach Nicht-Erinnern des Schlimmen *(mê mnêsikakeîn)* eine große Rolle gespielt. Immer wieder beschließt oder vereinbart man, des angerichteten Schlimmen nicht mehr zu gedenken, das heißt keine Rache zu nehmen, sei es durch Anklage vor Gericht, sei es in unmittelbarem, oft blutigem Zugriff. So soll der Friede gesichert werden. (Amnestien im Sinne von nachträglichen Straferlassen sind von solchen Beschlüssen zu unterscheiden.)

Die griechische Geschichte war sehr reich an Konflikten, den sogenannten *stáseis*. Dieses Wort meint bestimmte Formen der Spaltung, der Zwietracht innerhalb der Bürgerschaft, starke, andauernde, durchgehende Gegensätze, die man als nicht vereinbar mit einem auch nur halbwegs geordneten Polisleben betrachtete. Immer wieder steigerten sich solche Gegensätze zu offenem blutigem Kampf. Morde, unter Umständen ganze Massaker, Verbannungen und Enteignungen größerer Gruppen von Bürgern konnten die Folge sein. Man hatte keine Staatsgewalt, die den Streit unter Kontrolle hätte bringen können, man konnte sie auch nicht bilden. Und die Solidarität der Bürgerschaft, welche sie unter Umständen ersetzen kann, fehlte meistens oder war nicht stark genug, um das friedliche Zusammenleben zu gewährleisten. Daher immer wieder die Gewalt, immer wieder Verbannungen. Auch die »Verfassungen« waren vielfach parteilich orientiert. Entsprechend häufig waren Verfassungsumstürze.

Stets war Rache großgeschrieben. Der Stolz des Mannes bestand bei den Griechen darin, daß er seinen Freunden Gutes und seinen Feinden Böses antat. Auch wenn wir gelegentlich hören, Rachedurst lindere sich mit der Zeit und: der »Hochherzige« sei nicht nachtragend, steht daneben eine eindrucksvolle Reihe von Belegen dafür, daß man Unrecht, das einem selbst oder Verwandten und Freunden angetan worden war, nicht vergaß. Man betete zu den Göttern, sie möchten einem Vergeltung gewähren. Der Anspruch vererbte sich. Er kam so leicht nicht zur Ruhe. Einmal wird von einem tödlich Verletzten berichtet, daß er sein noch gar nicht geborenes Kind zur Rache verpflichtete. So versteht man, wie wichtig, aber auch: wie schwierig das Vergessen von *erlittenem* Unrecht war.

Wir beobachten viele Anstrengungen, dem Übel dieser Konflikte und Bürgerkriege beizukommen. Meist gehören sie der praktischen Politik an, nicht selten ist eine andere Stadt oder Macht im Spiel. Auch versuchen Politiker und Verfassungs-Sachverständige, institutionelle Abhilfen zu finden oder Ratschläge zu geben, die geeignet sind, schwere Konflikte zu entschärfen oder auszuschließen.

Ein besonders schönes Beispiel bildet Aischylos' *Orestie*, die aufgeführt wird, als Athen nach dem Sturz des alten Adelsrats auf dem Areopag am Rand eines Bürgerkriegs steht. Wir sind zunächst Zeuge einer scheinbar unentrinnbaren Verkettung von Rache und Widerrache. Sie findet ihr Ende in der Entscheidung eines Gerichts: Der Muttermörder Orest hat sich nach Athen gewandt, er wird durch Freispruch vor der Rache bewahrt. Allein, eben damit werden neue Racheansprüche geweckt. Jetzt wenden sich die unterlegenen Ankläger, die Rachegeister (Erinyen) gegen Athen, dem sie die Schuld an dem Freispruch zuschieben. Nur mit großer Anstrengung gelingt es der Göttin Athene, sie zu versöhnen. Die Abstimmung gilt, der Sieger aber muß versöhnlich sein – so könnte man die Lehre des Aischylos formulieren. Und die großen Erfolge Athens nach außen ermöglichen es dann wirklich, das Zusammenleben im Innern zu sichern.

Wieder ein anderer Weg wird mit dem »Nicht-Erinnern« gesucht. Wahrscheinlich ist es kein Zufall, daß sich die Belege dafür seit den zwanziger Jahren des 5. Jahrhunderts häufen. Sie könnten zu den Neuerungen jener Zeit gehören, in der man wie in der Grausamkeit, so auch in den Wünschen nach Zivilisierung (übrigens auch nach Humanisierung der Kriegführung) so viele Fortschritte machte.

Selbstverständlich war die Sache schwierig. In aller Regel sind es die Täter, die die von ihnen begangenen Untaten vergessen haben wollen, während die, die sie (direkt oder indirekt) erlitten haben, sich daran zu erinnern neigen. Genügend Leid sei geschehen, befindet Klytaimestra in Aischylos' *Agamemnon*, nachdem sie den König erschlagen hat. Was in der Sprache des Dramas heißt, sie hoffe, daß sich der Fluch endlich von ihrem Hause abwende, ließe sich politisch als Hoffnung auf Vergessen formulieren. Aber natürlich setzt sich die Kette von Rache und Widerrache fort.

Trotzdem hat man es immer wieder mit dem »Nicht-Erinnern« versucht. Die Frage ist, warum die Erledigung der schlimmen Vergangenheit mit diesem Wort bezeichnet wurde. Schließlich begegnen auch andere, genauere Formeln dafür, daß bestimmte Kategorien von Personen, von Bürgerkriegsuntätern zumal, »nichts Schlimmes leiden« oder »nicht vor Gericht gestellt« werden oder »straflos sein« sollen. Wollte man, indem man das »Nicht-Erinnern« beschloß, jeden

Verdacht unterdrücken, jemand hätte Unrecht getan? Oder sollte die Überlegenheit des Gewährenden möglichst wenig manifestiert werden? Mag sein. Aber neben den Fällen, in denen eindeutig die an der Macht Befindlichen oder Überlegenen das »Nicht-Erinnern« erklärten, stehen viele, in denen beide Seiten vergessen wollten.

So muß es wohl wirklich um Nicht-Erinnern gegangen sein. Auch deswegen, weil man um der Sicherheit vor Anklage und Strafe, um der Sicherheit des Friedens willen in der Regel wirklich versuchen mußte, das Geschehene zu verdrängen. Denn das ist ja wohl das richtige Wort: Hier geht es in einem ganz allgemeinen Sinne um ein gewolltes und zugesagtes gemeinsames Verdrängen. Schließlich sollte die Operation der Eintracht dienen.

Natürlich kann Vergessen nicht auf Beschluß erfolgen. Aber davon ist bei den Griechen auch nicht die Rede, sondern nur vom »Nicht-Erinnern«. Erst seit Cicero in diesem Zusammenhang von *oblivio* gesprochen hatte, wird dieses Wort – neben anderen – einschlägig. Nicht-Erinnern aber kann man sich in der Tat um des Friedens willen vornehmen. Es macht einen Unterschied, ob man die Erinnerung in der Öffentlichkeit zu fördern oder zu unterdrücken sucht, ob man dem, der sie vorbringt, kritisch – oder gar ablehnend – begegnet oder ihn offen reden läßt, ihm gar zustimmt. Insofern kann Verdrängung praktisch werden, zumal dort, wo die Unbeteiligten, oft das Gros der Bürgerschaft, alles versuchen, um den inneren Frieden zu sichern. Es handelt sich hier also grundsätzlich nicht bloß um fromme Wünsche, auch wenn der Wunschgehalt dieser Politik hoch sein muß. Mindestens eine Tendenz ist denkbar, deren Erfolgsaussichten vermutlich sowohl vom Ausmaß des angerichteten Schlimmen wie von der Anwesenheit der Nachfahren der Opfer, von der Intensität der Parteiungen sowie von der Solidarität der Mehrheit der Bürgerschaft abhängen. Da der öffentliche Umgang mit Erinnerung auch den privaten beeinflußt, kann das Verdrängen sogar das Vergessen befördern (auch wenn vieles gleichwohl lebendig bleibt, um später zumindest die Historiker zu beschäftigen). Trotzdem kann alle Erinnerung selbstverständlich bei nächster Gelegenheit rasch wieder aufbrechen und Folgen zeitigen.

Rundum gelungen ist das Nicht-Erinnern bei den Griechen, soweit wir sehen können, nur ein einziges Mal, in der Fiktion. Und in diesem einen Fall ist wirklich von Vergessen die Rede. Am Ende der *Odyssee* nämlich, nachdem Odysseus und die Seinen die Freier ermordet hatten und da deren Angehörige auf Rache drängten, beschloß Zeus: »doch wollen wir hinwieder ein Vergessen des Mordes an den Söhnen und Brüdern setzen, und sie sollen einander befreundet sein wie vorher, und es soll Reichtum und Friede in Fülle sein«. Und so geschieht es.

In der Wirklichkeit dagegen war alles sehr viel schwieriger. Auch im gelungenen Fall Athens nach 403 kam es nicht dazu, daß man von der Erinnerung an Schlimmes auch nur in der Öffentlichkeit abgesehen hätte; sie könnte freilich in Grenzen gehalten worden sein; einzig Rache und Anklagen wurden erfolgreich verhindert. Was schon viel war. Denn sonst war das Mißlingen die Regel.

»Will man die in einer Stadt ausgebrochenen Spaltungen beseitigen, dann kann man nur auf eine Art verfahren: Man muß die Rädelsführer hinrichten«, schrieb Machiavelli aus der ähnlichen Erfahrung der italienischen Stadtstaaten heraus. »Andere Heilmittel darf man nicht versuchen. Es gibt überhaupt nur drei mögliche Wege: Hinrichtung, Verbannung, Versöhnung mit der Auflage, sich gegenseitiger Kränkungen zu enthalten; von diesen drei Wegen ist der letzte der schädlichste, am wenigsten gewisse und nutzloseste. Wo viel Blut geflossen ist und andere, ähnliche Missetaten geschehen sind, kann eine erzwungene Aussöhnung unmöglich von Dauer sein, da die Parteien sich doch täglich vor Augen haben.« Damit sind die Probleme und Schwierigkeiten ziemlich genau beschrieben, und auch das Rezept: Denn daß die Rädelsführer möglichst getötet (allenfalls verbannt) wurden, war auch bei den Griechen verbreitet. Nur hat man daneben immer wieder versucht, eine Versöhnung zu erreichen, wenigstens mit den übrigen.

Insgesamt kann man festhalten, daß die Griechen die ganze Gefährlichkeit der Erinnerung an Schlimmes nur allzu gut gekannt haben. Sie fürchteten sie wegen der Rache, die sie heraufbeschwören konnte. Und da sie das ganze Gemeinwesen zu spalten, ja zum Bürgerkrieg zu führen vermochte, waren es nicht nur die unmittelbar von der Rache Bedrohten, sondern war es vermutlich zumeist auch das Gros derer, die in der Stadt friedlich zusammenleben wollten, dem an der Nicht-Erinnerung gelegen war. Zumal, wie Thukydides schreibt, die Untaten häufig zum Vorbild für andere wurden, die sie dann noch übertrafen.

Ceteris paribus lag das Vergessen von Schlimmem, nicht das Erinnern daran im Interesse der Polisgesellschaft. Man mußte sich vermutlich, einfach weil es in neuralgischen Situationen lebensnotwendig war, immer wieder das Nicht-Erinnern vornehmen, mußte es geradezu beschwören (auch wenn sich die Bemühung darum allzu leicht als eitel erwies). Man kann auch das Unwahrscheinliche wollen, ja gelegentlich muß man es.

*

Soweit ich sehen kann, weist in der abendländischen Geschichte vor 1933 alles darauf hin, daß die Griechen – und nicht die Juden – für die Regel stehen können. Für die Geschichte der Friedensverträge kann man sich auf das große Buch *Krieg und Frieden im Friedensvertrag* von Jörg Fisch stützen, der anhand unendlich vieler Beispiele gezeigt hat, daß mit dem Friedensschluß normalerweise *abolitio* (Aufhebung), *oblivio* (Vergessen) oder *remissio* (Vergeben) des Geschehenen einhergeht; jeweils eins oder mehreres, und – Amnestie. »Daß mit dem Friedensschluß auch die Amnestie verbunden sei, liegt schon im Begriff desselben«, heißt es bei Kant.

Schuldfeststellungen mögen vorkommen, oft sind sie ganz objektiv, gleichsam zur Vergewisserung über die Ursachen des Krieges. Sie finden sich regelmäßig in ungleichen Verträgen, etwa zwischen Lehnsherr und Lehnsmann. Dann kann etwa ausdrücklich festgesetzt werden, daß und mit welchen Worten der Lehnsmann sich entschuldigen und daß und wie der Lehnsherr ihm verzeihen wird. Ohnehin fordert Schuldanerkennung unter christlichen Auspizien, zumal im Mittelalter, die Vergebung. Es gibt auch Ausnahmen von der Amnestie: gemeine Verbrechen etwa, an deren Ahndung oft beide Seiten interessiert sind. Kaum je aber soll jemand zur Verurteilung ausgeliefert werden. In der Regel ist alles, was im Krieg innerhalb oder außerhalb des geltenden Kriegsrechts geschah, mit dem Frieden erledigt.

Selbstverständlich enthält der Westfälische Frieden einen entsprechenden Passus: »Beiderseits soll das ewig vergessen und vergeben, alle Beleidigungen, Gewalttätigkeiten, Schäden und Unkosten derart gänzlich abgetan sein, daß alles in ewiger Vergessenheit begraben sei.«

Entsprechend beobachtet man es nach den großen Bürgerkriegen und Revolutionen. So etwa im Edikt von Nantes, in dem Heinrich IV. »erklärt und verordnet«, die Erinnerung an das für beide Seiten Geschehene solle ausgelöscht und eingeschläfert sein, wie wenn es nicht geschehen wäre. Er verbietet jede Erwähnung und jede Verfolgung. Zugleich untersagt er, die Erinnerung zu erneuern, andere wegen der Geschehnisse anzugreifen etc. Man solle sich zufriedengeben und friedlich zusammenleben »wie Brüder, Freunde und Mitbürger«. Zuwiderhandelnde seien als Friedensbrecher und Feinde der öffentlichen Ruhe zu bestrafen.

Nach der Rückkehr Karls II. nach England, 1660, wurden

zwar die Leichen Cromwells und weniger anderer ausgegraben, an den Galgen gehängt, anschließend geköpft und verscharrt, ferner die Königsmörder (soweit man sie fassen konnte, das waren zwölf) hingerichtet, aber sonst passierte keinem etwas. Der König hatte *An act of free and general pardon, indemnity and oblivion* erlassen. Ähnlich hatte übrigens 1652 schon die Republik die Anhänger des Königs amnestiert. Entschädigungslos enteignete Güter wurden zurückgegeben; darüber hinaus aber wurde kein in der Zwischenzeit erfolgter Wechsel im Grundbesitz angetastet.

Ludwig XVIII. befahl Vergessen sogar für die Königsmörder (die für das Todesurteil gegen seinen Bruder gestimmt hatten). Sie wurden allerdings trotzdem vom weißen Terror bedrängt, einige schlugen sich daher während der Hundert Tage auf Napoleons Seite. Diese wurden anschließend verbannt; allen anderen geschah auch weiterhin nichts. Ludwig übernahm sogar weitgehend das Personal der napoleonischen Zeit, sogar Fouché, den Polizeiminister. Seine Parole war *union et oubli.* Trotz des Drängens der – nach längstens 25 Jahren – zurückgekehrten Emigranten wird über die Rückgabe der enteigneten Güter erst nach dem Tod des Königs, 1824, verfügt – und zwar so, daß der Besitzwechsel während der Revolution und in der napoleonischen Zeit zumeist respektiert wird. Dennoch hat Jacob Burckhardt gefunden: »Wünschbar wäre, daß Emigranten nie zurückkehrten, das Erlittene als ihr Theil Erdenschicksal auf sich nähmen und ein Gesetz der Verjährung anerkennten, das nicht bloß nach Jahren, sondern nach der Größe des Risses seine Entscheidung gäbe.« Immer wieder heißt es, die Emigranten hätten »nichts gelernt und nichts vergessen«. Um so beachtlicher ist, daß Ludwig – wie schon die Minister Karls II. und vor allem Heinrich IV. – sich gegen sie durchzusetzen vermochte.

Man könnte die Reihe mit der Amnestie Andrew Johnsons nach dem amerikanischen Bürgerkrieg 1868 fortsetzen, in der jedem (mit Ausnahme einiger Führer) Straflosigkeit zugesichert wurde, der bereit war, einen Eid auf die Vereinigten Staaten abzulegen.

Nur ein Punkt muß noch erwähnt werden: In Versailles haben die Siegermächte »eine allgemeine Entschuldigung der Ereignisse der Jahre 1914 bis 1918« ausdrücklich abgelehnt. Sonst könne kein Rechtsfrieden geschaffen werden. Sie betrachteten den Krieg als »das größte Verbrechen gegen die Menschheit und gegen die Freiheit der Völker ..., welches eine sich für zivilisiert ausgebende Nation jemals mit Bewußtsein begangen hat«. Entsprechend fordere die Gerechtigkeit von Deutschland ein »Werk der Wiedergutmachung bis zur äußersten Grenze seiner Fähigkeit«. Die Strafbedingungen des Vertrages waren allerdings so gehalten, daß faktisch doch weithin Amnestie galt, und wo das nicht der Fall war, hat man sie unterlaufen. Was dieser Versuch, Gerechtigkeit zur »einzig möglichen Grundlage für die Abrechnung (sic!) dieses fürchterlichen Krieges« zu machen, bewirkt hat, braucht nicht näher ausgeführt zu werden. Wieweit man ihn immerhin als Schritt auf dem Weg in eine neue völkerrechtliche Zukunft werten kann, muß sich erst noch zeigen.

Nach Kriegen, Bürgerkiegen, Revolutionen ist in der Geschichte also ziemlich regelmäßig irgendwann beschlossen worden, das Geschehene zu vergessen. Straflosigkeit sollte gelten. Während die Straflosigkeit im allgemeinen durchgesetzt werden konnte, verhielt es sich mit dem Vergessen schwieriger. Für die, die Schaden und vor allem Unrecht erlitten haben, gilt wohl Nietzsches Wort: »Nur was nicht aufhört, weh zu tun, bleibt im Gedächtnis«; für diejenigen dagegen, die Unrecht begangen haben, eher seine berühmtere Formulierung: »›Das habe ich getan‹, sagt mein Gedächtnis. ›Das kann ich nicht getan haben‹ – sagt mein Stolz und bleibt unerbittlich. Endlich – gibt das Gedächtnis nach.« Und das scheint bei Kollektiven noch stärker der Fall zu sein als bei Einzelnen. Man müßte das alles genauer untersuchen. Aber anzunehmen ist doch wohl, daß von seiten derer, denen vor allem am

Frieden liegt, zumeist alles getan wird, um das Vergessen zu befördern; nicht hingegen das Erinnern.

Ich vermute, daß sich darin die Vernunft von Generationen zeigt, die wissen, daß ein Schlußpunkt gesetzt werden muß, wenn Krieg, Bürgerkrieg und Revolution nicht »fortzeugend Böses gebären« sollen. Friede ist dann in dubio wichtiger als Gerechtigkeit. Wenn man die Dinge so elementar erlebt, kann man wohl auch erwarten, daß erlittenes Unrecht als »eigenes Theil Erdenschicksal« getragen wird, daß Realitäten nach einem »Gesetz der Verjährung« respektiert werden. *Life itself is unfair*, könnte man, eine amerikanische Weisheit aufnehmend, zur Erklärung hinzufügen.

Wahrscheinlich verbindet sich mit solcher Einsicht in der europäischen Neuzeit (solange sie dauerte) notwendig das Wissen, daß das Selbstbewußtsein von Staaten besonders verletzlich, daß staatlich legalisiertes Unrecht am schwierigsten zu ahnden, ja auch nur einzusehen oder zu bereuen ist. Wobei Parteileidenschaften und Fanatismus für Bürgerkriegsparteien zu ähnlichen Resultaten führen.

*

Überblickt man die Weltgeschichte des öffentlichen Umgangs mit schlimmer Vergangenheit, so ergibt sich mithin, daß wir uns in Deutschland nach 1945 in einer völlig neuen Situation befinden. Es ist etwas zu erinnern, was in einem qualitativ neuen Sinne ungeheuerlich ist: Auschwitz. Und es wird weithin eine neue Bedeutung des Erinnerns an Untaten behauptet: Erinnern, damit es sich nicht wiederholt.

Gewiß mag man fragen, ob diese Erinnerung sich einfach aufgezwungen hat, ob sie also so stark ins allgemeine Gedächtnis einrasten *mußte*, wie das inzwischen geschehen ist. Das Studium der Geschichte der alten Bundesrepublik und der Vergleich zwischen ihr und der DDR bieten in diesem

Punkt interessantes Anschauungsmaterial für verschiedene mögliche, teils staatliche, teils gesellschaftliche, Verdrängungstendenzen sowie für deren Verschränkung. Aber es zeigt sich in dieser Geschichte zugleich, daß die Erinnerung an Auschwitz in die Fundamente der Bundesrepublik sowie in die Voraussetzungen ihrer Aufnahme in die westlichen Bündnisse eingegangen ist. Die demokratische Verantwortung der Bürger für ihren Staat fand ihre »Ergänzung« in der Übernahme historischer Verantwortung. Auch die Rechtsnachfolge des Deutschen Reiches samt dem darauf gegründeten Alleinvertretungsanspruch spielte in diesem Zusammenhang eine Rolle. Doch mag das hier beiseite bleiben.

Nach meinem Urteil wäre Auschwitz unter keinen Umständen aus seiner fortwirkenden Gegenwärtigkeit zu verdrängen gewesen, es sei denn, es wäre, Gott behüte, noch Schlimmeres passiert oder man hätte sich gänzlich dem freien Denken und Vorstellen verschlossen. Das ergibt sich aus dem Ereignis selbst: dem Versuch, eine ganz millionenstarke, überhaupt nicht verfeindete, weithin sogar mit Sympathien, ja mit Liebe dem Volk der Täter begegnende, erst sekundär (oder nur schwach) sich zur Wehr setzende Menschengruppe einschließlich Alten, Frauen, Neugeborenen, Ungeborenen zu vernichten, vor allem auch: fabrikmäßig zu vernichten; ihre Angehörigen zuvor schon aus der Menschheit auszusondern, sie zum Teil, wie wenn sie Ratten wären, quälenden medizinischen Experimenten auszusetzen, ihnen nicht einmal das Recht zu lassen, in den eigenen oder überhaupt in Kleidern ermordet zu werden, ihre Körper als Material zu verwenden, die Goldzähne für die Reichsbank einzusammeln, auch die Haare, vermeintlich für U-Boote – und zwar im modernen Europa, unter direkter und indirekter Beteiligung von Millionen eines Volkes, das eigentlich ein Kulturvolk zu sein sich einbildete: Das ist ein solcher Bruch in den Grundlagen der Zivilisation, das stellt zudem ein so virulentes Potential für Phantasie, für Ängste und absurde Gelüste dar, daß die Menschheit schon völlig abgestumpft sein müßte, wenn die Erinnerung daran verblaßte, ja wenn sie nicht immer wieder nur allzu lebhaft hochkommen und wellenartig sich ausbreiten sollte.

Hinzu kommt, daß die Juden (um von Zigeunern und anderen abzusehen) die Shoah nicht vergessen können. Das folgt nur zum Teil aus der besonderen Stärke jüdischer Erinnerung. Völlig unabhängig von eigenen Überzeugungen, vom eigenen Tun und Lassen, auch von der generationenlangen Geschichte der eigenen Familie mit anderen zusammen Lebensunwürdigkeit zudiktiert zu bekommen und dann zufällig zu überleben, wo sechs Millionen andere ermordet worden sind, das trifft ja wohl schon für sich genommen besonders tief.

Was sich daraus für die Unvergeßlichkeit in Deutschland und in der Welt, zumindest der westlichen, ergibt, ist eine andere Frage. Zumindest für uns Deutsche aber würde, in der Nachfolge der Täter, angesichts dieser jüdischen Erinnerung, ein Vergessen bedeuten, daß wir uns den Juden gegenüber gänzlich verschlössen, und das hätte, zumal angesichts stets vorhandener antisemitischer Potentiale, schlimme Folgen; es würde den Charakter der deutschen Gesellschaft erheblich verändern, in keiner Weise zum Besseren, und sich auch auf die Beziehungen zu vielerlei Ausländern auswirken.

Übrigens spricht auch alles, was man aus der Forschung inzwischen weiß, dafür, daß die Erinnerung der Deutschen an Auschwitz nach dem Krieg, abgesehen von der ersten Zeit, nur zum geringen Teil auf internationalen Druck zurückzuführen ist. Jedenfalls hätte der auf die Dauer nicht viel bewirken können, wenn nicht in der Bundesrepublik über kurz oder lang viel Bereitwilligkeit zum Erinnern vorhanden gewesen wäre. Diese hinwiederum ist nicht in allen Teilen der Bevölkerung gleichmäßig herangewachsen, sondern es haben natürlich einige auf andere eingewirkt. Aber die, die das taten, waren keineswegs nur, wenn auch überwiegend, »Linke«, und wenn sie daraus politische Vorteile zogen, so nicht deswegen, weil ihre Argumente, so gut sie teilweise waren, besonders verführerisch gewesen wären, sondern weil große Teile der »Rechten« (um das abkürzend so auszudrücken) sich veranlaßt fühlten, gegen diese Erinnerung wie gegen Windmühlenflügel immer wieder anzugaloppieren, zuletzt im Historikerstreit. Damit machten sie sich selbst unnötigerweise unterlegen in diesem Punkt (und in Folge davon auch in anderen).

Wenn sich aber, zumal für Juden und Deutsche (obzwar auf total divergierende Weise), die Erinnerung an Auschwitz geradezu aufdrängt, so bedeutet das zugleich, daß es sinnlos ist, zu versuchen, ihr durch irgendein Hintertürchen zu entkommen respektive sie zu manipulieren. In diesem Fall ist es einfach nicht möglich, daß vergessen wird, sondern es gilt, die Erinnerung wachzuhalten. Man muß sich ihr stellen, muß (stets von neuem) lernen, aufmerksam und würdig mit ihr umzugehen, auch wenn das, vor allem für die Deutschen, äußerst schwierig ist. Wir geraten damit immer wieder in eine Aporie: Erinnerung muß sein, angemessene Erinnerung aber ist unmöglich. Und, um das hier anzufügen, es ist schon viel bewirkt, wenn man sich diese Aporie allgemein bewußt macht. Nach meinem Urteil kommt man dann notwendig dazu, daß die bundesrepublikanische Arbeit an der deutschen Vergangenheit durchaus beachtlich war, trotz aller Unzulänglichkeiten. Peter Steinbach nennt sie eine »in der Menschheitsgeschichte wohl einmalige radikale Auseinandersetzung mit der Vergangenheit«. Was will es doch heißen, daß seit langem die deutschen Schüler Jahrgang für Jahrgang vertraut gemacht werden mit dem, was ihre Eltern und Großeltern getan, befördert, zugelassen haben – und daß nie nennenswerte Proteste lautgeworden sind!

Angesichts Auschwitz' stellt sich »Erinnerung an Schlimmes« für die, die es angerichtet haben, als völlig neues Problem dar. Sie brauchen keine Rache zu befürchten. Es erwachsen ihnen aus der Erinnerung derer, die selbst oder deren Vorfahren von ihnen beispiellose Untaten erlitten haben, nicht einmal mehr nennenswerte Nachteile. Bisher. Schwierigkeiten bringt diese Erinnerung für sie vielmehr dadurch mit sich, daß ihre nationale Identität aufs stärkste tangiert ist.

Die Auseinandersetzung mit der NS-Vergangenheit ist stets dort auf die größten Hindernisse gestoßen, wo deutsche Identität betroffen war. So erfolgten auch die klarsten Aussagen über die deutschen Untaten, wohl notwendigerweise, unter der Voraussetzung der Distanzierung nicht nur von diesen Untaten, sondern auch von der deutschen Geschichte und Gesellschaft jener Zeit. Relativ leicht war es für alle, wenn man sie Hitler oder der SS zuschob. Deutliche Feststellungen über die Beteiligung der (konservativen, rechten) deutschen Eliten kamen am ehesten von linker Seite. Die Bereitschaft, die Deutschen jener Zeit oder die Deutschen überhaupt mit Auschwitz zu belasten, war vornehmlich dort gegeben, wo man sich primär postnational verstand. Bester Beleg für das identifikatorische Tangiertsein von dieser Geschichte ist die Tatsache, daß die Wehrmacht (mit der sich die meisten Deutschen auch nach dem Krieg identifiziert, in deren Reihen sie am meisten geopfert oder verloren hatten) erst relativ spät auf ihren Umgang etwa mit den sowjetischen Kriegsgefangenen, sprich: deren massenhafte Erschießung, und noch später auf ihre gar nicht so geringe Beteiligung an der Verfolgung und Ermordung der Juden sowie auf den Vernichtungskrieg im Osten hin auch nur untersucht wurde. Wobei die Abwehrmechanismen gegen diese Erkenntnisse bis heute beträchtlich sind.

Es ist schwer, sich klarzumachen, was es für ein Volk bedeutet, mit solcher Vergangenheit zu leben. Die Regel scheint es in der Geschichte jedenfalls zu sein, daß man nach Niederlagen vor allem den eigenen Stolz hütet. Selbst bei vielen, die meinten, schon postnational zu denken, bäumt sich angesichts dieser Vergangenheit eigenartigerweise ein Stück nationaler Identität auf. Andererseits ist es wohl kein Wunder, daß es – in eigentümlicher Verschränkung der Positionen – vor allem die Kinder der Täter und ihrer Sympathisanten sind, die sich von dieser Identität distanzieren. Die Kinder derer, die sich einigermaßen von den Infusionen des Regimes freihielten, begegnen der deutschen Geschichte zumeist mit weniger Vorbehalten.

*

Die Frage ist nun, ob die alte Regel, wonach die Allgemeinheit, die Mehrheit eher auf Vergessen als auf Erinnern des Schlimmen setzt, künftig nicht mehr gilt. Oder ob die notwendige Erinnerung an Auschwitz nur eine Ausnahme von der Regel darstellt.

Immerhin könnte man vermuten, in Fortsetzung der schon am Ende des Ersten Weltkriegs zu beobachtenden Tendenz führe das Streben nach Gerechtigkeit, nach Ahndung von Kriegsverbrechen, von staatlichen Untaten dazu, daß der Akzent künftig stärker auf dem Erinnern – und dem Ahnden – von »Schlimmem« liegt. Vielleicht gibt es ja auch in diesem Punkt einen »Fortschritt«? Ein Bemühen, die alten Üblichkeiten hinter sich zu lassen? Wie ja die Völkergemeinschaft – respektive beachtliche Teile von ihr, freilich nach Maßgabe ihrer politischen Interessen und unter Berücksichtigung der Machtverhältnisse – heute auch die Menschenrechte ganz anders, nämlich bis in die Staaten hinein, unter Durchbrechung von deren Souveränität, verficht. Mit all dem könnten auch völlig neue Ansprüche an die Vergangenheit entstehen, die zugleich mit der vorwaltenden Opfermentalität einhergehen mögen, welche nach dem Abbau von Herrschaft und Staatlichkeit eine der wichtigsten Legitimationsquellen zu sein beginnt.

Allein, sieht man genauer zu, so ist auch heute wenig Offenheit gegenüber unangenehmer, schlimmer eigener Vergangenheit zu beobachten. Im Gegenteil: Außerhalb Deutschlands sucht man sie, wenn ich nichts übersehen habe, zumeist eher zu verdrängen. Nicht nur die Türken verbieten sich noch heute, an ihren Genozid an den Armeniern im Ersten Weltkrieg erinnert zu werden. Vielmehr vermeiden die Holländer, trotz verschiedener gegenteiliger Stimmen auch im eigenen Lande, nach Möglichkeit die ziemlich unangenehme Erinnerung an ihre koloniale Vergangenheit in Indonesien; die Japaner unterliegen den größten Hemmungen, sich für eine Unzahl schwerer Kriegsverbrechen zu entschuldigen; und wenn die tschechische Regierung den Archiven ihres Landes verbietet, auch nur das Wort »Vertreibung« zu benutzen, so geht sie ja wohl weiter, als die Vorsicht vor dem Eingehen lästiger Verpflichtungen es gebieten könnte (was freilich auch durch eine nicht gerade umsichtige Politik auf deutscher Seite provoziert wird). Daß Italien und vor allem Frankreich mit dem Mythos der Resistance eine Unzahl von Untaten über sehr lange Zeit unter den Teppich gekehrt und, da manche davon nicht ganz zu verbergen waren, keine geringen Verdrängungsleistungen vollbracht haben, ist allgemein bekannt. Erst Mitterand gedachte öffentlich der französischen Verbrechen an den Juden, ihrer Zusammentreibung im Vel'd'hiv-Stadion. Von den Lehren, die der Balkan unserer Tage uns in diesem Punkt noch erteilen wird, ganz abgesehen.

Der spanische Übergang in die Demokratie ist wie der – noch nicht so weit gediehene – Weg mancher Volksdemokratien nach 1989 durch eine Unsumme von Verschweigungen und Verdrängungen, durch »eine kollektive und gewollte Amnesie« (Semprún) erleichtert worden (wobei in Spanien die schrecklichen Erinnerungen an den Bürgerkrieg der dreißiger Jahre »der Weisheit den Weg eröffneten«, wie Joseph Rovan formuliert hat). Einen anderen Weg scheint Südafrika gehen zu wollen: Eine »Wahrheitskommission« soll das

Geschehene untersuchen. Wer ein Geständnis ablegt und überzeugend dartun kann, daß er die Tat aus politischen Gründen und mit verhältnismäßigen Mitteln verübt hat, wird weder strafrechtlich verfolgt, noch ist er zivilrechtlich haftbar. Wie üblich sind Ausnahmen vorgesehen: Folter fällt nicht unter die Amnestie, im Gegensatz etwa zu politisch bedingtem Mord. Dies Verfahren hat Vorläufer in anderen afrikanischen Staaten, eine Parallele auch in Kambodscha. Zudem gehört ja wohl die alte Bundesrepublik insofern ebenfalls in diese Reihe, als sie die Erinnerung an den Vernichtungskrieg im Osten ihrerseits bis heute weitgehend verdrängt hat.

Doch gibt es inzwischen auch einige Gegenbeispiele. Die amerikanischen Auseinandersetzungen über den Vietnamkrieg etwa. In andern Fällen muß man jedenfalls unterscheiden: Daß etwa die Nachfahren der Opfer südamerikanischer Diktaturen die Erinnerung an deren Untaten wachhalten, ist natürlich. Daß sie öffentlich Gehör finden, bedeutet einen großen Schritt. Wieweit dadurch das Bewußtsein der Gesellschaften insgesamt neu bestimmt wird, ist eine offene Frage.

Zweierlei wird man in diesem Zusammenhang wohl feststellen dürfen: Nach 1945 hat sich die Problematik des öffentlichen Umgangs mit eigener schlimmer Vergangenheit radikal nur für die Deutschen, und auch für sie nur zum Teil, verschoben; daß es dazu kam, ist die Folge von Auschwitz. Nichts auch nur entfernt Vergleichbares haben sich die andern genannten Völker zuschulden kommen lassen – auch wenn einige, wie die Türken, aus deren Reihe immerhin herausragen. Das gleiche gilt für die stalinistische Sowjetunion, wobei die von ihr verschuldeten Massenmorde (und manches andere) die deutschen quantitativ weit übertroffen haben.

Man kann an diesem Punkt einen einfachen Test machen: Ist das, was getan wurde, nur erklärbar oder auch (obzwar unter Umständen mit allem Widerwillen) im Rahmen der Weltgeschichte verständlich? Für Auschwitz gilt jedenfalls das erstere: Man kann es erklären, aber nicht verstehen. Jedenfalls müßte noch viel geschehen und müßten wir oder, Gott behüte, unsere Kinder und Enkel uns noch an vieles gewöhnen, bevor es als verständlich erscheinen könnte.

Indes bietet gerade die frühere Geschichte Hinweise auf Voraussetzungen des Vergessens von Schlimmem, die auch heute aktuell sind: daß beide Seiten sich darauf einigen (und nicht nur die, die sich der Erinnerung schämen muß, es für sich in Anspruch nimmt). Und daß die Bitte um Entschuldigung vieles erleichtern kann. Wahrscheinlich muß man auch heute an den dazugehörigen Formen arbeiten. Die Frage, wieviel es bringt, die Erinnerung in der Öffentlichkeit wachzuhalten, stellt sich von Fall zu Fall neu.

*

Es ist auch sehr zweifelhaft, ob die Begründungen, die für den Nutzen der Erinnerung – der ja von der Notwendigkeit zu unterscheiden ist – vorgebracht werden, zutreffen; ob damit nicht eher falsche Erwartungen geweckt werden. Erinnern, damit es sich nicht wiederholt: Ist das nicht vor allem ein Versuch, der Auseinandersetzung mit der Vergangenheit eine Funktion für die Zukunft zu geben? Nichts gegen die historische Erforschung der Mechanismen und Zusammenhänge vergangener Unrechtsregime! Kein Einwand auch insofern, als daraus natürlich etwas gelernt werden kann. Aber die allgemeine Erinnerung – arbeitet die wirklich unbedingt einer Wiederholung entgegen? Man könnte jedenfalls gut genau umgekehrt argumentieren.

Auch scheinen mir andere Erwartungen höchst fragwürdig zu sein, die sich etwa an das berühmte, auflagenstarke, vielzitierte Buch *Die Unfähigkeit zu trauern* von Alexander und Margarete Mitscherlich geheftet haben, Hoffnungen gleichsam auf eine Reinigung aufgrund von Erinnerungsarbeit. Die Mitscherlichs kommen zwar mit den Mitteln und Begriffen ihrer Wissenschaft im ganzen (bei allen Zweifeln an einzelnem) zu dem nach meinem Urteil richtigen Ergebnis, daß sich die Deutschen 1945 eine Trauerarbeit gar nicht hätten leisten können. Sie wären sonst massenhaft in Melancholie verfallen, und das hätte sie lebensunfähig gemacht. Für die Zeit aber, in der das Buch erschien, 1967, bietet es kaum noch Argumente zur Sache. Der Generationswechsel und die zeitliche Distanz hätten etwas ausmachen können. Sie haben auch etwas ausgemacht, denn seit ungefähr 1960 hat sich Erhebliches in dieser Hinsicht verändert. Für diese Zeit also hätte man nun fragen können, wo man inzwischen steht, was inzwischen eventuell möglich ist, was also zu tun sei. Statt dessen warten die Autoren nur mit einem ganzen Sack voll Klagen über die westdeutsche Politik und Gesellschaft auf. Daß sie mit der Vergangenheit ganz anders umgehen könnte, wird vorausgesetzt, nicht begründet. Das Problem wird nicht einmal in dem Teil angepackt, in dem es sich psychoanalytischen Kategorien hätte erschließen müssen. Die Frage, wie schwierig der Umgang mit dieser Geschichte ist, wird nicht mehr gestellt. Selbst daß sich die Lage seit etwa 1960 zu verändern begonnen hat, wird gar nicht erst wahrgenommen. Aber der Traum, daß Heilung möglich sei, wenn nur die Bereitschaft zur Trauer vorhanden wäre, spukt seitdem in vielen Köpfen herum. Hat er wirklich mehr für sich als das methodisch so unsauber gearbeitete Buch?

*

Schließlich zur Problematik in Deutschland nach 1989: Selbstverständlich hat sich die DDR nichts von dem zuschulden kommen lassen, wodurch die Vergangenheit der Deutschen zwischen 1933 und 1945 so weit aus allen anderen herausragt. Kein Auschwitz, auch kein Krieg, nicht mal Schauprozesse. Indes bleibt Schlimmes genug. Wenn es aber nach der

Regel ginge, wäre das in der öffentlichen Erinnerung so wichtig nicht; gäbe es jedenfalls manche Gesichtspunkte, unter denen es näher läge, »das Geschehene zu lassen«, wie es in einer der griechischen Vergessensbestimmungen heißt.

Die Besonderheit der Situation ist zumindest in vier Hinsichten zu charakterisieren. Sie folgt zunächst aus der Tatsache des unblutigen Umsturzes. Nach einschneidenden innenpolitischen Umstürzen pflegen Amnestien – wie nach Kriegen – auf gewalttätige Auseinandersetzungen zu folgen, wenn sie nicht – oft zugleich – aus der Befürchtung vor solchen Auseinandersetzungen motiviert sind. Wenn viel Blut geflossen ist oder weiteres Blutvergießen droht, ist man leichter dazu bereit. Das kann man schon in der florentinischen Geschichte Machiavellis lesen, wo er beim Aufstand der Ciompi 1378 »einen der Kühnsten und Erfahrensten« erklären läßt: »Um daher für begangene Vergehen Verzeihung zu holen, müssen wir, nach meinem Dafürhalten, neue begehen, die Übel verdoppeln, Brand und Raub mehren und uns dazu viele Genossen schaffen. Denn wo viele sündig sind, wird keiner bestraft: Kleine Vergehen werden gezüchtigt, große und ernste belohnt. Und wo viele leiden, suchen wenige sich zu rächen, indem ein allgemeines Übel leichter und geduldiger sich erträgt als ein persönliches. Vergrößerung unserer Schuld wird uns also Verzeihung erwerben«. Die Friedlichkeit des Umsturzes, die ihrerseits vermutlich notwendig war, ließ somit ein wichtiges Movens zur Amnestie entfallen, einen Anlaß, um des Vergessens, des Friedens willen Wünsche nach Rache und Gerechtigkeit hintanzustellen. Und das hat einige Schwierigkeiten mit der Vergangenheit der DDR nach sich gezogen.

Eine zweite bemerkenswerte Besonderheit ist die Zugänglichkeit der Akten (in den Archiven und vielfältig auch in Privathand), die dazu geführt hat, daß die Diskussion über die Vergangenheit sofort nach 1989 aufkam. Daß dabei sehr viele Ungerechtigkeiten zu verzeichnen sind, ist nur normal.

Eugen Kogon hat 1947 in den *Frankfurter Heften* eine kritische Betrachtung zur Entnazifizierung in Westdeutschland – und einigem, was damit zusammenhing – angestellt, die in Anbetracht dessen, was seit 1989 in Ostdeutschland vor sich gegangen ist, von geradezu unheimlicher Aktualität zu sein scheint. Sie macht deutlich, wie sehr die Erinnerung an schlimme Vergangenheit, auch wenn sie nicht mehr – oder nur in Grenzen – zur Rache führt, doch den einen auf Kosten der anderen große Vorteile bringen kann; und keineswegs immer denen, die es verdienen, im Gegenteil. Der Gesichtspunkt des Interesses, und der guten Verbindungen, ist jedenfalls auch in diesem Zusammenhang von großer Ergiebigkeit für die Deutung des Geschehens.

Drittens gerät die Auseinandersetzung mit der DDR-Vergangenheit in die virulenten Gegensätze zwischen West- und Ostdeutschen hinein (die sich neuerdings zu einem Prozeß wachsender Versteifung auf kollektive »Teilidentitäten« aufschaukeln). »Es ist nicht Schuld, sich politisch geirrt zu haben«, hatte Kogon bemerkt. Und: »Man kann sie nur *töten* oder *gewinnen*, anders sollten nach den Erfahrungen der Weltgeschichte Feinde nie behandelt werden.«

Das Vergessen, das im ersten Jahrzehnt der Bundesrepublik vorherrschte, war nach Hermann Lübbe notwendig, damit aus einem Volk von Nazis ein Volk von Demokraten werden konnte. Gegenseitiges Vorrechnen der Vergangenheit wäre da sehr schädlich gewesen. Ich halte diese These für überzeugend. Was bewirkt dann aber das einseitige Vorrechnen der Vergangenheit von West nach Ost, bevor aus diesen und jenen schon ein Volk geworden ist?

Viertens schließlich folgt die Arbeit an der Vergangenheit der DDR auf die an derjenigen NS-Deutschlands. Von ihrem Beginn an ist für sie also gleichsam ein Titel im geistigen Haushalt der Nation vorgesehen gewesen, in dem sie verbucht werden konnte, und das hatte seine Folgen.

Es hat ihr nicht unbedingt gut getan, daß manch einer es

diesmal besser machen wollte. Unbeschadet der Tatsache, daß historische Forschung dringend ist, damit man mehr über das DDR-Regime lernt, unbeschadet auch des Anspruchs, den die Träger der Wende und aufgrund der inzwischen abgelaufenen Geschichte auch die Opfer des Regimes auf die Offenheit der Akten erworben haben – fragt es sich aber doch, ob die allgemeine Tendenz nicht eher auf das Vergessen als auf das Erinnern des Schlimmen gehen sollte; im Sinne etwa eines *benign neglect* (Daniel Patrick Moynihan). Die Zeit für eine Amnestie ist ohnehin verstrichen. Jetzt verquicken sich politische Klagen und Anmahnung von Erinnerung unentwirrbar. Schon bei der westdeutschen Kritik an der Unfähig- und Unwilligkeit zu trauern waren viele Projektionen am Werk. Die einen entlasteten sich, indem sie andern Vorwürfe machten. Hier verknüpft sich die Auseinandersetzung über die Vergangenheit mit den Positionskämpfen zwischen West und Ost. Zweifellos äußert sich darin auch ein westlicher Überlegenheitsanspruch. Vielleicht gar ein sehr gutes Gewissen; das ja, wie man weiß, vom Teufel kommt.

Wahrscheinlich ist es Zeit zu fragen, ob wir in diesem Punkt nicht besser täten, der welthistorischen Regel im Verhältnis von Erinnern, Verdrängen, Vergessen zu folgen. Denn ob es darin einen Fortschritt gibt, ist zumindest sehr zweifelhaft.

Das Problem eines Berliner Denkmals

Denkmäler können aus vielen Gründen errichtet werden.[1] Denjenigen, derer gedacht wird, gilt Dankbarkeit oder Trauer, zumeist beides, und Erinnerung. Es können verdiente Männer, gelegentlich auch Frauen sein, wenn sie Fürstinnen waren; sehr oft Gefallene, aber auch die Tausende Hamburger Bürger, die 1813 der Cholera erlagen.

Was ihnen zugedacht ist, ist zumeist Ruhm und Ehre. Kriegerdenkmäler gelten den toten »Helden«, denn so und ähnlich heißen die Gefallenen auf griechisch und in verschiedenen Sprachen Europas – selbst wenn sie, was relativ gesehen gar nicht so selten vorkam, ihr Leben auf der Flucht verloren hatten. Doch kann es auch einfach darum gehen, in der Erschütterung durch ein einschneidendes Ereignis – wie etwa die Hamburger Cholera – das Nicht-Vergessen zu sichern.

Immer aber denken die Denkmalstifter auch an sich; oft genug werden die Toten sogar für bestimmte Zwecke der Lebenden instrumentalisiert. Diese haben etwa ein Bedürfnis, ihre Trauer zu bannen. Es können auch Schuldgefühle (vor allem in der Form des Sich-in-der-Schuld-Fühlens) im Spiel sein. Unklar ist, wieweit in der Regel (!) auch das eigene Überleben als Schuld empfunden wird. Jedenfalls können Denkmäler als Ersatzhandlungen der Wiedergutmachung, als Alibi dienen. Und immer wieder geht es um eine Verpflichtung, die von den verehrten Vorbildern, den Gefallenen, den Helden ausgehen soll. *Mortui viventes obligant!* Von August Boeckh stammt die Formel, die Friedrich Wilhelm III. auf dem Kreuzbergdenkmal in Berlin anbrachte: Den Gefallenen zum Gedächtnis, den Lebenden zur Anerkennung, den künftigen Geschlechtern zur Nacheiferung. *Invictis victi victuri* formulierte der Theologe Seeberg nach der Niederlage von 1918:

Die Toten sind unbesiegt, die Lebenden zwar besiegt, aber sie werden – und sie sollen! – künftig siegen.

Der Kult der Gefallenen dient der Identifizierung mit ihnen, nimmt sie in Anspruch für die Identität – und oft auch für die Interessen – der Lebenden, für das Vaterland vor allem. So kann man den Toten versichern, daß sie »nicht umsonst« gestorben seien. Indem man die Toten erhebt, erhebt man sich selber auch, und das kann sich mit manchen Ansprüchen verbinden. Ein durch seine sprachlichen Fehlleistungen besonders verräterisches Beispiel unter den Vorzeichen unserer Zeit bietet die neue Inschrift des gerade auf den Kaiserplatz in Bonn versetzten Denkmals für die Bonner Opfer des Nationalsozialismus.[2]

Doch sollten diese kurzen Hinweise und Beispiele nur gleichsam einen ersten Einstieg in unser Thema versuchen: von der Regel her, besser: von dem her, was wir an unendlich vielen Stellen, wo wir älteren Denkmälern begegnen, sehen können.

Dabei muß ein Punkt noch etwas ausgeführt werden: Wenn die Denkmalstifter ein schlechtes Gewissen haben, so vielleicht deswegen, weil sie sich am Tod der andern mitschuldig fühlen, eher wohl noch, weil der Gedanke an deren Opfer ihnen schwer erträglich ist, im übrigen aber höchstens, weil sie selbst hinter Erwartungen zurückblieben, vielleicht nicht tapfer, nicht durchhaltefähig genug waren, vielleicht kein Kriegsglück hatten, vielleicht – wie es nach 1918 historisch unwahr hieß – zwar »im Felde unbesiegt«, aber durch einen Dolchstoß in den Rücken um den Sieg gebracht worden waren.

Nicht hingegen kommt es – soweit ich weiß – in aller Regel vor, daß man mehr als Schwächen und Fehler, nämlich eigene Verbrechen monumental bekundet. Diese Blöße pflegen Staaten und Gemeinden sich in der Regel nicht zu geben. Als Sieger ohnehin nicht. Und als Besiegte schon gar nicht. Denn nichts ist dann so wichtig wie der Trotz, vielleicht das Schweigen, jedenfalls die Bewahrung des eigenen Stolzes. Mithin gilt in Bezug auf die eigenen Verbrechen das Verdrängen oder Vergessen, in der Öffentlichkeit der Reden und viel mehr noch in der der Monumente, welche dauerhaft sind, Nuancierungen kaum zulassen und sich den verschiedensten Betrachtern aussetzen müssen, ohne daß man es kontrollieren oder irgendwie korrigieren könnte.

*

Denkmäler für den Mord an den Juden, die *Shoah*, um es mit dem hebräischen Wort zu sagen, müssen sich dieser Regel nicht entziehen. Yad Vashem und die von Überlebenden in verschiedenen KZs gesetzten, auch die Gedenktafel von Präsident Chaim Herzog in Bergen-Belsen bekunden Gedenken und Trauer. Wenn darin zugleich Empörung, Entsetzen und Anklage mitschwingt, so ist auch dies der Regel nicht fremd: Dergleichen kann in allen möglichen Denkmälern impliziert sein; jeweils gegen andere.

Anders verhält es sich mit den Denkmälern, welche durch Deutsche angesichts der Shoah gesetzt werden. Hier sind die Angehörigen des Volkes, das den Mord an den Juden begangen hat, die Stifter. Folglich muß alles Gedenken zugleich auf die Denkmalstifter zurückfallen: Weil es sich um ihr, um ihres Volkes Verbrechen handelt. Solche Denkmäler sind also in irgendeiner Weise auch Schandmäler. Sie bekunden die Schande des eigenen Volkes in der Vergangenheit. Indem die gegenwärtigen Angehörigen dieses Volkes aber bereit und fähig sind, diese Denkmäler zu setzen, distanzieren sie sich zugleich davon. So entsteht eine Spannung zwischen Zugehörigkeit zu diesem Volk und Distanzierung, die nur sehr schwierig durchzuhalten ist. Insofern begegnet hier etwas ganz Neues (das höchstens in privaten Sühnekapellen des späten Mittelalters, die in der christlichen Tradition stehen, eine entfernte Parallele findet; nicht in den Ausdrucksformen der Staaten). Es ist innerhalb der Geschichte des Denkmals so ausnahmsartig, wie der Anlaß es innerhalb der Weltgeschichte ist. Hier ist eine Schwelle überschritten worden, und das dokumentiert sich zugleich in den Denkmälern, insbesondere in gewissen Verdrängungen, die sich immer wieder durchschlagen.

Man kann die deutschen Denkmäler anläßlich der Shoah, anläßlich überhaupt der Vernichtungspolitik des nationalsozialistischen Deutschlands grob in zwei Kategorien unterteilen: 1. Denkmäler an Orten des Verbrechens oder seiner Vorbereitung: in KZs etwa, an Sammelstellen für die Deportationen (wie an der Moorweidenstraße in Hamburg) oder an Verladebahnhöfen wie dem Güterbahnhof Grunewald in Berlin.

2. Denkmäler ohne solchen örtlichen Bezug zum Geschehen selbst. Hier wären zwei Untergruppen zu erwähnen: zunächst das Gedenken an frühere jüdische Bürger der eigenen Gemeinde, zum Beispiel am Börneplatz in Frankfurt (a). Sodann das Gedenken an das Ganze der Shoah oder der nationalsozialistischen Vernichtungspolitik überhaupt, wie in Berlin am U-Bahnhof Wittenbergplatz, mitten im Alltag, im dichtesten Verkehr, ständig in die Augen unendlich vieler Passanten stechend, sehr eindrucksvoll, dafür ästhetisch ganz anspruchslos (b).

In all diesen Denkmälern ist das namenlose Verbrechen implizit. Gleichwohl beschränken sich zumindest zwei der genannten Gruppen (1 und 2a) auf Ausschnitte: Orte, an denen ein Teil des Genozids verübt wurde, sowie Teile des weiten Kreises der Opfer, die Frankfurter Juden etwa. Die deutschen Denkmäler in den KZs wurden von Leuten gestiftet, die mit den Mannschaften, die dort ihr Unwesen trieben, außer der Zugehörigkeit zu den Deutschen nichts zu tun haben. Städte können sich, indem sie ihrer »jüdischen Mitbürger« gedenken, unversehens gar auf die Seite der Opfer schlagen, ja sich mit ihnen nachträglich solidarisieren (obwohl ihre Bürger sie in der NS-Zeit vielfach ausgegrenzt, allein gelassen, vielleicht sogar denunziert haben; schließlich haben ihre Organe sie den Vollzugsgehilfen der Shoah zugeliefert). Sie können ihren Anteil am Geschehen schlicht verdrängen, und sie tun dies auch in aller Regel.

Das Denkmal, das die Stadt Göttingen zum Beispiel 1973 auf dem Platz vor dem Gefängnis errichtete, trägt die Inschrift: »Berge werden weichen und Hügel werden wanken, aber meine Gnade wird von Dir nicht weichen / *Jesaja 54,10* / Zur Erinnerung an die 1938 niedergebrannte Synagoge und den Leidensweg der Jüdischen Gemeinde / Die Stadt Göttingen«. Das klingt, wie wenn dort von irgendwoher Horden eingefallen seien, die Synagoge verbrannt und die Juden verschleppt hätten – und verheißt eine Gnade, die man zumindest in Göttingen selbst 1938 offensichtlich nicht walten ließ und von der es zumindest überaus fraglich ist, ob sie dem Großteil der Göttinger Juden auf ihrem Leidensweg widerfuhr. Ich kann mir nicht helfen: Mir scheint hier eine ungeheuerliche Anmaßung vorzuliegen.

Das *Jesaja*-Zitat kann auch als Beispiel für den oft zu beobachtenden voreiligen Trost genommen werden: Bevor man überhaupt erfahren hat, was los war, ist man schon der Gnade Gottes versichert worden. An anderen Stellen findet man eine vereinnahmende nachträgliche Solidarisierung der Nachfahren der Täter mit den Opfern. Der Blick wird über den eigenen Anteil an der Täterschaft hinweg gleich in Gegenwart und Zukunft gerichtet. Ganz selten kommt es vor, daß eine Stadt in diesem Zusammenhang die eigenen Täter erwähnt wie etwa Brühl, wo es heißt: »Am Morgen nach … dem 9. November 1938 überfielen Brühler SA-Leute jüdische Mitbürger, verwüsteten ihre Wohnungen und schändeten die Brühler Synagoge«. Diese Inschrift ist von 1992; auf einer vorangegangenen Gedenktafel war noch von »den nationalsozialistischen Gewalttaten gegen unsere jüdischen Mitbürger« die Rede. Übrigens kommt auch sonst Gedenken an die Täter nur außerordentlich spärlich vor. Erinnerungsmale, die sich auf das Ganze des Holocausts beziehen, wie das am Berliner Wittenbergplatz, das »Orte des Schreckens / die wir niemals vergessen dürfen« aufführt, unterscheiden sich davon nicht grundsätzlich. Dort ist das namenlose Verbrechen unzweideutig aufgerufen. Die Scham ist offensichtlich. Wie das Verbrechen aber zustande kam, genauer gesagt: die umfassende Verantwortung der Deutschen dafür, ist nicht benannt.

Hier versucht nun das projektierte – ich zitiere wörtlich: – »Denkmal für die ermordeten europäischen Juden« einen großen Schritt weiterzugehen. Denn es muß zweifellos, mitten in der alten Zentrale des deutschen Reiches, zugleich ein – negatives – Denkmal für den Mord an den europäischen Juden sein.

*

Die Initiative zu diesem Denkmal geht aus von einem privaten Verein um die besonders betroffene Publizistin Lea Rosh und den Historiker Eberhard Jäckel. Er ist 1988 unter dem Namen PERSPEKTIVE BERLIN gegründet worden. Anfang November 1989 konstituierte er sich als »Förderkreis zur Errichtung eines Denkmals für die ermordeten Juden Europas e. V.«. Sein Ziel war und ist, ein zentrales Denkmal mitten in Berlin zu errichten. Ursprünglich hatte man dafür das brachliegende Gelände ins Auge gefaßt, auf dem einst das Prinz-Albrecht-Palais und andere Gebäude der Gestapozentrale gestanden hatten; gleich neben dem Gropius-Bau, unmittelbar an der Mauer. Heute befindet sich dort die Gedenkstätte »Topographie des Terrors«: Ein Dokumentationszentrum ist im Bau. Doch gelang es nicht, an dieser Stelle Platz für das Denkmal zu bekommen.

1993 hat dann Bundeskanzler Kohl ein 20 000 qm großes Grundstück, das unmittelbar hinter der Mauer gelegen hatte, für das Denkmal zur Verfügung gestellt. Es grenzt an die Rückseite der amerikanischen Botschaft, die am Pariser Platz errichtet wird, liegt also, grob gesagt, nicht weit südlich des Brandenburger Tors, auf der andern Seite nicht weit von dem Grundstück entfernt, auf dem sich noch Reste des Führerbunkers, der zur Reichskanzlei gehörte, befinden.

20 000 qm, das ist die Größe von zwei Fußballfeldern. Das Grundstück wird mindestens von zwei, vermutlich von drei Straßen, von denen mindestens eine, vermutlich zwei recht laut sind, umfahren.

Die Finanzierung wollte der Förderkreis zur Hälfte aus selbst zusammengebrachten Spenden bestreiten. Denn das Denkmal sollte eine Sache der ganzen Gesellschaft sein, »nicht in erster Linie eine Aufgabe staatlicher Instanzen«. Für den Rest sollte aber doch der Staat gewonnen werden. Dies letztere ist gelungen, Berlin und Bonn sind zu zahlen bereit. Der Verein selbst freilich scheint noch nicht viel zusammengebracht zu haben. Eine großangelegte Sammlung – mit Einzahlungsscheinen, die an allen Postämtern ausgelegt worden waren – war offenbar kein Erfolg. Es heißt, vor allem deswegen, weil unmittelbar zuvor der Bundeskanzler ein Veto gegen den favorisierten Entwurf ausgesprochen hatte. Damit seien nicht nur zahlreiche zusätzliche Spenden, mit denen man gerechnet hatte, ausgeblieben, sondern auch die für die Werbung zugunsten der Aktion eingesetzten Gelder mehr oder weniger nutzlos verbraucht gewesen.

Nachdem das Grundstück zugesagt worden war, ist ein Wettbewerb ausgeschrieben worden. Das Interesse war außerordentlich groß. 2600 Künstler forderten die Unterlagen an, 528 haben Entwürfe eingesandt. Aus denen hat eine Jury unter Walter Jens 17 in die engere Wahl gezogen, 2 erste Preise wurden vergeben. Während die Jury keine eindeutige Empfehlung gab, haben die Auslober dann dem Entwurf einer

Gruppe um Christine Jackob-Marks den Zuschlag gegeben, der berühmten Riesengrabplatte, die schräg angehoben war – entsprechend der christlichen Auferstehungssymbolik – und auf der die Namen aller ermordeten Juden auf Metallplättchen angebracht werden sollten. Besucher sollten sich solche Plättchen kaufen können, um sie dann auf der Platte befestigen zu lassen.

Kaum war die Entscheidung gefallen, begann eine scharfe Auseinandersetzung. Immer hatte es Bedenken gegeben, Zweifel, Hindernisse; nicht so sehr, wenn ich es recht sehe, offene Widerstände. Nun aber bot sich gute Gelegenheit zu streiten, auch zu spotten. Man sprach vom Ablaßhandel mit den Plättchen, kritisierte die christliche Symbolik der Auferstehung. Später hat Reinhart Koselleck sarkastisch formuliert: »Nachdem wir Deutschen 5 bis 6 Millionen Juden erschlagen, erschossen oder vergast, dann in Asche, Luft und Wasser aufgelöst haben, machen wir uns nunmehr anheischig, symbolisch eben diesen Juden eine Auferstehung anzubieten.« Wiederum eine schreckliche Anmaßung: Es fragt sich nur, was schlimmer ist: daß man sich auf die Gnade des jüdischen, des alttestamentarischen Gottes beruft oder daß man gleich den christlichen zitiert.

Anerkennenswerterweise hat ja aber der Bundeskanzler sehr bald erklärt, übrigens, wie sich bald herausstellte, in Übereinstimmung mit allen Bundestagsfraktionen, daß die Grabplatte nicht gebaut werden dürfe. Damit geriet das Projekt zunächst einmal in eine Phase der Stagnation.

Schließlich wurde entschieden, daß ein großes »Kolloquium« veranstaltet werden sollte, an drei Tagen, jeweils mit mehrwöchigem Abstand. Etwa achtzig Experten aus dem In- und Ausland sollten angehört werden, um den Auslobern die Entscheidung zu erleichtern. Federführend war der Berliner Kultussenator Radunski.

Ein Tag galt dem *Warum?*, einer dem *Wo?*, der letzte dem *Wie?* Den Experten wurde mitgeteilt, daß 5 Prämissen nicht zur Disposition stünden: Das Denkmal wird gebaut; der Ort steht fest; auch der Baubeginn (erster Spatenstich am 27. Januar 1999); die Kosten dürfen 15 Millionen nicht überschreiten; schließlich bleibt der Kreis der möglichen Entwürfe begrenzt; nur die neun ersten des Wettbewerbs kommen in Frage, eine weitere Ausschreibung soll nicht stattfinden; nur dazu, welcher Entwurf es sein sollte und wie er gegebenenfalls zu modifizieren sei, sollten Vorschläge vorgebracht werden. Die Sitzungen fanden im Staatsratsgebäude der DDR am Schloßplatz in Berlin statt.

Es war eine äußerst merkwürdige Veranstaltung. Um Spesen für die Übernachtung der auswärtigen Gäste zu sparen, begann sie jeweils um 11.00 Uhr, und sie endete mit Sonnenuntergang, nämlich Sabbatbeginn, denn man tagte freitags. Das heißt, im Januar standen fünf, im Februar und April dann sechs bis sieben Stunden zur Verfügung, und zwar nicht nur für die etwa 80 eingeladenen Experten. Denn jedesmal waren mindestens ein Referent und mehrere Kommentare dazu (auch von Nicht-Experten) vorgesehen. Viele haben sich dann auch kaum oder nie zur Sache geäußert.

Die Leitung der Sitzung lag bei zwei sogenannten Moderatoren, dem früheren Berliner Bürgermeister Klaus Schütz und dem früheren Bundeswohnungsbauminister Oscar Schneider, die aber nicht moderierten, sondern wie Schalterbeamte Sendungen – alias Statements – entgegennahmen. Auftragsgemäß suchten sie jede lebhafte Diskussion zu unterbinden. Außerdem waren sie bemüht, die Thematik einzugrenzen, wobei sie sich auf Beschlüsse einer sogenannten Lenkungsgruppe beriefen. Wer darin saß, wurde nicht mitgeteilt (während man beim Politbüro der DDR selig doch wenigstens die Namen der Mitglieder kannte).

Doch nicht nur die fehlende Moderation und die anonyme Lenkungsgruppe waren mit dem, was man landläufig ein Kolloquium nennt, unvereinbar. Sondern man bekam auch fast kein Material zugesandt, insbesondere gab es keine Pressespiegel, obwohl sich die Presse und damit die Öffentlichkeit schon zuvor und dann natürlich nach den Sitzungen zum Teil sehr kompetent geäußert hatte; aber wahrscheinlich gerade deswegen. Berichten zufolge hatte nämlich eine der Ausloberinnen gegen die Versendung von Pressespiegeln Einspruch erhoben, weil die Artikel überwiegend kritisch waren. (Man wüßte gern, ob auch die vorbereitenden Sitzungen im Staatsratsgebäude stattfanden, um die Wirkung des *genius loci* besser einschätzen zu können.) Entgegen den allgemeinen Usancen gab es auch keine Adressenliste der Teilnehmer, wohl damit diese vor und zwischen den Sitzungen nicht so leicht Kontakt miteinander aufnehmen konnten.

Die Bitte eines der Experten, eines führenden deutschen Historikers, daß ein gewichtiger Zeitungsartikel, den er geschrieben, mit den Tagungsunterlagen versandt würde, wurde nicht einmal abschlägig beschieden. Ja, nicht einmal ein kurzer Vorschlag eines der führenden, besonders kompetenten Architekten durfte als Tischvorlage verteilt werden; auch hier nicht einmal eine Antwort auf seine Bitte. Er hatte sich allerdings, muß man einräumen, darin – und zuvor schon – kritisch zum Verfahren, zum Wettbewerb und sogar zur Kompetenz der Jury geäußert.

Damit gar kein Irrtum über den Sinn der Veranstaltung aufkommen konnte, ließ sich eine hochgestellte, mit Recht sehr angesehene Persönlichkeit auch noch dazu herbei, die Tatsache, daß ein Experte neue Einsichten gewonnen und folglich seine Meinung geändert hatte, als »geistiges Armutszeugnis« zu bezeichnen. Daß man drei jüdischen Experten, die wegen der von ihnen (nicht ohne Grund) als unerträglich betrachteten Diskussion unter Protest den Saal verließen, keine Träne nachweinte, entsprach hinwiederum dem *genius loci.*

Und immer wieder wurde uns erklärt, wir hätten nichts zu entscheiden (was in der Sache richtig war, sich aber nicht unbedingt auch auf das Verfahren erstrecken mußte; denn darauf, wie und worüber zu diskutieren sei, hätten – im Falle, daß es sich um ein Kolloquium gehandelt hätte – die Experten doch eigentlich Einfluß nehmen können müssen). Vor allem sahen sich die Auslober fast nie dazu bemüßigt, auf Argumente mit Argumenten zu antworten. Der Vertreter der Bundesregierung schwieg fast durchweg, meinte nur einmal, die vorgebrachten Argumente hätten ihn nicht überzeugt. Er scheute nicht nur nicht den Verdacht, daß er keine habe, sondern nicht einmal den, daß ihn das auch nicht weiter störe. Die Vertreter des Fördervereins schwiegen zunächst, äußerten sich aber später, unter anderm um uns mitzuteilen, daß der Mann und die Frau auf der Straße schon viel weiter seien als die sogenannten Intellektuellen. Wobei man sich dann – Staatsratsgebäude hin, Staatsratsgebäude her – etwas unliebsam an das »gesunde Volksempfinden« noch früherer Zeiten erinnert fühlte. Ohnehin konnte es der Atmosphäre nicht förderlich sein, daß denen, die gewisse Ansichten des Fördervereins kritisierten, immer wieder unterstellt wurde, sie wollten das Denkmal verhindern. Im übrigen bekam man gelegentlich mitgeteilt, was der Lenkungsausschuß befunden hatte, aber wiederum nicht, warum.

Der offiziellen Auffassung nach ging es folglich nur darum, daß achtzig Experten in außerordentlich kurzer Zeit an die Adresse der »Moderatoren« Vorschläge ablieferten.

Von Anfang an regte sich bei verschiedenen von ihnen Unwille darüber, daß die Thematik ungebührlich eingeschränkt worden war. Drei Prämissen wollte keiner in Frage stellen: daß, wann und mit welchem Aufwand gebaut würde. Aber sowohl über den Ort wie über die mögliche Gestaltung wollte man diskutieren, ohne an die entsprechenden Vorgaben gebunden zu sein. Und außerdem wollte man dazu mehr Zeit haben. Die – zumeist schriftlich zuvor versandten – Referate enthielten vielfach nur, was die Experten (schließlich waren es ja Experten) schon wußten; einige Texte wurden als nachgeliefertes Proseminar empfunden. Die vorweg festgelegten

Beiträge sollten also, so die Meinung verschiedener Teilnehmer, ausfallen oder gekürzt vorgetragen werden.

Folglich kam es mehrfach zu Anträgen zur Geschäftsordnung und zum Disput über Verfahrensfragen. Der Direktor des Deutschen Historischen Museums hat sich darüber anschließend in der FAZ ungnädig geäußert. Er verstand nicht, warum »einem Teil der Mitwirkenden … die Addition von Standpunkten nicht genug« war, und meinte, sie hätten »dem Gedankenaustausch eine quasiparlamentarische Fassung geben« wollen, »mit Geschäftsordnungsdebatten und Abstimmungen«. Das eine ist gewiß richtig formuliert, es sollte eine »Addition von Standpunkten« sein. Wie ihm dann der Ausdruck »Gedankenaustausch« in die Feder floß, bleibt sein Geheimnis. Wenn man weiß, welche Entscheidungswege er gewohnt ist, kann man sein Unbehagen gut verstehen.

Aber in Wirklichkeit ging es eben nicht darum, daß man ein Parlament sein wollte, sondern nur darum, daß ja eigentlich ein Kolloquium hatte veranstaltet werden sollen. Und dazu gehört, nach einem doch wohl nicht verkehrten landläufigen Verständnis, eben der Austausch der Meinungen, die Befruchtung durch Widerspruch, die Erprobung der Argumente, kurz all die Vorteile, die eine geistige Auseinandersetzung zu haben pflegt. Eben dazu sind Diskussionen doch erfunden, daß sich die Beteiligten dabei gegenseitig zu lernen geben, wenn auch konzediert werden muß, daß alles Lernen mit Risiken verknüpft ist. Statements aber hätte man billiger per Post erbeten.

Die durch die Geschäftsordnungsdebatten schließlich ertrotzte Diskussion scheint zu einem Erfolg geführt zu haben. Amtlich ist uns das natürlich nicht mitgeteilt worden, den abschließenden Dank erhielten wir von der Leiterin der privaten Veranstaltungsorganisation im Namen des Senators. Aber ein großer Fortschritt wurde öffentlich bekanntgegeben: Der Bundestag tritt als vierter zu den drei Auslobern hinzu. Und ich höre aus sehr guter Quelle, daß sich wirklich etwas bewegt habe. Die zum Kolloquium verwandelte große Anhörung scheint also doch nicht die Alibiveranstaltung geblieben zu sein, als die sie – so hatten viele jedenfalls den Verdacht – ursprünglich geplant war. Näheres ist mir freilich unbekannt.

Insgesamt war in dieser Veranstaltung ein erschreckendes Ausmaß an Gouvernementalität zu beobachten. Es war bezeichnend, daß sich der Berliner Senator bemüßigt sah, uns die Freiheit der Meinungsäußerung zuzusichern – wie wenn es dessen bedurft hätte, wie wenn das ein Zugeständnis wäre.

Im Verlauf dieser Auseinandersetzungen haben viele Mitglieder, zum Teil nach eigenem Bekunden, vieles gelernt. Die Problematik dieses Denkmals ist offenbar so schwierig, daß erst die Ausschreibung und das Studium der Entwürfe sowie die anschließenden Diskussionen das Ausmaß der offenen Fragen deutlich machen konnten. Damit schließlich zum Problem des Denkmals.

*

Die Erkenntnis der gegenwärtigen Problematik dieses Denkmals ist offenbar dadurch wesentlich erschwert, daß aus dem Wandel der Umstände, welcher während und aufgrund der Tätigkeit des Förderkreises eintrat, bisher keine Konsequenzen gezogen worden sind. Die Gründung des Kreises in der jetzigen Form erfolgte, wie gesagt, wenige Tage vor dem Fall der Mauer im Jahre 1989; aber die Vorbereitungen liefen natürlich schon länger.

Damals konnte man das Projekt isoliert betreiben. Man wollte dieses Denkmal für die ermordeten Juden Europas mitten im verwaisten Zentrum Berlins. Und für den Förderkreis ist es auch weiterhin dabei geblieben.

Das ist völlig legitim; private Förderkreise können selbstverständlich die Errichtung eines Denkmals betreiben, Mittel einwerben und sich außerdem um die Zuwendung von öffentlichen Geldern bemühen.

Und nicht nur das. Vielmehr hat der Plan dieses Denkmals zunächst einmal sehr viel für sich. Er ist für viele auf Anhieb überzeugend – auch wenn es, neben den üblichen Widerständen, manche sehr ernstzunehmende grundsätzliche Bedenken dagegen gibt. Nur – was vor dem Fall der Mauer für sich betrieben werden konnte, geriet seit dem 3. Oktober 1990 und vor allem seit dem Beschluß vom 20. Juni 1991, die Hauptstadt der Republik nach Berlin zu legen, unvermeidlich in weitere Zusammenhänge. Und dies muß vor allem für den wichtigsten Zuwendungsgeber maßgebend sein: die Bundesregierung und damit auch den Bundestag.

Lea Rosh und ihr Förderkreis konnten und können mit besten Gründen sagen, sie wollten ein Denkmal für die ermordeten Juden; daß auch andere Gruppen, die zu Opfern der deutschen Vernichtungspolitik wurden, Denkmäler bekämen – die Roma und Sinti etwa, die Geisteskranken und andere – sei ihnen durchaus recht; nur sei das nicht ihre Sache.

Die Repräsentanten der Bundesrepublik aber können genau das nicht tun. Wenn sie ein großes Grundstück und Geld zur Verfügung stellen, um an einer Stelle, die jetzt im Zentrum der Hauptstadt liegt, ein Denkmal für die ermordeten Juden zu errichten, dann müssen sie sich auch darüber im klaren sein, daß das Konsequenzen für andere Gruppen von Opfern hat und wie sie damit umgehen wollen. Geld dafür zur Verfügung zu stellen, wird kaum das Problem sein. Die Frage ist: wo – gegebenenfalls – der anderen gedacht werden soll und wie die verschiedenen Denkmäler in ein Verhältnis zueinander zu setzen sind. Hinzu kommt die weitere Frage, wie sich das Gedenken an die Opfer der Vernichtungspolitik zu dem an die Kriegstoten der Wehrmacht (und der Armee des Ersten Weltkriegs), des Luftkriegs und der Vertreibung verhalten soll.

Für die Bundesregierung ist es also ganz unmöglich, einfach das 1988/89 eingefädelte Projekt fortzusetzen, ohne sich weiter umzusehen. Nein, seit die Mitte Berlins wieder die Mitte der deutschen Hauptstadt ist und seit die Bundesregierung selbst den Löwenanteil am Denkmal übernommen hat, ist dies ein zentraler Teil ihrer Denkmals- (oder, wenn man so will, ihrer Geschichts-)politik. Und das heißt, so, wie sie jetzt in Berlin die Verteilung von Ministerien, Bundesbehörden, Abgeordnetenhäusern etc. im Zusammenhang plant, muß sie dies auch für die wichtigen, zentralen Denkmäler tun.

Das Problem des Gedenkens an die Opfer der Zeit von 1933 bis 1945 (und die von 1914 bis 1918) schien sich dem Kanzler nach der Vereinigung zunächst ganz einfach zu stellen: Er verlegte 1993 die zentrale Gedenkstätte von Bonn nach Berlin in die Neue Wache. Dann aber entstanden eben daraus Folgeprobleme. Und die ziehen im Zweifel weitere nach sich.

Grob gesagt: Weil hier, wie üblich, nicht richtig nachgedacht worden ist, schlitterte man von einer Bredouille in die andere. Und dabei schleppt sich im Hintergrund immer ein Problem mit, das unmittelbar ins Zentrum deutscher Geschichtspolitik – und das heißt: deutscher Ratlosigkeit – gehört: das Problem, wie wir uns unserer Kriegstoten in Anbetracht der Opfer deutscher Vernichtungspolitik und Gewaltherrschaft zu erinnern haben.

Im Bonner Hofgarten hatte man Mitte der sechziger Jahre eine Gedenkplatte als »nationales Ehrenmal« aufgestellt. Sie trug die Inschrift: »Den Opfern der Kriege und der Gewaltherrschaft«. Eingeweiht wurde sie durch Bundespräsident Lübke am 16. Juni 1964, am Vorabend also des 17. Juni, und der erste Kranz, der dort niedergelegt wurde, galt den Opfern der kommunistischen Gewaltherrschaft. Nur in diesem Zusammenhang war der Ausdruck »Gewaltherrschaft« auch einigermaßen zutreffend. Die Opfer der NS-Zeit dagegen sind zumeist nicht einfach einer Gewaltherrschaft zum Opfer gefallen, sondern einem auf totale Vernichtung ganzer großer Menschengruppen zielenden Regime samt dem weiten Kreis derer, die ihm dabei zur Hand gingen.

Dieses Denkmal, das 1980 auf den Bonner Nordfriedhof umgesetzt wurde, hatte also seinen Platz im Rahmen des antitotalitären Selbstverständnisses; einer Front, in der wir uns damals ein Stück weit verstecken konnten. Damals konnte man finden, daß die verschiedenen Opfer der Zeit der Weltkriege samt denen der Nachkriegszeit im Osten eben alle Opfer waren und sich gemeinsam ehren ließen. Was dabei noch in den achtziger Jahren für Vorstellungen mitschwangen, wurde in den damaligen Diskussionen um die Errichtung eines (neuen) »zentralen nationalen Mahnmals« deutlich. Dort wurde etwa vorgebracht, die zu schaffende nationale Gedenkstätte solle »Opfer und Geopferte in einem versöhnenden Gedenken vereinen«. Während die SPD in der Bundestagsdebatte vom 25. April 1986 anmahnte, die Fragen nach Verantwortung und Schuld dürften nicht verschleiert werden, das Mahnmal dürfe sich auch nicht auf die deutschen Toten des Krieges beschränken, fanden die Fraktionen von CDU/CSU und FDP, die zentrale Gedenkstätte solle »den Opfern der Kriege und der Gewaltherrschaft, insbesondere den Toten unseres Volkes gewidmet« sein. »Sie solle ein Zeichen der Trauer und der Erschütterung und zugleich der Hoffnung und der Versöhnung sein«.

Daß das Opfer, das der Soldat seinem Land bringt, herkömmlichem Verständnis nach ein freiwilliges, ein aktives ist, die Opfer der Gewaltherrschaft aber passiv und durchaus unfreiwillig sind, wurde nicht weiter für wichtig genommen. Sofern man Opfer von »Geopferten« unterscheiden wollte, wurde es geradezu grotesk: denn wem sollen denn die Täter und Opfer die Geopferten geopfert haben?

Gewiß konnte man darauf verweisen, daß auch die deutschen Opfer des Krieges zum Teil insofern passive waren, als sie dem Luftkrieg oder der Vertreibung zum Opfer fielen. Wieweit schon damals der Wunsch, die passive Bedeutung des Wortes Opfer auf alle zu erstrecken, am Werk war – was angesichts der heute beliebten Opferidentifizierung nur natürlich erschiene –, wüßte ich nicht zu sagen.

Die Erklärung der Koalitionsparteien, die Gedenkstätte solle »insbesondere den Toten unseres Volkes gewidmet« sein, machte von neuem deutlich, was schon 1964 gemeint, aber in der generalisierenden Opferformel verborgen war: daß die nicht-deutschen Opfer, unter anderem der Großteil der sechs Millionen Juden, bestenfalls nebenbei miteinbezogen sein sollten. Im Grunde drückte man sich um das Problem herum, das sich mit dem Verhältnis von Kriegstoten zu Opfern der Vernichtungspolitik stellte.

Die Inschrift in Berlin ist gegenüber dem Bonner Vorbild leicht verwandelt. Sie lautet: »Den Opfern von Krieg und Gewaltherrschaft«. Wie wenn es der Krieg überhaupt – und nicht die Kriege von 1914/18 und 1939/45 – war, um dessen Opfer es zum einen ging, und entsprechend die Gewaltherrschaft schlechthin (vielleicht nicht mal nur die deutsche?). Dabei mutet schon die Beibehaltung des blassen Ausdrucks Gewaltherrschaft recht gedankenlos an, da man es eigentlich 1993 besser hätte wissen müssen. (Die DDR hatte am gleichen Platz, sehr viel konsequenter, die Opfer des Militarismus und des Faschismus verehrt, wobei zumindest auf der Täterseite eine klare Differenzierung vorgenommen wurde, etwa zwischen den »Militaristen« und ihren Opfern). Auch hier sind einfache Fortschreibungen der Findung angemessener Lösungen im Wege gewesen.

Doch weit gravierender als die Bezeichnung der Opfer-Ursachen ist die Vereinigung der verschiedenen Kategorien: Können wir wirklich in den neunziger Jahren noch wie 1964 alle Opfer der verschiedenen Kategorien an einer Stelle zusammen verehren? Zu den Opfern des Krieges zählt der Präsident des Volksgerichtshofs Roland Freisler genauso wie zweifellos unzählige Soldaten, die zuvor etwa an Judenerschießungen teilgenommen hatten. Die einen Opfer sind also zum

Teil von den andern Opfern zum Opfer gemacht, richtig gesagt: sie sind von ihnen gemordet worden!

Der Widersinn, der in dieser Zusammenfassung lag, ist 1993 durchaus erkannt worden. Der Vorsitzende der Berliner jüdischen Gemeinde hat sich deswegen geweigert, an der Einweihung teilzunehmen (und statt dessen einen Protestzug mitangeführt, der zu den ehemaligen Befehlszentralen des NS-Regimes und seiner Vernichtungspolitik führte). Die Teilnahme von Ignaz Bubis aber kostete einen Preis. Zum einen bekam die Inschrift Fußnoten: Die differenzierende Aufzählung der verschiedenen Gruppen von Opfern, die Richard von Weizsäcker in seiner Rede vom 8. Mai 1985 so eindrucksvoll geleistet hatte, wurde auf eigenen kleinen Tafeln wiederholt. Zum andern aber wurde für das Denkmal für die ermordeten europäischen Juden das 20 000 qm große Grundstück zur Verfügung gestellt.

Aus der Gedankenlosigkeit bei der Konzeption der Neuen Wache – vom christlichen, der antisemitischen Untertöne keineswegs entbehrenden Symbol der *Pietà* für, unter anderm, 6 Millionen Juden ganz zu schweigen –, also: aus der Gedankenlosigkeit dieser Konzeption wurde das Grundstück geboren, dessen Größe im Zweifel mitursächlich für das Scheitern des Wettbewerbs ist, und daran anknüpfend eröffnen sich die nächsten schon angedeuteten Probleme.

Um sie gleich zu explizieren: Da die Neue Wache grundsätzlich allen Opfern gewidmet ist, auch den Juden: Was spricht dafür, diesen noch ein eigenes Denkmal zu setzen? Warum muß man ihre Einbeziehung in die Opfergemeinschaft der Neuen Wache dadurch erkaufen, daß sie aus dieser Gemeinschaft gleichzeitig ausgeklinkt werden, um ein Denkmal *à part* zu bekommen? Aber wenn es schon so sein soll, ist es erlaubt, nur ihnen (unter den Opfern der Vernichtungspolitik) ein eigenes Denkmal zu errichten – oder muß man es dann für alle Opfer der Vernichtungspolitik zusammen tun? Oder läßt sich ein Ausweg dadurch finden, daß man Roma und Sinti, Homosexuellen, Geisteskranken, Zeugen Jehovas, polnischen Eliten, sowjetischen Kriegsgefangenen etc. ebenfalls eigene Denkmäler setzt? Wenn aber ja: wo und wie? Und muß man das dann nicht gleichzeitig planen? Wenn aber die Opfer der Vernichtungspolitik (im Gegensatz zu denen des Krieges) einzeln oder zusammen eigene Denkmäler bekommen sollen, ist dann der Widersinn des gemeinsamen Gedenkens an alle Opfer in der Neuen Wache noch aufrechtzuerhalten? Kann – oder vielmehr: muß – man dann nicht aus der Not eine Tugend machen und bei der Gelegenheit auch den Schaden der falschen Neue-Wache-Konzeption gleich mitbeseitigen – zugunsten einer sinnvollen Neugestaltung?

Wenn ich hier noch einen kleinen Exkurs anschließen darf: Man hat früher keine Bedenken gehabt, die gefallenen Soldaten beider Seiten, auch Deutsche und Franzosen zusammen auf den gleichen Friedhöfen zu begraben; hat noch nach 1870/71 an verschiedenen Orten gemeinsame Gedenktafeln für Deutsche und Franzosen auf den Schlachtfeldern angebracht. Je länger es aber dauert, um so stärker wird die Tendenz zur »Opfertrennung«. Die Amerikaner führen ohnehin alle Gefallenen in ihre Heimat zurück. Jetzt sieht man, wie von jüdischer Seite (natürlich beileibe nicht von allen Juden) starke Einwände dagegen vorgebracht werden, daß Juden und andere Opfer des nationalsozialistischen Deutschlands ein gemeinsames Denkmal erhalten. Und dann sollen die deutschen Kriegstoten weiter gemeinsam mit den Opfern der deutschen Vernichtungspolitik verehrt werden?

Dies etwa ist der Komplex der Fragen, der sich für eine zusammenhängende Planung der Denkmalkultur (in Hinsicht auf 1933/45) stellt. In ihrem Rahmen – und nur in ihrem Rahmen –, so ist meine These, stellen sich die nächsten Probleme auch für das geplante Denkmal (wenn es denn eines nur für die Juden sein sollte): Denn die Beantwortung der Frage nach dem richtigen Ort und die nach der richtigen

Grundkonzeption hängen vom weiteren Zusammenhang ab. Und die Fragen der künstlerischen Gestaltung können überhaupt erst danach angegangen werden. Ich möchte das sehr unterstreichen: Man braucht eine Gesamtkonzeption, eine zusammenhängende Gesamtplanung anstatt des zum Teil recht zufälligen Weiterspinnens einzelner Fäden! Wie man freilich den künftigen Rahmen einer Berliner Denkmalgruppe abstecken soll, ist eine keineswegs leicht zu beantwortende Frage.

Sicher erscheint mir, insofern hätte ich in aller Entschiedenheit eine These zu verfechten, daß man die widersinnige Opfergemeinschaft der Neuen Wache aufspalten muß. Sie ist, genau besehen, unerträglich. Man kann sich fragen, ob Gedenkstätten heute überhaupt noch sein sollen. Aber wenn man das bejaht (wozu man im Augenblick doch wohl überwiegend neigt), dann müssen sich die zentralen Gedenkstätten der Deutschen vornehmlich auf ein Stück Geschichte beziehen, das noch heute höchst lebendig, ja geradezu virulent ist. Dieses Stück Geschichte können wir – und können sehr viele andere – so leicht nicht auf sich beruhen lassen.

Es ist hier daran zu erinnern, daß die Unfaßbarkeit der namenlosen deutschen Verbrechen dazu führt, daß alle Versuche, die Erinnerung an sie sicher an einem zentralen Punkt des kollektiven Gedächtnisses der Deutschen zu verankern, scheitern. Deswegen muß ja jede neue Generation neu darüber erschrecken und das Gedenken muß sich wellenartig immer wieder neu beleben; um nur die letzten Stationen zu nennen: Holocaust-.Film 1979, Bitburg 1985, Historikerstreit 1986/88, Goldhagen-Debatte und Wehrmachtsausstellung 1996/97.

In der, je länger es dauert, immer lebhafter und intensiver werdenden Verquickung in jene Vergangenheit, die nicht vergehen will, müssen sich (trotz aller Differenzierungen im einzelnen) Täter und Opfer dieses einzigartigen Verbrechens deutlich voneinander scheiden. Es wäre ganz falsch, wenn sich die Nachkommen der einen und die der andern darüber täuschen (oder hinwegmogeln) wollten, daß sie von der Geschichte her voneinander getrennt sind. Selbstverständlich muß man – und das ist ja erstaunlicherweise auch vielfach geschehen – auf Versöhnung, ja auf Solidarität hinarbeiten. Aber Versöhnung setzt die Anerkennung der von der Geschichte her gegebenen Scheidung, ja Feindschaft voraus. Versöhnung lebt und bezieht ihre Kraft – ihre zum Teil wirklich großartige, freundschaftsstiftende Kraft – daraus, daß zunächst einmal anerkannt wird, was gewesen ist und wer es verschuldet und vor allem mit verursacht hat (und daß dies die Unseren waren). Voreilige Versöhnungs-, Umgehungs- und Umarmungsstrategien sind der guten Absicht eher im Wege.

Eben dies ist gerade auch bei Denkmalsetzungen zu beachten. Wir Deutschen können die Versöhnung nicht anmahnen. Wir können die Juden nicht auffordern, mit uns zusammen die Opfer unseres Krieges zu verehren. Wenn sie uns diese Geschichte tragen helfen (oder wenigstens leichter machen) wollen, können wir nur dankbar sein. Aber – wir sollten uns nicht in Hinblick auf unsere Eltern und Großeltern als Opfer mit ihnen gemein machen. Das ist völlig unangebracht, ja es ist schamlos.

Man kann gewiß sagen, daß die Jungen unter uns mit dieser Geschichte nichts mehr zu tun haben. Aber erstens ist das offensichtlich falsch: Sie haben nämlich sehr viel damit zu tun; wollen auch wissen, was damals geschah; machen sich durchaus damit zu schaffen. Und zweitens kann dies für Denkmalsstiftung (und -gestaltung) kein maßgebender Gesichtspunkt sein. Da darf die Vergangenheit am wenigsten ausgeblendet werden.

Allerdings beobachtet man, daß viele sich, wie gerade die Goldhagen-Debatte und die um die Wehrmachtsausstellung zeigen, von den eigenen Großeltern relativ leicht distanzieren. Und – wie ein norwegischer Kollege, der sich viel damit beschäftigt hat, es kürzlich formulierte – dabei scheint die Parole zu gelten: *The worse the better:* Je schlimmer es die Wehrmacht oder, mit Goldhagen, »die Deutschen« getrieben haben, um so weniger nämlich haben wir, sittsam wie wir jetzt sind, mit ihnen gemein. Das macht es schwierig, überhaupt ein Gedenken an die Toten der deutschen Streitkräfte aufrecht zu erhalten.

Ich meine trotzdem, daß es gute Gründe dafür gibt. Wir dürfen uns von diesen Toten nicht lossagen; müssen ihnen insgesamt, wie es üblich ist, ein ehrendes Gedenken zollen; auch wenn es, wie üblich, viele einbezieht, die es nicht verdienen, und vor allem, wie in diesem Ausmaß keineswegs üblich, viele, die an schweren Verbrechen beteiligt waren. Man kann das Makabre monumental nicht ausdrücken, das, zumal nachträglich, im schreienden Widerspruch zwischen dem, was so viele opferten, und dem, wofür sie es in Wahrheit taten, besteht. Doch bleibt vieles davon in jedem Gedenken an die deutschen Soldaten erhalten. Wir dürfen davor nicht die Flucht suchen, um bequem bei den andern Opfern Unterschlupf zu begehren. Und schon gar nicht dürfen wir sie als Opfer mit den Opfern von Vernichtungspolitik und Gewaltherrschaft gleichstellen. Übrigens sollte man auch die DDR-Opfer hier nicht mehr einreihen, sondern eher sehen, sie im Zusammenhang des geplanten Denkmals für den Aufstand am 17. Juni 1953 zu ehren.

Also, um es zu wiederholen: Die Opfergemeinschaft der Neuen Wache muß unbedingt aufgelöst werden. Es gibt kein ernstzunehmendes Argument für sie. Und – nebenbei gesagt – man muß sich etwas anderes einfallen lassen als die Pietà der Kollwitz; schließlich ist ja auch der Frauen und Kinder zu gedenken, die diesem Krieg auf deutscher Seite zum Opfer fielen; von ästhetischen Gesichtspunkten zu schweigen.

Es ergibt sich sodann die Frage, ob man für die Opfer der Vernichtungspolitik ein gemeinsames oder nach Kategorien getrennte Denkmäler zu setzen hat. Hier ist eine einfache These nicht vorzutragen.

Eines ist auf jeden Fall richtig: Unter den verschiedenen Gruppen der Opfer ragen die Juden weit heraus. Nicht nur durch die Zahl der Gemordeten, sondern auch dadurch, daß das Deutsche Reich unter den damaligen Machthabern sie zum schlimmsten seiner Feinde erklärt und ihre ausnahmslose Ermordung sich zum Ziel gesetzt hat. Das ist bei keiner der andern Gruppen der Fall. Obwohl man doch eigentlich den Krieg gewinnen wollte, hat man fast bis zuletzt eine ungeheure Mühe darauf verwandt, noch von der letzten griechischen Insel die Juden einzusammeln, um sie in die Vernichtungslager zu transportieren.

Insofern ragt die Shoah, der jüdische Teil dieser »Katastrophe«, innerhalb der Vernichtungspolitik heraus. Und zweifellos bietet der bedeutende Anteil, den die deutschen Juden nicht nur an unserer Kunst und Wissenschaft, sondern am ganzen Leben unserer Gesellschaft jahrhundertelang gehabt haben, ein starkes zusätzliches Motiv, ihrer zu gedenken.

Welche Konsequenzen daraus zu ziehen sind, ist aber trotzdem sehr genau und umsichtig zu fragen. Nach meinem Urteil ist auch hier zusammenhängende Überlegung an die Stelle mehr oder weniger zufälliger Verfolgung von Einzelfäden zu setzen. Denkmäler sind nicht der einzige, vermutlich nicht mal der wichtigste Teil sinnfälliger Erinnerung. Sie geben wenig zu verstehen, obwohl sie Anlaß bieten können, Verstehen zu suchen. In den Diskussionen um das geplante Denkmal ist denn auch immer wieder darauf hingewiesen worden, daß zusätzliche Information, Aufklärung notwendig sei.

Meine Frage ist, ob nicht in der Vermittlung von Kenntnissen, von Anschauung, von Vorstellung und dem Bemühen, sowohl Verstehen wie die harte Erfahrung der Grenzen des Verstehens anhand von Bildern und Dokumenten zu vermitteln, die eigentliche Aufgabe, das Entscheidende also, liegt.

Man hat gesagt, Deutschland brauche, anders als Israel, kein zentrales Mahnmal für die Shoah, weil hier die Stätten des Verbrechens selbst seien. Das trifft insofern nicht zu, als Vernichtungslager nur in Polen zu finden sind und die Massenerschießungen nur dort und in den Ländern der Sowjetunion stattfanden. Daher spräche sehr viel dafür, neben den KZ-Gedenkstätten ein Auschwitz-Museum in der deutschen Hauptstadt zu errichten. Es könnte sich zugleich den Wurzeln des Antisemitismus in Deutschland widmen; und, was ja keineswegs das gleiche ist, der Wendung zur Vernichtungspolitik, nämlich deren Ermöglichung nicht einfach durch eine Machtergreifung, sondern von den Ministerien, den Verwaltungen, den Stäben her; aber auch, um von den Einsatzgruppen abzusehen, aus den verschiedensten Rängen von Polizei und Armee heraus. Schließlich müßte der Prozeß der Ausführung illustriert werden, im komplizierten Gefüge von Tätern, Opfern, direkten und indirekten Beihelfern, Zuschauern und wenigen Mutigen, die sich entzogen oder gar den einen oder anderen zu retten versuchten.

Doch kann dies hier nicht näher ausgeführt werden, zumal sich da eine Reihe weiterer Fragen eröffnet. Finanzielle Einwände übrigens gelten nur, wenn man, wie es in Berlin leider üblich ist, perfekte, teure Lösungen sucht. Aber Provisorien, in irgendeiner umgerüsteten Fabrikhalle, könnten es auch tun; und sie brauchten nicht im Zentrum der Stadt zu liegen. Jedenfalls könnte in einem Museum (oder in einem Komplex von Ausstellungen) die besondere Bedeutung des Mordes an den Juden, auch im Zusammenhang der ganzen Vernichtungspolitik, gebührend herausgestellt werden.

Eben das aber ist bei der gesonderten Errichtung eines »Denkmals für die ermordeten Jüdinnen und Juden Europas« (wie es neuerdings heißt) wohl kaum möglich. Denn sie muß zur Folge haben, daß man auch für die andern Opfergruppen Denkmäler vorsieht. Mehrere, denn man kann sie ja nicht als nichtjüdische zusammenfassen. Also für Zigeuner,

Zeugen Jehovas, Homosexuelle, Geisteskranke, polnische Eliten, sowjetische Kriegsgefangene, Widerstandskämpfer, mindestens zum Teil auch für Deserteure etc. Alle für sich – oder kann man einerseits größere Gruppen mit eigenen Denkmälern bedenken, andererseits den Rest gleichsam mit einem für »Sonstige« – oder gar dem unbekannten Soldaten ein unbekanntes Opfer korrespondieren lassen? Keine Frage, diese Überlegungen führen sehr bald ins Absurde. Aber man muß sie anstellen, um deutlich zu machen, worum es geht. Wie es andernfalls aussehen könnte, hat Rudolf Kraft in der ZEIT vom 24. 7. 1992 unter der Überschrift *In trennendem Gedenken* ausgemalt, indem er sich eine Touristenführung vorstellt: »Als höchstes Bauwerk des Areals erkennen Sie in der Mitte das Holocaust-Mahnmal für die ermordeten Juden. Es steht auf unterirdisch begehbaren Erlebnisräumen, in denen auch die Büros der Erlebnispädagogik und Mediothekare untergebracht sind ... Nein, meine Dame, nicht im ehemaligen Führerbunker, der war noch zehn Meter tiefer und lag weiter rechts ... Linker Hand sehen Sie jetzt das Holocaust-Mahnmal II für die ermordeten Sinti und Roma. Rechter Hand ... erhebt sich die Reichskanzleigedenkstätte. Ein Tunnel führt von dort zur nahegelegenen Gedenkstätte ›Topographie des Terrors‹ auf dem ehemaligen Gestapo-Gelände. Dort drüben, schräg rechts, das 30 Meter hohe Dreieck aus rosa Granit ist ein Mahnmal für die ermordeten Homosexuellen ... Der noch etwas größere Stern aus rotem Granit – nein, ich meine nicht den Davidstern, der gehört zum Holocaust-Mahnmal –, also nicht der sechszackige Stern, sondern der fünfzackige erinnert an die kommunistischen Widerstandskämpfer ...«

Angesichts all der Mißlich-, ja Unerträglichkeiten, die mit einer ganzen Denkmallandschaft in der Mitte Berlins verbunden wären, spricht sehr viel für eine einfache, klare Lösung: ein Denkmal für alle Opfer der Vernichtungspolitik und – negativ – für diese selbst zu errichten. Am besten erschiene mir: gegenüber der Neuen Wache, auf dem Bürgersteig, unmittelbar am Straßenrand, provozierend, nicht unbedingt groß, aber vielleicht hoch, ein deutlicher Kontrapunkt zur Neuen Wache, zur ganzen näheren und ferneren Umgebung. Ein Skandalon, das ins Auge sticht, auf das viele zugehen, das sie stören muß, dem sie letztlich auszuweichen haben, wenn sie weiterkommen wollen. Nicht abseits von der großen zentralen Achse von Ost nach West, sondern direkt an ihr gelegen, nicht nur von Autofahrern, sondern gerade auch von Fußgängern zu passieren, wobei man erwarten kann, daß dort auch einmal diejenigen stehen bleiben, die sich das Denkmal nicht eigens zum Ziel eines Ausflugs genommen haben. Doch ließe sich auch ein Platz vor dem Reichstag oder im Spreebogen denken. Die Inschrift dürfte nicht symmetrisch zu der für die Kriegstoten sein; sie dürfte neben den Opfern die Täter nicht verschwinden lassen.

Ein solches Denkmal für alle Opfer der Vernichtungspolitik könnte man aber nur errichten, wenn keiner mit guten Gründen dagegen protestiert. Denn obwohl es völlig klar ist, daß dies ein deutsches, von den Deutschen gesetztes Denkmal sein muß, dürfte keine Gruppe, dürften vor allem nicht die Juden sich dadurch verletzt fühlen. Es gibt aber, zumindest zur Zeit, starke Einwände gegen eine Gemeinschaft der Opfer der Vernichtungspolitik – wie andererseits auch, gerade auch, jüdische Befürworter. Aber der Diskussionsprozeß ist ja noch nicht zu Ende; er hat im Hinblick auf das Ganze der Problematik noch kaum begonnen.

Jedenfalls wird man in der Verfolgung des einst unter völlig anderen Umständen eingeschlagenen Wegs nicht zum Ziel kommen. Die Debatte muß noch einmal aufgenommen werden, so leidig das auch erscheinen mag. Der Gesamtzusammenhang, in dem allein das Denkmal geplant werden kann, muß – endlich – im Ganzen und in all seinen Konsequenzen bedacht und diskutiert werden. Sonst werden die Fehler nur immer neue Fehler und Probleme nach sich ziehen.

Eine Debatte über die monumentale Form des Gedenkens an die Gefallenen und an die Gemordeten, die Opfer des Krieges und die von Gewaltherrschaft und Vernichtungspolitik könnte Teil einer Besinnung darauf sein, wer wir – nach dieser Geschichte, aber auch nach und in unserer lebhaften Auseinandersetzung mit ihr – eigentlich sind und wie wir die Berliner Republik beginnen wollen. Man sollte es jedenfalls versuchen.

Müde Gaedt

Gedenkblatt für einen Lehrer

Wir bekamen ihn als Geschichtslehrer in der vierten Gymnasialklasse, 1942 in der Großen Stadtschule, dem alten Humanistischen Gymnasium der »Seestadt Rostock«, wie sie damals offiziell hieß.[1]

Er war ein weißhaariger älterer Herr, wohl schon über 65. Bewegte sich nicht schnell, seine Sprache war ein wenig altmodisch. »Willst du bitte …«, hieß es etwa; wir fragten uns, ob es wirklich von unserm Willen abhänge, daß wir ihm folgten, taten es aber. Denn er war überzeugend. Was er sagte, war sehr bestimmt, präzise, wohlbegründet. Jeder Satz war gestochen. In seiner leisen, ruhigen Art gab er einen durchaus lebendigen Unterricht, kenntnisreich, souverän. Daß er so »gebildet« war, störte überhaupt nicht.

Sein Spitzname war »Müde«. Damals wurden noch die Eselsbrücken für die Bedeutung lateinischer Vokabeln gelehrt: müde, matt, marode; faul, bequem, commode, etwa. Und konzentriert und betont wie sein ganzer Unterricht war auch die Weise, in der er im Latein diese Formel den Schülern einprägte. Das saß. Es bot sich als Charakterisierung an. In einer Mischung von Gutmütigkeit und Spott nannte man müde, was eigentlich gepflegt war.

Dieser Müde Gaedt, der die ganze, nicht sehr große, aber in schwierigem Alter befindliche Klasse mit hoher Autorität für sich und seine Sache einnahm, war Direktor des Gymnasiums im nahegelegenen Bad Doberan gewesen. Da er aber Freimaurer war, konnte er das nach 1933 nicht bleiben. Ich weiß nicht, ob er nur als Direktor oder als Lehrer in die Pension geschickt wurde, weiß auch nicht, wann er das Pensionsalter erreichte. Im Krieg jedenfalls, als viele Lehrer zum Militär mußten, wurde er reaktiviert, in Rostock, wo er wohnte. Sein Alter hat ihn nicht daran gehindert, einen glänzenden Unterricht zu erteilen.

Er begann in jeder Stunde damit, daß wir das Buch, es war Gehls »Geschichte für höhere Schulen«, herauszuholen hatten, dann wurde gestrichen und diktiert: Erste drei Zeilen streichen, dafür an den Rand schreiben ... Dritten Absatz im ganzen streichen, dafür auf den unteren Rand schreiben ... Das Buch ist mir leider verlorengegangen. Ich nehme nicht an, daß seine Texte geradezu regimefeindlich waren. Aber so, wie es da stand, war es falsch. Daher diktierte er, was er verantworten konnte; so sollten wir es lernen. Das Freimaurer-Kapitel wurde im ganzen ausgelassen.

Diesen Umgang mit dem Geschichtsbuch pflegte er nicht nur bei uns, sondern in allen Klassen, in denen er das Fach unterrichtete. Bei uns gab es nur einen höheren HJ-Führer, dessen Vater zudem Ortsgruppenleiter der Partei war. Aber auch er hat nichts verraten.

Ich hätte den mutigen, klugen Mann gerne nach dem Krieg wieder gesprochen. Aber beim Einmarsch der Russen hat er sich mit seiner Frau das Leben genommen. Die Befreiung von den Nazis muß er herbeigesehnt haben. Aber das war ja nicht alles. Ende April oder Anfang Mai ist er fünfzig Jahre tot.

Am Ende der alten Bundesrepublik

Deutschland ist zur Zeit in Nostalgie befangen.[1] Es gibt eine DDR-Nostalgie (von der viel die Rede ist). Es gibt aber auch eine BRD-Nostalgie, von der man weniger spricht, die jedoch bedeutsamer ist. Sie bezieht sich freilich nicht auf einen Staat, der untergegangen, sondern, was die Sache schlimmer macht, auf einen, der vermeintlich noch da, in Wirklichkeit aber schon im Dahinschwinden begriffen ist, politisch gesprochen auf die Bonner Demokratie, die der Gesellschaft zunehmend aus dem Blick schwindet – und die doch noch nicht einer Berliner Demokratie Platz zu machen vermag.

Jedenfalls findet das vereinte Land heute eine beachtliche Gemeinsamkeit darin, daß es seine getrennten Vergangenheiten verklärt, wobei man übrigens dem je andern Schuld an deren Beendigung zudenkt. Natürlich nicht allerseits und durchwegs, immerhin in einem bemerkenswerten Ausmaß. Und insgesamt verweilt man, was die Erwartungen, das Denken, das Vorstellen angeht, weit überwiegend mehr in der Vergangenheit als in der Gegenwart – um davon abzusehen, daß die Zukunft fast ganz außerhalb der Aufmerksamkeit verbleibt.

An dieser Verklärung der getrennten Vergangenheiten im Moment wiederhergestellter staatlicher Gemeinsamkeit kann man vieles auf Anhieb verstehen. Im einen wie im andern Fall ist ein Mechanismus im Gange, der auch sonst wirkt: Im Moment, da sie von einem Haus, von einer Stadt, einem Land, wo sie lange gewohnt haben, endgültig Abschied nehmen, neigen viele dazu, nicht nur zurückzublicken, sondern für eine Weile auch in lieben Erinnerungen zu verharren. Selbst manche Beschwernisse und Ängste erscheinen in anderm Licht. An den Gefahren kann mit Genuß wahrgenommen werden, daß man sie bestanden hat. Gerade die Erfahrung des Bedrohlichen, des Ernsten enthält intensive Phasen eigenen Lebens und Erlebens – selbst wenn man sich eher verkrochen hat.

Im Fall der DDR ist zusätzlich das harsche Herausgerissenwerden aus vielerlei Gewohnheiten, oft lästigen, ja drückenden, unwürdigen Gewohnheiten zu verzeichnen – wobei das so Bedrückende des alten Regimes überwunden ist, nicht zuletzt durch das eigene Wagnis bei den Demonstrationen von 1989, und übrig bleibt, wie man sich eingerichtet, wie man sich auch bewährt hat; übrig bleibt die Erinnerung an gelebtes Leben, an die eigene Biographie, die Geschichte der Familie, der Eltern, der Kinder, der Freunde, Kollegen und anderer.

Man kann von außen sehr schwer nur ermessen, was alles in der ehemaligen DDR nicht nur an gewohnter Sicherheit (des Arbeitsplatzes, der Wohnung etc.), sondern auch an Angemessenheit des Wissens und der Erfahrung an die Verhältnisse verlorenging; was der einzelne einbüßte an Rang, an Stellung innerhalb des eigenen Umfeldes; an Positionen, welche ihn auch unabhängig von den politischen Machtverhältnissen, ja zum Teil in Opposition dazu etwas Bestimmtes sein ließen, welche Bedingung seiner Identität waren. Wer will sagen, was es bedeutet, dies alles zu verlieren? Schließlich wirkt auch der Verlust eines Gegners, einer feindlichen Ideologie, wie ihn die DDR-Oppositionellen erlitten haben, zunächst einmal desorientierend. Das alles gilt, auch wenn es heute materiell nicht schlechter, sogar oft besser geht, auch wenn sehr viel an Freiheit, an Recht gewonnen ist – wobei die Erfahrung der Rechtssicherheit freilich in gar nicht so wenigen Fällen eher getrübt sein muß. Wie will man ferner ausloten, was es heißt, wenn eine ganze Gesellschaft plötzlich in den Lehrlingsstatus zurückversetzt wird – und bei was für Lehrmeistern! Nicht zuletzt sollte man hier die Bedeutung des »Vertrautheitsschwundes« veranschlagen, für die auch im Westen Untersuchungen vorliegen, aus denen sich etwa ergibt, daß schon bei relativ geringen Raten an Veränderung der eigenen Umwelt das Gefühl der Vertrautheit mit ihr stark beeinträchtigt wird.

Aber auch die Bundesrepublik – was alles kann sie mit gutem Grund an Nostalgie auf sich ziehen! Eine wohlhabende, relativ freundliche Gesellschaft mit florierender Wirtschaft, ein Sozialsystem, das, um es mit dem flotten, hier aber sehr gut passenden Modewort zu sagen, »spitze« war, regelmäßige Zuwachsraten (an denen breiteste Teile der Gesellschaft Anteil hatten), ein hervorragender Ausbau der Infrastruktur etc. Es galt der »kategorische Komparativ« (Morgenstern), die eherne Erwartung ständiger Verbesserung. Darauf war die ganze alte Bundesrepublik eingestellt. Sie war nicht sehr interessant, aber brav, tüchtig, bieder, durchaus aufgeschlossen, auch aufgeklärt, hatte viele sehr gute Eigenschaften und Einrichtungen.

Natürlich war nicht alles Gold, was zu glänzen schien. Die Wirtschaft war 1989 schon längst auf dem Weg in eine Krise, konjunkturell und strukturell; das Sozialsystem war schon überlastet. Doch im Zusammenhang der Nostalgie schlägt das alles nur positiv zu Buche, denn die Einheit kam gerade rechtzeitig, bevor diese und andere Mängel recht bemerkt wurden, so daß man sie den Ostdeutschen in die Schuhe schieben (und sich um so mehr nach den scheinbar gesunden Verhältnissen der BRD zurücksehnen) kann.

Immerhin, in der Bundesrepublik ist sich, anders als in der DDR, sehr vieles gleich geblieben. Die unmittelbare Umgebung, zumeist die Arbeitsplätze, die Wohnungen ohnehin, aber auch das Denken, scheinbar auch die Angemessenheit des Wissens an die Verhältnisse. Es bietet sich wenig Anlaß für neue Ansätze der Reflexion. Und trotzdem gibt es das unbestimmte Gefühl des Gestört-seins, und es regt sich ein Faktor, der bei aller Sicherheit in der BRD stets subkutan vorhanden war: die Angst.

So ist auch die BRD-Nostalgie zu verstehen, in vielen Punkten, angesichts des Vergleichs zwischen heute und früher, angesichts auch des Prozesses gegenseitiger Abstoßung von Ost und West, der flankierend zu dem der Integration sich abspielt. Wobei hinzuzuhalten ist, daß seit 1989 auch außerhalb des Landes vieles passiert ist, was die westdeutsche Ruhe stört.

Indes – ist diese Nostalgie mit so allgemeinen Erwägungen schon einigermaßen ausreichend erklärt? Schließlich ist zu bedenken, daß sie gerade bei denen anzutreffen ist, die lange Zeit nicht anstanden, die alte Bundesrepublik als faschistisch oder zumindest faschistoid zu bezeichnen. Kann es sich da einfach nur um einen Wechsel von schönem zu schlechtem Wetter handeln, oder ist mehr im Spiel? Werden uns vielleicht nicht nur, wie das bei jedem größeren historischen Wandel der Fall ist, bestimmte Vorstellungen, Anschauungen, Methoden des Wissens, des Denkens, des Handelns unzulänglich – sondern geht der Sturz aus der deutschen Nachkriegszeit vielleicht doch tiefer, aufgrund spezifischer, spezifisch deutscher Gegebenheiten?

*

Die deutsche Nachkriegszeit von 1945 bis 1989 ist dadurch bestimmt, daß die Deutschen – wie zögernd, wie umwegig auch immer – besonders radikal mit großen und kleinen, problematischen und unproblematischen, mit schlimmen und guten Traditionen brachen, im Westen mehr noch als im Osten, und daß sie in besonders weitgehendem Maße neu angefangen haben. Viel weitgehender sich also verwandelten als vergleichbare Länder in Europa, die ebenfalls tiefe Veränderungen durchmachten, vielerlei Traditionen auslaufen ließen oder abbrachen – aber eben nicht so radikal.

Um einige Punkte aus der Geschichte der Bundesrepublik aufzurufen: Zunächst lebte man politisch in einem Provisorium, vielfältig beschränkt durch die Besatzungsmächte, stark beeinträchtigt durch die vielen schlimmen Nachwirkungen des Kriegs. Die vorherrschenden Überzeugungen waren zweifellos eher konservativ, wobei man versuchte, an das frühere und speziell das »andere Deutschland« wiederanzuknüpfen. In einer nicht leicht zu fassenden Weise suchte man aus den allgemeinen Anschauungen und Gebräuchen den Nationalsozialismus herauszufiltern, was zum guten Teil, aber keineswegs völlig gelang. Und im wesentlichen widmete man sich der Arbeit, ziemlich buchstäblich wurden die Ärmel aufgekrempelt, wurden beachtliche Leistungen des Wiederaufbaus vollbracht. Man freute sich an dem rasch Erreichten und nutzte die neuen Möglichkeiten. Freß-, Kleidungs-, Einrichtungs-, Reisewellen gingen durch das Land. Man kann durchaus von Restauration sprechen, darf aber nicht übersehen, daß auch die entgegengesetzte Tendenz am Werk war, zumal sich mit dem Wiederaufbau schon von der Sache her eine ganze Reihe von Modernisierungen ergab.

Eine größere Veränderung begann um 1960 einzutreten, aus dem Abstand, aber auch dadurch, daß sich eine neue, unbelastete Generation zu Wort meldete und vielerlei am Bestehenden in Zweifel zog. Man suchte über manches aufzuklären, eine ganz neue Form der Auseinandersetzung mit den Untaten der zwölf Jahre des Nationalsozialismus setzte ein, vieles wurde aufgedeckt, der Eichmann- und der Auschwitzprozeß hinterließen tiefe Eindrücke, im Zusammenhang mit der Judenvernichtung wurden sogar Zweifel am Verhalten eines der großen Stabilisierungsfaktoren des vorangegangenen Jahrzehnts, der katholischen Kirche, laut; die Distanz zum Gegebenen, auch zu manchen unschönen Blüten des Wohlstands wuchs.

Schließlich wurde dieser Prozeß Ende der sechziger Jahre erheblich beschleunigt und radikalisiert. Seit 1968 erfolgte, wie in so vielen andern Ländern, eine gründliche Infragestellung des kapitalistischen Systems, der bürgerlichen Ordnung, auch der bürgerlichen Demokratie und vieler Institutionen. Sie war in Deutschland dadurch besonders radikal, daß der Widerstand der Älteren, so starr er zunächst geleistet wurde, ziemlich rasch zusammenbrach; hier wirkte sich die deutsche NS-Vergangenheit aus, da die Jüngeren die daraus resultierende Schwäche der Älteren zu instrumentalisieren verstanden.

In der Folge, das heißt in den siebziger und vor allem in den achtziger Jahren wirkte der starke aufklärerische Schub der Zeit um 1970 in vieler Hinsicht nach. Eine beachtliche Erweiterung der Spielräume trat ein, vielfältige Liberalisierungen bis hin zur sogenannten sexuellen Revolution fanden statt. Hohen Idealen war man zunächst nachgestrebt. Herbert Marcuse verhieß die endgültige Befreiung des Individuums. Jan Galtung fand, wenn Menschen so beeinflußt würden, »daß ihre tatsächliche körperliche und geistige Selbstverwirklichung hinter ihrer möglichen Selbstverwirklichung zurückbleibt«, so sei das schon als Gewalt anzusehen. Einer der Studentenführer meinte, wo es »ganz klar« sei, »daß eine Umerziehung unmöglich ist, etwa bei älteren Leuten und bei bestimmten Verbrechern, da sollte man den Betreffenden die Möglichkeit geben, auszuwandern«. Kein Wunder, daß die Bewegung selbst rasch scheiterte. Und trotzdem gibt es vielerlei Nachwirkungen. Die Gesellschaft, die ursprünglich überwiegend konservativ bis restaurativ war, wurde überwiegend liberal. Man kann nur nicht genau unterscheiden, wieweit dies wirklich Überzeugungen und wieweit es der Tatsache zu verdanken ist, daß Liberalität sich damals als außerordentlich bequem erwies. Die Strenge eines Staates, der Erziehung, des Lebensstils ist vergleichsweise einfach und selbstverständlich immer nur dann zu behaupten, wenn sie von der Vergangenheit her weitergereicht wird. Wo diese Überlieferung aber abgebrochen ist und wo noch dazu ein großer Überfluß an Mitteln herrscht, wo verschiedenste (und divergierende) Interessen zugleich befriedigt werden können, da legt sich das

Laisser-aller nahe, eine Liberalität, deren Kosten wenig spürbar sind.

Auch kann man beobachten, daß die Meinungsunterschiede etwa zwischen dem heutigen Bundeskanzler und vielen deutschen Intellektuellen gar nicht mehr so groß sind. Im Historikerstreit etwa hat es, wenn auch nicht sogleich, eine Annäherung gegeben, die fast bis zu einer Identität der Auffassung zwischen dem Kanzler und der »linken« Seite geführt hat. Und ohne Zweifel stellte auch der zunächst von Dolf Sternberger geprägte, dann vor allem von Jürgen Habermas verfochtene Begriff des Verfassungspatriotismus eine zutreffende und fast allgemein akzeptierte Formel dar für das Verhältnis der bundesrepublikanischen Gesellschaft zu ihrer Ordnung.

Die Gegensätze schrumpften. Die Wählerschaften der großen Parteien schieden sich immer weniger klar voneinander, die Tendenzen der Parteien liefen kaum noch auf Gegensätze oder gar Alternativen, vielmehr auf Wettlauf in die gleiche Richtung hinaus. Weithin ging es darum, die Umstände einer Gesellschaft angenehmer zu machen, der es zunehmend um »Selbstverwirklichung«, also den Egoismus des Einzelnen ging und die man mit Stichworten wie Individualismus und Hedonismus relativ gut kennzeichnen konnte. Rechte wurden immer größer, Pflichten eher klein geschrieben.

Geschichte schien sich vorwiegend als Sozialgeschichte zu vollziehen, in langfristigen Prozessen der Verbesserung. Die Bildungschancen, die Rechte der Frauen, die Löhne und Gehälter, die Länge der Freizeit, des Urlaubs (und der Reisen) – dies und vieles andere, Dringendes und weit weniger Dringendes waren im Zunehmen begriffen. Der Staat, der eigentlich eine Demokratie war, fungierte fast nur noch als Nachtwächter, Versicherer und Verteiler (wobei für die meisten etwas abfiel). Der Verfassungspatriotismus hatte nicht wenig damit zu tun, daß es sich unter dem Grundgesetz ganz angenehm leben ließ. Entsprechend konnte sich eine NATOgeschützte Harmlosigkeit des Denkens verbreiten. Selbst der weitere Rahmen schien zuletzt immer erfreulicher zu werden: Die Abrüstung kam endlich voran, um die Menschenrechte, ja um die Demokratisierung mancher Staaten schien es besser zu stehen, und was die Realität nicht bot, las man gerne, unter Selbsttäuschungen, in sie hinein – wie etwa die Redakteure der *Zeit* in die DDR. Schließlich kam es 1989 gar zum Zusammenbruch des Ostblocks.

Natürlich gab es auch Sorgen. Das wachsende Bewußtsein für die großen Gefährdungen der Umwelt etwa, die vielen, zeitweise hoch aufflammenden (und übrigens, wie man heute weiß, vom östlichen Staatssicherheitsdienst geschürten) Ängste vor den Atomwaffen. Die Rede von der »neuen Armut« begann die Runde zu machen, die Folgen der sich herausbildenden Zweidrittel-Gesellschaft begannen bedacht zu werden. Die wachsende Immigration Fremder wurde störend; die Nöte der Dritten Welt kamen auf diese Weise schon ins Haus. Bestimmend aber waren diese Sorgen nicht, sie wurden weithin eher verdrängt, als daß sie einen zentralen Platz im allgemeinen Bewußtsein eingenommen hätten. Gesellschaftliche Wahrnehmung unterliegt Gravitationen; was überwiegt (und sei es nur knapp), erhält den Bonus der Verallgemeinerung. Und so herrschte die Grundtendenz der Erfreulichkeit, des angenehmen Mit-sich-selbst-beschäftigt-Seins vor, in einem der bedeutendsten und wohlhabendsten Industriestaaten der Welt.

Kurz, bei der alten Bundesrepublik handelte es sich, je länger es dauerte, um ein Gemeinwesen mit relativ sehr zufriedenen Bürgern. Gemessen an den damals schon vorhandenen, weit mehr aber noch den heute sichtbaren Problemen hatte sie gleichsam Urlaub von der Weltpolitik genommen. Das wurde erleichtert durch ihre verminderte außenpolitische Verantwortung. Freilich ist nicht zu bestreiten, daß sie ihre Spielräume, zumal in der Ostpolitik, mit viel Geschick genutzt hat; das frühe Setzen auf Gorbatschows Perestroika bewies prognostische Kompetenz und Mut. Und auch sonst konnte viel für das Ansehen des westlichen deutschen Staates getan werden.

Vieles von dem, was die alte Bundesrepublik bestimmte, läßt sich in irgendeinem Ausmaß im ganzen Nachkriegseuropa beobachten, genauer gesagt: im westlichen Europa (wobei der Ausdruck mehr die weltpolitische Orientierung als die Geographie meint). Doch war die Bundesrepublik gegenüber den anderen dadurch ausgezeichnet, daß sie besonders stark durch diese Nachkriegszeit geprägt war. Es gab ja auch das eigentümliche Phänomen der deutschen »Herkunftsschwäche«, der Störung des normalen Anschlusses an die Vergangenheit, die dadurch entstand, daß die Kriegsgenerationen über ganze Teile ihrer Biographie zumeist schwiegen. Viel entschiedener als anderswo meinte man daher, vieles, was die bisherige Weltgeschichte zu deren Nachteil ausgezeichnet hatte, *endgültig* hinter sich gelassen zu haben. Wer wollte hier etwa noch mit Kriegen rechnen, gar in Europa, wer wollte meinen, daß sich die Bundesrepublik auch militärischen Verpflichtungen auf die Dauer nicht entziehen könnte? Wer wollte sich noch an der Geschichte orientieren, ein öffentliches Bewußtsein dafür fordern, historische Gedenktage feiern? Auch das Gedenken an die Reichseinigung 1871 wurde 1971 nicht begangen. Viel entschiedener als anderswo grassierten die moralischen Urteile auch in der Politik – so daß die üblichen Kompromisse zwischen Politik und Moral viel verschämter und ungeschickter getroffen werden mußten.

Mehr als anderswo hatte man auch den Gedanken, daß die heranwachsenden Generationen für einen bestimmten Staat, für bestimmte Ideale, auch für die Erfüllung bestimmter Pflichten erzogen werden müßten, vernachlässigt. Man war ja pluralistisch, man wollte möglichst wenig aufnötigen; einmal wurde sogar daran gedacht, ein Gesetz gegen »elterliche Fremdbestimmung« zu erlassen. Daß eine Gesellschaft auch an ihrer »mentalen Infrastruktur« zu arbeiten habe, geriet, nachdem alte Formen dieser Arbeit obsolet geworden waren, weitgehend aus dem Blickfeld.

Auch der Gedanke, daß die Deutschen eine Nation bildeten, kam allmählich ab. Es mochte scheinen, wie wenn man sich schon in einem postnationalen Zeitalter befände, wie wenn es jetzt um die Herausbildung einer multikulturellen Gesellschaft gehe. So meinte man auch, das »Deutsche« hinter sich zu haben, was in Hinsicht auf manche Eigenschaften gar nicht so falsch war, es waren ja wirklich viele Veränderungen der Mentalität zu verzeichnen; vielfach erfreuliche, aber auch solche, die uns anfällig machen.

Dieser schöne Zustand scheint jetzt auszulaufen. Neben all den wirtschaftlichen und ökologischen Schwierigkeiten tauchen vielerlei neue Probleme auf, und alte steigern sich in beängstigendem Ausmaß. Die organisierte Kriminalität etwa, die erschreckende Zunahme von Unsicherheit und Gewalt, die Fremdenfeindlichkeit, die zahlreichen Vertrauensverluste, welche es bedingen, daß der Boden nicht mehr sicher zu sein scheint, auf dem wir stehen. Der Staat, die Polizei, eigentlich auch die Erziehung werden in viel höherem Maße gebraucht. Die Liberalität des Gemeinwesens ist dabei, von einer Bequemlichkeit zu einem kämpferisch zu behauptenden Gut zu werden. Die Zuwanderung von Fremden, gleichgültig, wieviel da an Hysterie mitspielt, droht von der Quantität zur Qualität umzuschlagen; zumal der Zusammenhalt moderner Minoritäten Assimilation nur mehr bedingt zuläßt; zumal auch, eben angesichts von vielerlei Mißtrauen und Feindseligkeit, ein solcher Zusammenhalt sich ihnen immer mehr aufdrängt. Außerdem mangelt es ja an dem Geld, womit man früher vielerlei Probleme hatte erledigen können.

Unvorhergesehene Ereignisse bestimmen zunehmend die Politik, die Richtung der mehr oder weniger autonom verlaufenden Prozesse wird immer fragwürdiger. Die Außenpolitik steht vor ganz neuen Pensen, Kriege sind auch in Europa nicht mehr auszuschließen, internationale Organisationen erweisen sich, wenn sie auf harten Willen stoßen, als wehrlos. Die aus ursprünglichen Souveränitätsbeschränkungen erwachsene politisch-militärische Zurückhaltung des wirtschaftlichen Riesen BRD erweist sich als ein Privileg, das andere uns immer weniger zuzubilligen bereit sind.

Auf diese neue Lage ist das Land nicht vorbereitet. Es fällt ja gerade erst aus den Wolken. Wir haben im Gegenteil um so größere Anpassungsschwierigkeiten, als die Orientierungen, die wir jetzt gewinnen müßten, grob gesagt, einerseits nicht mehr solche innerhalb des Fortschrittsprozesses der letzten zweihundert Jahre sein können (da der inzwischen an sein Ende gelangt ist), andererseits nicht in einem einfachen Zurück bestehen dürfen. Zwar scheint manches wieder da zu sein, was die europäische Geschichte vor 1945 kennzeichnete – auf dem Balkan und in der Balkanpolitik der europäischen Staaten ist das mit Händen zu greifen. Doch ist es trotzdem eine neue Lage und nicht die alte, in der wir uns befinden. Um so beunruhigender ist es zu sehen, wie weit man sie in zum Teil gespenstischen Schattenkämpfen mit den alten Kategorien zu deuten sucht.

Meine These ist, daß wir uns in den auf den Zusammenbruch von 1945 folgenden, so vielfach begünstigten vierzig Jahren der alten BRD weit mehr als andere europäische Länder einer harten Wirklichkeit entwöhnt haben – und uns jetzt um so schwerer tun, uns auf den Ernst der neuen Lage einzustellen. Das gilt um so mehr, als die Integration zwischen Ost- und Westdeutschland sehr viel komplizierter ist, als ursprünglich gedacht. Der forcierte Abbau der Unterschiede – manchmal drängt sich dem Beobachter dafür das mit unseligen Erinnerungen behaftete Wort »Gleichschaltung« auf – steigert die Gegensätze. Die stupide Annahme vieler Westdeutscher, die Ostdeutschen hätten möglichst rasch und restlos so zu werden wie sie, bringt vielfach ein Ausmaß an Verständnislosigkeit und Wirklichkeitsvergessenheit zum

Vorschein, das man kaum für möglich zu halten wagt. Die sich trotzdem allmählich bildenden Gemeinsamkeiten sind noch weit davon entfernt, jene Grundübereinstimmung in Auffassungen und Zielsetzungen, jene gegenseitige Kenntnis und Toleranz, jene Identifizierungen mit dem Gemeinwesen und seinen Aufgaben keimen zu lassen, die eine Nation braucht, um unter den vielfältigen Unterschieden und Gegensätzen in ihrem Innern eine gewisse Einheit zu bewahren.

*

Deutsche Nationalität ist nie einfach gewesen. Es hat sich ausgewirkt, daß wir im 18. und im größeren Teil des 19. Jahrhunderts keinen gemeinsamen Staat hatten, sondern mehrere Staaten, die eine unterschiedliche, zum Teil gegensätzliche Geschichte durchliefen. Es war sehr folgenreich, daß wir auf diese Weise – ob notwendig oder nicht, sei dahingestellt – dazu gekommen sind, unsere eigene Nation stärker über völkische Zusammenhänge zu definieren, als andere das taten; daß der Gesichtspunkt des Blutes uns wichtiger schien als der des Willens; was schließlich wohl eine besondere Disposition zur rassischen Auffassung der Nation entstehen ließ. Es hat uns, und andere, viel gekostet, daß wir unsern Nationalismus speziell antifranzösisch aufgezogen und damit auch universalistische Werte negiert haben, die im französischen Nationalismus seit 1789 zentral verankert waren. Der Nationalismus der Deutschen hatte seinen Schwerpunkt daher weiter rechts, obwohl die Linken keineswegs »vaterlandslose Gesellen« waren, wie ihnen gern vorgeworfen wurde. All dies und anderes hat sicher auf viele Weise zu den unerhörten Auswüchsen des deutschen Nationalismus in der Nazizeit wesentlich beigetragen.

Dazu traten dann die Probleme, die uns seit 1945 bedrängten: Durch den Verlust an Sinn und Namen, den der

Zweite Weltkrieg und auch schon die Zeit davor verursacht haben, die Erinnerung daran, daß Deutschland und die Deutschen Untaten in einem welthistorisch einzigartigen Ausmaß begangen hatten. Aus diesen Schwierigkeiten hat man sich nach 1945 vielfach, naheliegenderweise, mit Verdrängungen herauszuretten versucht. Man ist sehr bald zur Tagesordnung übergegangen; es gab ja Nöte und Aufgaben, Probleme des Wiederaufbaus genug. Danach hat man versucht, die eigene nationale Identität an der Garderobe Europas abzugeben, was nicht weit geführt hat, da die andern nicht bereit waren, Entsprechendes zu tun. Die Deutschen wären also gleichsam die einzig Nackten in einer Gesellschaft von Angezogenen gewesen, was allemal peinlich, in gewissem Sinne aber auch unverständlich gewesen wäre.

Von verschiedenen Seiten wurde das »Ende des Nationalstaats« proklamiert; historische Begründungen der Nation wurden als »vorpolitisch« klassifiziert – wie wenn der aristotelische Politikbegriff ohne Abstammungsgemeinschaften ausgekommen wäre! – oder als »ethnisch«, weil das Bewußtsein des Unterschieds zwischen Ethnischem und Nationalem offenbar geschwunden war. Auch der Begriff des Verfassungspatriotismus, wie er bei Habermas gebraucht wird, gehört in diesen Zusammenhang.

Eine besonders interessante Phase der Auseinandersetzung mit der eigenen Nation stellte gegen Ende der alten Bundesrepublik, 1986 bis 1988, der Historikerstreit dar, ein höchst eigentümliches Ereignis. Es ging um die Vernichtung der europäischen Juden. Keiner der beteiligten Historiker bestritt, was geschehen war, alle waren sich in der entschiedenen Verurteilung der namenlosen deutschen Untaten einig. Strittig war deren Einordnung in historische Zusammenhänge, ein, wie es auf den ersten Blick scheinen mag, eher abstraktes Problem, dessen Brisanz daraus erwuchs, daß es die Identität der westdeutschen Gesellschaft an ihrem neuralgischsten Punkt berührte. War Auschwitz einzigartig? Standen die Deutschen, indem sie es verursacht hatten, ohne Parallele da? War dieses unermeßliche Verbrechen vielleicht gar eine letztlich verständliche Reaktion im Rahmen eines »Europäischen Bürgerkriegs«? Sollte man es nicht endlich in die Geschichte verweisen, statt daß es uns weiterhin gegenwärtig wäre? Oder durfte das nicht sein?

Historische Ergebnisse hat die Debatte nicht gebracht. Intellektuell war sie nicht unbedingt aufregend. Insgesamt war sie vielleicht gar weniger eine Debatte als ein Symptom. Und trotzdem hat dieser Streit ungeheure Erregung verursacht, im In- wie im Ausland. Was er zutage förderte, war, daß alles Herumdeuteln und Konstruieren nichts half, daß das Ereignis stärker war. Was immer man am Geschehen zwischen 1933 und 1945 aus zunehmendem Abstand »historisieren« kann (und soll), die »mythische Qualität« von Auschwitz wird dadurch nicht berührt. Die Frage stellt sich also, wie die Deutschen damit leben können, daß ihr Land es zu verantworten hat.

Eines ist klar, und das ergibt sich aus der außerordentlichen Resonanz dieses Streits: In den achtziger Jahren hat die Identitätsgeschichte der Deutschen offenbar ein neues Stadium erreicht. Vierzig Jahre nach Auschwitz waren neue Bedürfnisse nach Normalisierung unverkennbar; Versuche, neuen Anschluß an die deutsche Geschichte vor 1933 zu finden, legten sich nahe. Der 8. Mai 1985, besonders die Kranzniederlegung bei Bitburg und all die entsetzlichen Peinlichkeiten, die sich mit diesem Namen verbanden, hatten die Frage der deutschen Vergangenheit und damit die der deutschen Identität neuerdings aufs Tapet gebracht – in einer Zeit zudem, in der sonst nicht viel los war.

Doch dann verhakte sich der Versuch einer Neubestimmung an den alten Problemen, es rächte sich, daß die eine Seite des Historikerstreits die Qualität von Auschwitz nicht ernst genug genommen hatte. Es wirkte sich aber auch aus, daß der an der Debatte entscheidend beteiligte Philosoph

Jürgen Habermas nicht bereit war, die ganze Schwierigkeit des Problems anzuerkennen. Denn eine historische Verantwortung, die nach seinen Worten den Deutschen die Schamröte ins Gesicht hätte treiben müssen, erwächst ja nicht, wie er meint, daraus, daß die »Lebensform«, in der Auschwitz möglich war, noch die unsere ist (was, nebenbei gesagt, gar nicht stimmt), sondern daraus, daß die heutigen Deutschen die Nachfahren der früheren, derjenigen der dreißiger und vierziger Jahre sind. Entweder sind wir eine Nation, sind wir »die Deutschen«, dann haben wir eine historische Verantwortung zu tragen, oder wir sind irgendwelche Leute, die zwischen Rhein und Oder aufgewachsen (oder eingewandert) sind, dann ist sie uns schwerlich zuzumuten. Diesen Zusammenhang der Nation aber wollte Habermas nicht wahrhaben. So konnte er die ganze Problematik des Verhältnisses der Deutschen zu ihrer Vergangenheit ebenfalls nicht ins Auge fassen.

Inzwischen scheint alles neu zur Debatte zu stehen. Zum einen kann sich das vereinte Deutschland nicht mehr so einfach aus seiner Gegenwart verstehen wie einst seine Teilstaaten. Es ist überall mit seiner Vergangenheit konfrontiert. Auch die Zahlungen von West nach Ost sind letztlich durch den gemeinsamen Krieg legitimiert, den vor allem die Ostdeutschen verloren haben. Endlich erweist sich, daß nicht die Einheit, sondern die Teilung des Landes die Ausnahme war. Zum andern hatte manch einer, zuletzt Günter Grass, die Teilung und Auschwitz so sehr verkoppelt, daß mit der einen jetzt das andere zurückzutreten scheint. Und die stalinistischen Untaten, deren ungefähres Ausmaß man freilich längst hätte kennen können, erscheinen nach 1989 als so groß, daß man, nun im Verein gar mit manchen Russen, neuerdings versucht sein kann, die deutschen dahinter zu verstecken.

Daher wäre es an der Zeit, die Debatte über die Nation und ihre Geschichte neu zu führen. Statt dessen aber entsteht ein gefährliches Vakuum der Rat-, der Gedankenlosigkeit, der

Nostalgie. Alte Formeln werden gebetsmühlenhaft wiederholt, alte Schreckbilder aus irgendwelchen intellektuellen Gruselkabinetten lassen die Gedanken erstarren. So wird alles Mögliche losgetreten, Hoffnungen keimen auf der rechten Seite des Meinungsspektrums, man könne jetzt mit Tabus der alten BRD – und, auf der anderen Seite, der DDR – aufräumen; und das setzt sich bis auf die Straße hin fort.

*

Ich vermute, die Zeit der Nationen sei noch keineswegs vorüber. Man braucht den Nationsbegriff allerdings nicht so neurotisch zu verstehen, wie es in Deutschland heute weithin geschieht. Wohl kann kräftiges Nationalgefühl ohne Demokratie entstehen. Das Deutschland des 19. und der ersten Hälfte des 20. Jahrhunderts bietet leider das prominenteste Beispiel dafür. Aber nie hat es in der Neuzeit anders denn auf der Basis der Nation Demokratien gegeben (und die griechischen Polis-Demokratien waren ihrerseits dadurch bestimmt und ermöglicht, daß ihre Bürgerschaften auf geradezu familienartigen Zugehörigkeiten beruhten). Nationalität war, aufs Ganze gesehen, die Gemeinsamkeit, dank deren die Bürger die monarchisch organisierten Staaten in Besitz nehmen und mit neuem Leben erfüllen konnten. Und die Klammer dieser Nationalitäten wird vermutlich auch weiterhin gebraucht – in den Demokratien. In monarchisch organisierten Großreichen wie etwa dem Habsburger Reich verhielt sich das anders, in der kommunistischen Sowjetunion auch.

Demokratien ruhen letztlich darin, daß unter ihren Bürgern eine »horizontale Solidarität« sich bildet; gegen die zahlreichen vertikalen Solidaritäten, die Abhängigkeits-, die Patronageverhältnisse, in die die Bürger zugunsten von Machthabern und Herrschenden immer wieder eingefangen werden. So wenig in modernen Staaten auf solche Verhältnisse verzichtet werden kann, so sehr ist es doch zugleich notwendig, daß vielerlei Gemeinsamkeiten der Bürger artikuliert werden, als gemeinsame Interessen, die unter anderm eben darauf zielen, daß nicht allzu viele Abhängigkeiten existieren; nicht nur solche mafiosen Charakters, sondern auch die harmloseren und trotzdem häufig störenden innerhalb der Parteien. Die Begründung solcher Solidarität liegt in einer gewissen Zusammengehörigkeit, und die wird nach allem, was wir bisher wissen, durch nationale Gemeinsamkeit geboten. Auch die Beispiele für Verfassungspatriotismus, die die Geschichte bisher kennt, zeigen, daß Nationen – oder Bürgerschaften – die Tatsache, daß sie eine freie Verfassung besitzen, als Teil ihrer Eigenart begreifen. Ob es auch umgekehrt geht, daß Leute, die unter einer Verfassung leben, eben daraus und wesentlich daraus ihren Patriotismus entwickeln, ist unbekannt. Zum nationalen Zusammenhang gehört zugleich die Verantwortung, auf die gerade auch Demokratien angewiesen sind. Man muß sich seines Landes schämen können, wenn man genügend motiviert sein soll, sich notfalls kräftig in seiner Demokratie zu engagieren.

Wenn das richtig ist, so stellt sich nicht die Frage, ob wir eine Nation sein wollen oder nicht, sondern die, wie wir die Nation, die wir sind, bestimmen wollen. Völker sind ja nicht wehrlos in Sachen Selbstbestimmung. Sie sind es insbesondere dann nicht, wenn der aggressive Nationalismus des 19. und der ersten Hälfte des 20. Jahrhunderts überwiegend einem kooperativen Platz gemacht hat; unter anderem, weil es gar nicht mehr anders geht; mittlerweile aber auch, weil die Erfahrung lehrt, wie viele Vorteile das bringt. So wird Kooperation voraussichtlich auch weiterhin speziell in Europa geübt werden, auch dann, wenn sie, wie zu erwarten, sehr viel größeren Spannungen ausgesetzt ist als bisher. Wenn Europa de facto weiterhin ein Europa der Vaterländer sein wird, so werden dabei nicht nur Vaterländer, sondern wird eben Europa im Spiel sein.

Man darf den Nationsbegriff nicht den Falschen überlassen. Nationen sind keineswegs unbedingt dazu da, sich zu zerfleischen, auch nicht dazu, sich gegeneinander abzuschirmen, schon gar nicht dazu, sich den andern überlegen zu fühlen. An die Stelle potentiellen Kampfes kann durchaus der Wettstreit treten – so daß man sich veranlaßt sieht, bestimmte Probleme auf seine Weise zu lösen, möglicherweise besser als die andern, ohne aber daraus irgendeine Überheblichkeit abzuleiten.

Übrigens gehört zur Offenheit einer modernen Nation, daß sie nicht zu engherzig mit ihrem Bürgerrecht umgeht. Womit nicht gesagt sein will, daß europäische Nationen die ganze Problematik verkennen dürften, die speziell bei ihnen angesichts nicht assimilierungsfähiger Minderheiten entstehen kann und die man nicht wohlmeinend unterschätzen sollte. Die Gegensätze zwischen dem französischen *ius soli* und dem deutschen *ius sanguinis* werden sich vermutlich durch Konvergenz bald erledigen.

Die enge Verbindung zwischen Nation und Demokratie, die überall besteht (wenn auch in der alten Welt anders modifiziert als in der neuen), hat ihre Bedeutung vor allem auch insofern, als der Demokratie heute neue Integrationsleistungen abverlangt werden. Das gilt allgemein, weil die Aufgaben erheblich wachsen, im Innern wie im Äußeren, militärisch wie in Sozial-, Umwelt- und Ausländerpolitik, um nur mit dürren Stichworten zu benennen, was vielfach von großer Brisanz ist. Je größer die Aufgaben, um so schwieriger die Entscheidungen, um so nötiger die demokratischen Meinungs- und Willensbildungsprozesse, auf die die Regierenden angewiesen sind und die in aller Regel bisher innerhalb der Nationen verlaufen.

Man wird Pflichten wieder größer schreiben müssen; es wird mehr auf Erziehung ankommen; was nicht nur eine Frage des Lehrstoffs, sondern insbesondere auch der Einmütigkeit ist, die sich zwischen Eltern und Lehrern erstreckt, weil die Lehrer sonst machtlos sind. Und dazu wird jedenfalls das Gemeinsame derart herausgearbeitet werden müssen, daß die Unterschiede und Gegensätze darüber nicht verlorengehen; so daß es nicht zu Ausgrenzungen kommt. Es sei denn an Punkten, wo wirklich Extreme berührt werden. Vieles, was sich bisher von selbst verstand, wird kräftig zu verteidigen sein, unter anderm die Liberalität, die Toleranz.

Demokratien neigen – wie andere Verfassungsformen – dazu, bequem zu werden und manches laufen zu lassen. Entsprechend brauchen sie gelegentlich einen Neuanfang; und zwar aus der Steigerung der Mißstände heraus. Vielleicht wird der Entschluß zum Umzug nach Berlin das Signal für einen solchen demokratischen Neuanfang sein. Nur haben wir Deutschen es eben in diesem Punkt besonders schwer, weil die Demokratie, die wir in Westdeutschland aufgebaut haben, vieles an der überkommenen Staatsgesinnung ab-, aber wenig neue, demokratische Staatsgesinnung aufgebaut hat. Diese muß nun aus der Mitte der Gesellschaft heraus neu hervorgebracht werden.

Schließlich sind, wie bekannt, noch viele Integrationsleistungen zwischen Ost und West zu erbringen. Die Version, daß dazu noch zwanzig, vierzig oder gar fünfzig Jahre nötig sind, halte ich für reinen Zweckpessimismus. Es ist eine Ausrede, weil man die nötigen Anstrengungen scheut. Man wird sehr viel schneller als gedacht zusammenkommen. Die Ostdeutschen haben den Westdeutschen auch zunehmend etwas voraus, vier Jahre Training in einer Umstellung nämlich, die jetzt auch den Westdeutschen weithin abverlangt wird. Vielleicht gelingt es ja auch, die Integration zwischen Ost und West durch eine gemeinsame Besinnung darauf, wer wir im vereinten Lande sind und vor allem: sein wollen, zu befördern.

Das setzt voraus, daß wir es neu mit unserer Vergangenheit aufnehmen, nicht vor ihr fliehen, uns vielmehr selbstbewußt darauf besinnen, daß wir jetzt fünfzig Jahre einer funktionierenden Demokratie hinter uns haben – und einen gelungenen demokratischen Umsturz in der DDR. Zwischen uns und der NS-Geschichte Deutschlands liegt inzwischen eine andere, die uns mit Selbstbewußtsein erfüllen kann. Vielleicht ist es gar möglich, daß die ewigen Gefechte zwischen rechts und links in Hinsicht auf die NS-Vergangenheit beigelegt werden. Die Linken sollten zugeben, daß es eine angemessene Weise, mit der Erinnerung an Auschwitz umzugehen, überhaupt nicht gibt: Dazu ist sie viel zu schwer. Das bedeutet, daß die Arbeit an dieser Vergangenheit, die in den letzten Jahrzehnten geleistet worden ist, relativ gesehen durchaus beachtlich ist. Und die Rechten sollten den Linken nicht immer wieder vorhalten, sie wühlten mutwillig in offenen Wunden herum. Die unermeßliche Bedeutung dieser Erinnerung ist keine linke Erfindung, sondern ein Stück Realität. Und auf diese Realität, so schmerzlich sie ist, müssen wir uns einlassen.

Die Nostalgien, die sich auf die geteilte Vergangenheit richten, sind offenbar unter anderm Mittel, um an der gemeinsamen vorbeizukommen. Es ist nur scheinbar paradox, wenn man feststellt, daß sie nicht zuletzt dadurch dazu beitragen, die Gegenwart zu verfehlen. Höchste Zeit also, sich ihrer zu entledigen – und endlich damit anzufangen, uns selbst und unsere Aufgaben gründlich, ernsthaft, leidenschaftlich neu zu bestimmen.

Das Problem der Arbeit in seinen Zusammenhängen

Der Mangel an Arbeit, der heute mit guten Gründen so sehr beklagt wird, hätte in der Antike keinen gestört – vorausgesetzt, ein gewisses Einkommen für das Nötigste (und möglichst noch etwas darüber hinaus) wäre gesichert gewesen; was heute in unsern Weltgegenden, Schwarzarbeit inklusive, in der Regel der Fall ist.[1]

Die großen griechischen Philosophen, Platon und Aristoteles, aber auch Xenophon haben ganze Gruppen von Arbeiten, insbesondere die des Handwerkers, geradezu verachtet. Man schätzte die Produkte (wenn sie gut waren), man schätzte auch das aus weitgetriebener Spezialisierung (wie sie in großen Städten möglich war) resultierende Können, aber man fand, daß das, was etwa die Handwerker lebten, kein Leben sei, das eines freien Mannes würdig ist. Sie seien oft in geschlossenem Raum oder im Schatten tätig, sähen bleich aus wie die Frauen, arbeiteten im Sitzen (was offenbar den Körper und die Seele schwächen sollte), und sie hätten keine Zeit, sich um die Freunde und um die Stadt zu kümmern. Arbeit scheint also geradezu schädlich zu sein, mit Ausnahme derjenigen der Bauern. Aristoteles ist nicht nur gegen eine Ausbildung zum Handwerker (was griechisch damals vor allem Banause hieß), weil sie den Körper in eine schlechtere Verfassung bringe, auch nicht nur gegen jede Art von Lohnarbeit, »weil sie das Denken der Muße beraubt und ihm eine niedrige Richtung gibt«, sondern er findet sogar, selbst mit den »eines freien Mannes an sich nicht unwürdigen Wissensgegenständen« sollte man sich »nur bis zu einem gewissen Grade abgeben« – eine allzu gründliche Beschäftigung mit solchen Gegenständen führe nämlich zu den gleichen Übeln wie die Lohnarbeit: schlechte körperliche Verfassung, keine Muße, das Denken wird in eine niedrige Richtung gelenkt. Muße aber, Freiheit von allem Notwendigen, ist das Ziel nicht nur der Arbeit, sondern auch der rechten Einrichtung der Stadt.

Diese Zeugnisse sind allerdings für die Griechen nicht typisch. Sie stehen vielmehr im Zusammenhang der Formulierung philosophischer Lebensideale, sind überdies mit oligarchischer Ideologie getränkt. In Wirklichkeit haben auch damals die meisten Bürger – von Frauen, Nicht-Bürgern und Sklaven zu schweigen – ihren Lebensunterhalt durch Arbeit verdient. Es ist kaum anzunehmen, daß sie die Arbeit verachtet hätten. Nur haben sie ihr, für sich genommen, keinen besonderen Wert zugemessen. Man arbeitet, um Muße zu haben, sagt Aristoteles. Arbeit war Mittel zum Zweck, und sie war mühselig. Wenn manche Reiche nicht genug bekommen konnten, war nach antiker Auffassung Habsucht, nicht Arbeitswut am Werk. Die in einer Komödie des Aristophanes geäußerte Meinung, Menschen arbeiteten nur, wenn die Notdurft sie dazu zwänge, kann kaum stark übertrieben gewesen sein. Freilich blieb den meisten die Probe aufs Exempel erspart.

Die griechische Einstellung zur Arbeit hatte zum Komplement, daß man andere Lebensinhalte sehr hoch schätzte. Um ein besonders krasses Beispiel zu geben: In der attischen Demokratie des 5. Jahrhunderts wollten die männlichen attischen Bürger (nur von denen kann hier die Rede sein) vor allem Bürger sein, das heißt am öffentlichen, am politischen Leben teilhaben; als Geschworene, als Mitglieder der Volksversammlung, indem sie Ratsmänner waren, eines der vielen Ämter bekleideten, indem sie sich aber auch auf dem Marktplatz aufhielten, um zu sehen, was da vor sich ging, und darüber zu reden; oder überhaupt um Geselligkeit zu pflegen; auch indem sie in den Krieg zogen oder das attische Seereich sicherten; und nicht zuletzt indem sie Feste feierten, was, wie der ganze Kult, damals für die Stadt von großer Bedeutung war und viele Bürger beschäftigte, etwa als Sänger und Tänzer bei der Aufführung von Tragödien und Chorliedern. Aber es gab natürlich auch mannigfach erfüllende Beschäftigungen durch Sport, Symposien etc. Das hieß Bürger sein, das hieß Freiheit, ein des Freien würdiges Leben; darin zeigte sich Eigenständigkeit (bis in die unterste Schicht hinein, der man die Teilhabe an Politik durch Diäten erleichterte). Sokrates nannte Muße die Schwester der Freiheit.

Voraussetzung war bei alledem, daß die materiellen Ansprüche begrenzt waren, daß es keine religiösen Arbeitsmotivationen gab, keine Obrigkeit, die auf Arbeit gedrängt hätte, und daß es sich um wesentlich agrarisch bestimmte Gesellschaften handelte, in denen für die machtvolle Entfaltung einer Bourgeoisie kein Platz war. Man wollte in kleinen Gemeinwesen leben, möglichst unabhängig, also in einer gegenseitigen Balance, die sich in der Öffentlichkeit herstellen mußte, im konkreten Miteinander der Gespräche, der Bekanntschaften, des Sich-Messens, der Auseinandersetzungen und Kämpfe. So waren jene Poleis nicht mehr als die Summe ihrer Teile. Das Ganze hob sich aus deren Gesamtheit zu wenig heraus, um Instanz sein zu können (mit Ausnahme Athens im 5. Jahrhundert, wo ganz besondere Bedingungen herrschten). So wurden Tugenden der Pflicht und der Verantwortung kaum betont, dafür um so mehr die der Gerechtigkeit, Besonnenheit und Weisheit, eben die, die man im Umgang mit anderen brauchte.

Damit herrschte eine besondere Gegenwärtigkeit dieser Bürgerschaften in der Zeit und im Raum. Größere Investitionen an Zeit und Arbeit, ja schon längere Abwesenheiten von der Öffentlichkeit mußten da schwierig werden. Zwar gab es immer wieder Männer, die den Willen dazu aufbrachten, aber typisch kann es kaum gewesen sein. Wenn sie Erfolg hatten, waren sie stolz auf ihren Reichtum. Wenn sie es auch auf ihre Arbeitsleistung waren, so wurden sie dafür kaum sonderlich geschätzt. Und im Zweifelsfall mußten sie es später durch Spenden und Stiftungen kompensieren. Wo sich im Mittelalter Handwerkerstolz und -leistung ziemlich unvermittelt in gesellschaftliche Stellung übersetzen ließen, standen hier Bürger- und Handwerkersein auf verschiedenen Blättern.

Die gesellschaftlichen und wirtschaftlichen Verhältnisse waren statisch, und so war es im allgemeinen Verständnis die Natur, an der man Maß zu nehmen suchte. Das Dauerhafte, das Gesetzmäßige, das man in ihr suchte und fand, wurde zum Guten, zum Schönen, zum Kriterium rechter Ordnung. Und die, wie noch Turgot Ende des 18. Jahrhunderts fand, einzig naturbedingten Klassenunterschiede zwischen Landbesitzern und Landlosen blieben maßgebend. Sie ließen für Aufsteiger zwar Spielräume, waren aber letzten Endes durch Arbeit kaum zu relativieren.

In der Öffentlichkeit der Polis war zunächst der Adel zu Hause. Aber es gehörte zu den Eigentümlichkeiten der Griechen, daß mittlere und – in Athen – sogar untere Bürgerschichten in sie einzudringen, sich politisch darin zu behaupten, ja die Herrschaft zu gewinnen wußten. Doch war ihr Aufstieg politisch und militärisch, nicht wirtschaftlich bedingt. So hielten sie ihr Dasein als Bürger und die häusliche Besorgung des Notwendigen nach Möglichkeit auseinander. Auf jenes waren sie gemeinsam stolz, die Arbeit dagegen war eher Privatsache, mochte sie auch dem einen oder anderen Quelle persönlichen Selbstbewußtseins sein. Die Adelsideale blieben mithin im Gesellschaftlichen verbindlich. Dazu gehörte das kräftige Streben nach Eigenständigkeit, Unabhängigkeit und Freiheit, das Leben und Handeln in der Öffentlichkeit, jene spezifische Mischung griechischer Besonderheiten mit allgemeinen Gewohnheiten einer *leisure class.*

Dieses Ideal war es, das die Philosophen zu dem der Muße als jenes Zustands des guten Lebens, der um seiner selbst willen angestrebt wurde, steigerten. Wenn die vita contemplativa von ihnen so hoch geschätzt wurde, so ruhte das letztlich auf den Eigenarten der griechischen Gesellschaft. Es ist kein Zufall, daß dies Ideal dort damals ausgearbeitet werden konnte.

Die Geringschätzung von Handwerksarbeit, die die Philosophen von den Oligarchen übernahmen, wurde vermutlich um so stärker, je mehr die »kleinen Leute« in Athen aufgrund der Herrschaft, die sie übten, einen Großteil der Wohlhabenden störten. Für Athen bezeugt Perikles, dort werde, ausnahmsweise, keiner deswegen gering geschätzt, weil er seine Armut eingestehe. Eher schon dafür, so heißt es verräterischerweise, daß er ihr nicht durch Arbeit zu entgehen suche. Das mochte sich auf die guten Verdienstmöglichkeiten in der Stadt beziehen. Vor allem aber war es eine Schutzbehauptung gegen den Vorwurf, daß die Gewinne aus der Politik die Athener faul gemacht hätten. Die Maßgebenden fanden eben, daß kleine Leute arbeiten sollten. Perikles konnte nur dem darin implizierten geringschätzigen Urteil die Aussicht auf Wohlstand entgegenhalten, und daß sie, wie er zugleich betonte, auch zur Politik befähigt seien.

Kurz, Arbeit wurde damals im wesentlichen unter den Aspekten der Mühsal und der Notwendigkeit gesehen. Sie war weithin Sache von Sklaven. Als Problem konnte sie erscheinen, sofern man darüber nachdachte, ob Sklaverei notwendig war; Aristoteles antwortete, da es keine Maschinen gäbe (wie sie in alten Mythen vorkamen), käme man ohne Sklaven nicht aus. In Überlegungen über die günstige Zusammensetzung von Bürgerschaften drängte es sich auf, daß eine Reihe von Handwerken gebraucht würde. Ob die, die sie ausübten, aber politische Rechte haben sollten, war schon sehr fraglich. Und politisch pflegte man sich um die Arbeit kaum Sorgen zu machen. In der Regel gab es genügend, eher zuviel, Arbeitskräfte, die sie verrichten konnten. Das genügte der Polis. So war Arbeit in praxi nur das Problem des Einzelnen, der seinen Unterhalt zu bestreiten hatte. Darauf bezogen sich auch die Ermahnungen zur Arbeit (obwohl es dabei zugleich darum ging, daß man andern nicht zur Last fallen sollte, was etwa der Feststellung des Apostels Paulus zugrunde lag: »So jemand nicht will arbeiten, der soll auch nicht essen«).

Ein Bewußtsein, daß man durch Arbeit das Gemeinwohl förderte, die öffentliche Wohlfahrt oder die Macht des Gemeinwesens, konnte unter diesen Umständen nicht entstehen. Allenfalls haben die Tyrannen bewußt die Arbeit gefördert, weil sie, im Unterschied zu den freien Gemeinden, Steuern von deren Früchten bezogen. Nichts sprach also dafür, Arbeit vom Gemeinwesen her aufzuwerten, sie als Basis hoher Einschätzungen neben – geschweige denn über – Grundbesitz, Abstammung, Reichtum und etwa kriegerische Bewährung zu stellen. Der beherrschende Wert dieser Bürgerschaften lag in der Freiheit, und die war gerade dadurch bestimmt, daß man möglichst auch von Arbeit frei war; Freiheit hieß, um seiner selbst willen zu leben. Einen Fortschritt im Sinne einer allgemeinen Verbesserung der Verhältnisse kannte man nicht. Im 4. Jahrhundert haben sich die Dinge ein Stück weit verändert. Später haben die Kyniker und zeitweilig die Stoiker die Arbeit sehr geschätzt, aber das gehörte wiederum in die Philosophie. Bei den Römern stellten sich die Dinge etwas anders dar, weil dort der Gedanke des Dienstes gegenüber anderen wie gegenüber dem Gemeinwesen größer geschrieben wurde; wie derjenige des Sichanstrengens, übrigens auch der der Verantwortung.

*

Wie es später, in der Neuzeit, zum völligen Wandel der Arbeitsauffassung kam, anknüpfend an christliche Lehren, an gewisse Traditionen im Mönchtum, in der mittelalterlichen Stadt, dank der »verweltlichten« Berufs- (nämlich Berufungs-)

auffassung Luthers, der Lehren Calvins und anderer, dank aber auch eines breit angelegten Prozesses der Sozialdisziplinierung, um nur einige Faktoren zu nennen, kann hier beiseite bleiben. Wichtig ist jedoch, daß ein sehr langer, viele Generationen übergreifender Prozeß nötig war, bis die für die jüngere Neuzeit schließlich kennzeichnende Arbeitsauffassung – das Arbeits-, das Leistungsethos, aber auch die streng geregelte methodische Lebensführung – die ganze Gesellschaft durchdringen konnte. Die Schwierigkeiten lassen sich sehr gut anhand jener langen Kette von Klagen illustrieren, die im 17. und 18. Jahrhundert nicht zuletzt von Beamten und Ministern darüber geführt wurden, wie schwer viele unselbständige, ungebundene Arbeiter zur Arbeit zu bewegen seien. Sie tun etwas, wenn sie Geld brauchen; wenn nicht, bleiben sie weg. Oft erscheint ihnen das Betteln bequemer als das Arbeiten. Ganz schlimm ist es, wenn sie ein gut Stück mehr verdienen, als sie unbedingt brauchen, dann schlagen sie sich den Bauch voll und werden so bald nicht mehr gesehen. So kommt Mandeville zu der Folgerung: »Der Arbeiter soll so viel bekommen, daß er vor dem Verhungern geschützt ist, aber nicht einen Pfennig, den er sparen könnte.« Entsprechendes lehrt dann die Theorie von der »Produktivität« niederer Löhne.

Man darf nicht von theologischen, philosophischen und ökonomischen Theorien oder von der Arbeitsauffassung frühneuzeitlicher Unternehmer und Beamter so leicht auf die breite Menge der Bevölkerung schließen, zumal nicht, solange weithin noch materiell relative Anspruchslosigkeit – und korrespondierend dazu eine unmittelbare Beziehung zwischen Arbeit und Bedarf sowie ein starkes Bedürfnis nach Lebensfreude – herrschte und solange patriarchalische Netze vorhanden waren, die den Unbemittelten letztlich auffangen konnten. Damit sich die Arbeitsauffassungen und -gewohnheiten in der Allgemeinheit änderten, mußte sich also ein umfassender Zusammenhang ändern, die ganze Gesellschaft nämlich, und das heißt zugleich: die Weise, in der die Einzelnen sie bildeten und in ihr ihren Platz, ihren Rang, ihre Selbstbestimmung und damit auch ihre Orientierung fanden.

Am Ende rückte Arbeit in den Mittelpunkt des Lebens. Bis auf wenige Müßiggänger arbeiteten alle. Der Fürst, der sich als erster Diener des Staates betrachtete (wofür es übrigens antike Vorbilder gab), die Politiker, die Wissenschaftler, die anstatt »antik« in Muße zu disputieren, »geistige Arbeit« zu leisten wußten (und in der Tat wurden Wissenschaft und Forschung höchst arbeitsintensiv), Kaufleute, Handwerker, Manufaktur-, Verlags-, Fabrikarbeiter ohnehin. Aber auch die Kinder, die zum Teil zu harter Arbeit herangezogen wurden, zum Teil mehr und mehr Schularbeit aufgeladen bekamen. »Il faut toujours travailler«, sagte Rodin zu Rilke. Die von Arbeit freie Zeit wurde wesentlich von der Arbeit her verstanden: Sie galt der Erholung, der Rekreation. In der Antike hatte man diese »Erholungszeit« ausdrücklich von der Muße, um die es eigentlich ging, unterschieden. Jetzt wurde Muße zur »leeren Zeit« (Kant), nachdem sie schon im Mittelalter vielfach verpönt worden war.

Für viele blieb Arbeit freilich noch lange vornehmlich Mühsal oder Fluch. Wachsende Bevölkerungsschichten, für die bald auch keine patriarchalischen Netze mehr gespannt waren, unterzogen sich ihrer Fron nur, weil sie sie bitter nötig hatten. Aber daneben werden immer mehr Stimmen laut, die von der Lust, ja dem Genuß sprechen, welchen sie bereitet (wobei kaum an das »Elend der Handarbeit« gedacht wurde).

Das durch Arbeit Hergestellte samt dem Arbeitsaufwand und der Zahl der Arbeitenden nahm derart zu, daß Nationalökonomen feststellen konnten, nicht die Natur, wie man früher geglaubt hatte, sondern die Arbeit sei die eigentliche Quelle der Wertschöpfung. Eigentum wurde als Produkt von Arbeit legitimiert. Arbeit sollte dazu dienen, die Natur (die den Griechen einst dazu gedient hatte, Maß an ihr zu nehmen) zu unterwerfen. Karl Marx formuliert, daß »die ganze sogenannte Menschengeschichte nichts anders als die Erzeugung des Menschen durch die menschliche Arbeit« sei; und nach Hannah Arendt hat er die Anschauungen seiner Zeit nur radikaler formuliert. Durch Arbeit, und zwar zunehmend durch unselbständige, verdienen die meisten, wie es bezeichnenderweise heißt, ihr Leben; wird mit der Zeit auch die Gliederung der Gesellschaft im wesentlichen bestimmt.

Wer arbeitet, wirkt aber zugleich auch im Sinne des gesellschaftlichen und politischen Ganzen. Zunächst wird entdeckt, daß die Verfolgung des privaten Eigennutzes nicht nur nicht schädlich sei, sondern dem Gemeinwesen zugute komme. Ein für die Antike ganz unerhörter Gedanke, aber der Staat braucht die Wirtschaft, also die treibende Kraft des Eigennutzes, und die Arbeit, weil er hohen, wachsenden Bedarf an Mitteln hat (und er holt sich unter Umständen zusätzliche Arbeitskräfte von außen). Später wird deutlich, wie sehr der private Nutzen mit dem öffentlichen verknüpft ist. »Meinen Zweck befördernd, befördere ich das Allgemeine, und dies befördert wiederum meinen Zweck«, heißt es bei Hegel. Bismarck kann das Recht der Arbeiter auf Versorgung damit begründen, daß für den »Soldaten der Arbeit« das gleiche gelten müsse wie für den, der im Krieg oder als Beamter erwerbsunfähig geworden sei.

In einem ganz neuen Sinn ermöglicht Arbeit wachsenden Wohlstand nicht nur Einzelner und vielleicht einzelner Städte (wie in Antike und Mittelalter), sondern ganzer Länder und auf die Dauer auch ganzer Schichten; die herkömmlichen gesellschaftlichen Unterscheidungen werden von der Arbeit her aufgeweicht. »Arbeit ist des Bürgers Zierde« – und die Bourgeoisie bestimmt zunehmend die allgemeinen Maßstäbe, vom Proletariat gefolgt. Nicht zuletzt soll Arbeit dazu dienen, Maschinen herzustellen, durch die die Arbeit künftig erleichtert und am Ende weitgehend erübrigt werden soll.

So wurde die Gesellschaft zur Arbeitsgesellschaft. In ihr muß alles seinen Nutzen beweisen, müssen auch die Einzelnen zu etwas nütze sein. Selbst die Fließbandarbeit soll dies Gefühl befördert haben. Man wurde durch die Arbeit mehr oder weniger fühlbar in kleineren und größeren Zusammenhängen aufgehoben, nicht zuletzt in dem eines historischen Prozesses, grob gesagt des »Fortschritts«. In den totalitären Regimen, zumal im kommunistischen, wurde das alles noch einmal erheblich gesteigert. Arbeit ist jetzt weit mehr als notwendig: Mittel zu besserer Zukunft im Großen und im Kleinen und als solches gepriesen und geschätzt.

Damit war unendlich viel von dem, was sich bis heute mehr oder weniger von selbst versteht, gegeben. Weitgehende Disziplinierung, ja Normierung des Lebens in einem früher unvorstellbaren Ausmaß. Genaue Zeitpläne, an die sich jeder zu halten hat. Ein außerordentlicher Aufwand an Zeit und Kraft (und Gesundheit) ein ganzes Leben hindurch, sehr viele Entbehrungen und Verzichte. Man wird gezwungen, »Fachmensch« zu sein, wird immer mehr von andern abhängig. Spezialisierung wird zum Ideal, weil sie in der arbeitsteiligen Gesellschaft unerläßlich ist. Und korrespondierend dazu entsteht jenes »stahlharte Gehäuse«, als das Max Weber die moderne Welt diagnostizierte.

Zum Teil als Kompensation dazu verbreitet sich das Arbeitsethos, indem man sich innerlich zu eigen macht, was man tut. Man wird stolz auf das, was man tun muß. Arbeit wird zum wichtigsten Feld menschlicher Bewährung und zur Daseinserfüllung. Man ist so stark von ihr in Anspruch genommen, daß die Fähigkeit zu den Tätigkeiten der Muße erheblich schrumpft. Parallel dazu wird die Güterwelt immer zwingender. Arbeitsgesellschaft bedeutet zugleich und zunehmend Konsumgesellschaft.

So ist durch Generationen hindurch die Bestimmung des eigenen Selbstwerts (sobald und soweit man über eine gewisse Stufe hinaus war) wesentlich durch Arbeit, durch Leistung erfolgt. Das wurde von der Familie, den Freunden, von einem selbst erwartet, ja verlangt. Der Beruf, der erlernte und der ausgeübte, wird zu einem wesentlichen Teil der Identität. Wie wichtig ist zum Beispiel heute für die Bürger der ehemaligen DDR, was sie mit ihrer Arbeit geschaffen haben; wie verletzt sind sie, mit Recht, wenn man alles vom Westen her für Schrott erklärt.

Die ganze Sozialisation wird darauf ausgerichtet. Erziehung zu Fleiß, Pünktlichkeit, Verläßlichkeit, Sauberkeit etc. ist plausibel, da sie Erfolg verheißt. Dem entspricht die Notwendigkeit zahlreicher Leistungsnachweise. Entsprechend werden kräftige Erwartungen an den Heranwachsenden wie an den Erwachsenen gerichtet. Sport mag sein, aber auch er ist auf Leistung gestellt und wird in der Schule zensiert. Spiel muß sein, aber stets in einem dialektischen Verhältnis zur Arbeit. Nietzsche betrachtete die Sache vom Standpunkt klassischer Menschenbildung aus: »Diesen jungen Männern fehlt es weder an Charakter, noch an Begabung, noch an Fleiß: aber man hat ihnen nie Zeit gelassen, sich selber eine Richtung zu geben, vielmehr sie von Kindesbeinen daran gewöhnt, eine Richtung zu empfangen. Damals, als sie reif genug waren, um ›in die Wüste geschickt‹ zu werden, tat man etwas anderes – man benutzte sie, man entwendete sie sich selber, man erzog sie zu dem *täglichen Abgenutztwerden*, man machte ihnen eine Pflichtenlehre daraus – und jetzt können sie es nicht mehr entbehren und wollen es nicht anders. Nur darf man diesen armen Zugtieren ihre ›Ferien‹ nicht versagen – wie man es nennt, dies Muße-Ideal eines überarbeiteten Jahrhunderts: wo man einmal nach Herzenslust faulenzen und blödsinnig und kindisch sein darf.« (*Morgenröthe*, Nr. 178)

Kurz, in diesen Arbeitsgesellschaften sind ungeheure Fähigkeiten freigesetzt und kultiviert worden; aber es sind andere Fähigkeiten dabei zumindest verkümmert, vielfach als »müßig« blockiert worden, viele menschliche Anlagen sind, so Schiller, »wie bei verkrüppelten Gewächsen kaum mit matter Spur angedeutet«. Man wird abhängig von Arbeit. Nicht zu vergessen die Umleitung vieler Antriebe zu Empörung und Gewalttätigkeit auf Arbeit für eine friedlich zu erreichende Besserstellung (etwa im Sinne der Sozialdemokratie), für eine bessere Gesellschaft.

Was das bedeutet, ist schwer zu ermessen. Jedenfalls war mit diesen Arbeitsgesellschaften eine bestimmte Einbettung ihrer Mitglieder in die Zeit verknüpft, bestimmte Fragen in Hinsicht auf die Zukunft, welche die Erwartungen – so oder so – prägten. Ein bestimmtes Verhältnis zwischen den Geschlechtern befestigte sich darin (für lange Zeit und nachwirkend). Wesentliche Solidaritäten waren durch die Arbeit gegeben, etwa in Gewerkschaften und sozialdemokratischen, auch kommunistischen Parteien. Ja, die Funktionsfähigkeit der Demokratie, jedenfalls die Erfüllung dieser Demokratien mit vielerlei Engagement, Selbstbewußtsein, Identifizierungen, mit der Möglichkeit zur Zusammenballung von politischer Kraft – auch das ist (oder genauer: war) wesentlich von den Gegebenheiten der Arbeitsgesellschaft her bestimmt.

In Deutschland scheint Arbeit eine ganz besondere Rolle gespielt zu haben, wohl schon lange, ganz besonders aber nach 1945 – weil den Deutschen andere Lebensinhalte offenbar stärker aberzogen worden sind als etwa Engländern, Franzosen, von Italienern zu schweigen; oder weil andere Lebensinhalte weniger resistent waren. »Sie trotteten dahin, sie gingen zum Heiligsten, wo der Deutsche hat, zur Arbeit«, heißt es bei Tucholsky. Nach 1945 haben wir uns derart in Arbeit und Wiederaufbau gestürzt, daß uns eine Zeitlang, erwünschtermaßen, Hören und Sehen verging; was zur Demokratisierung beigetragen haben wird; was sich dann veränderte; aber die Hilflosigkeit angesichts der Tatsache, daß die Arbeit so sehr nachläßt, könnte heute bei uns besonders groß sein und uns besonders wehrlos machen; und die Leere, die dadurch entsteht, trägt gewiß zur Verzweiflung vieler ehemaliger DDR-Bürger bei, weil ihnen zugleich ein Lebensziel abhanden gekommen ist (während vielen Westdeutschen die Arbeit längst eher zur Privatsache geworden ist).

So vollzieht sich, das ist meine erste These, mit der Veränderung des Vorkommens, der Art und der Verteilung der Arbeit ein außerordentlich tiefgreifender Wandel der Gesellschaft, der *ganzen* Gesellschaft. Man braucht nur die gängigen Stichworte Informationsgesellschaft, Individualisierung und Globalisierung anzufügen, die eng mit den Veränderungen der Arbeit zusammenhängen, um das vollends deutlich zu machen.

Daß viele Leute faul sind, daß manch einer sich vor der Arbeit drückt, ist kein Gegenargument. Denn generalisierende Aussagen werden immer unter der Annahme einer gewissen Gravitation gemacht. Man generalisiert in einer Richtung, und alles andere erscheint als Ausnahme, ist dann auch Ausnahme, weil die Regel im allgemeinen gilt und alle Verstöße sich dagegen zu verstecken haben (bis die Sache kippt). Übrigens ist es auch keineswegs gesagt, daß die Faulen glücklich wären, wenn sie keine Arbeit (keinen Arbeitsplatz) mehr hätten. Wie ja auch Freizeit etwas anderes ist, wenn sie sich mit Arbeit abwechselt. Um gleich noch etwas anderes anzufügen: Die heutzutage verheißungsvoll verbreiteten Lehren, man könne eigentlich glücklich sein, wenn man mal Arbeit hat, dann für ein bis zwei Jahre eine Periode der Freizeit genießt, schließlich eine andere Arbeit aufnimmt etc., halte ich für eine Höhere-Töchter-Ideologie. Wo Arbeit knapp ist, und darum geht es heute doch, funktioniert das nur in den »besseren« Kreisen; für die übrigen ist es der reine Hohn.

*

Der starke Rückgang der zur Verfügung stehenden Arbeit aber, das ist meine zweite These, markiert in seinen weiteren Zusammenhängen eine Umwälzung, die sich von den in den letzten zweihundert Jahren typischen stark unterscheidet. Die großen Revolutionen und länger gestreckten Veränderungsprozesse dieser Zeit waren dadurch bestimmt, daß neue Kräfte bereitstanden und sich durchzusetzen versuchten, die, auf neue Gesellschaftslehren sich stützend, eine neue Ordnung für Staat, Gesellschaft und Wirtschaft wollten und in irgendeiner Weise auch Erfolg hatten. Kurz gesagt: Es verwirklichten sich Alternativen zum Überkommenen auf Druck von unten; vom liberalen Bürgertum (das sich auf Locke, Adam Smith und eine ganze Tradition der Aufklärung stützen konnte) wie dann vom Proletariat her, welches sich etwa mit den Lehren von Marx und Engels bewaffnete (und auf das hin diese Lehren konzipiert worden waren).

Wenn solch eine Alternative gegeben ist, ist die Diskussion inhaltlich vergleichsweise einfach: Da steht, in Hinsicht auf die Ordnung, ein Neues gegen ein Altes, Links gegen Rechts, eines kann am andern klarer werden, man kann sich streiten, es gibt – jedenfalls im Grunde, von Zeit zu Zeit aber auch auf der Tagesordnung – relativ klare Fronten. Und die Schwierigkeit der Diskussion besteht in der potentiellen Schärfe der Gegensätze, der Leidenschaft, der Heftigkeit der Auseinandersetzung – die sich bis zur Revolution steigern kann. Was die Arbeit angeht, konnte man sie vom Staat fordern, von dem zumindest vieles zu regulieren war; bei den Arbeitsbedingungen bildeten Staat und Unternehmer ein klares Gegenüber, an – und gegen – das man sich mit Aussicht auf Erfolg richten konnte. Man konnte zumeist wissen, woran man war. Man hatte immer wieder Spielräume zum Handeln, zur bewußten Veränderung. Wichtige Teile der gesellschaftlichen und wirtschaftlichen Ordnung konnten also zum Gegenstand von Politik gemacht werden. Man konnte sich in dem Gefühl wiegen, daß die Gesellschaft einigermaßen darüber zu bestimmen vermochte, was geschehen sollte. Und letztlich war jeder daran beteiligt, direkt oder indirekt.

Heute dagegen ist dergleichen nicht zu sehen. Wohl gibt es Gegensätze, aber sie sind weit eher taktisch bedingt. Wohl gibt es neue Kräfte, neue Industrien, Wirtschaftsformen, global players – aber keinen etablierten, umfassenden Gesellschaftsentwurf, auf den sie sich beziehen könnten, keine neue Ordnungsvorstellung, zu der sie, und sei es in Verlängerung ihrer wirtschaftlichen Interessen, kämen. Und keine Gruppen, von denen oder in deren Namen eine politische Debatte ausgehen könnte. Vor allem sind die Begünstigten der Umwälzung heute nicht breitere Mehrheiten, sondern Minderheiten, nicht untere, sondern obere Schichten, so wenig klar sie sich herausschälen. Daraus resultiert eine (von rhetorischen Aufputschungen abgesehen) eher ruhige Debatte; Fragen sind weit stärker vertreten als Antworten; insgesamt gibt es sehr viel Ratlosigkeit, es scheint eher um Feinheiten zu gehen als um Grundsätzliches, und auf weiten Strecken herrscht Resignation. Von wem soll man etwas fordern? Wer kann Wesentliches ins Werk setzen?

Bei näherem Zusehen ist alles natürlich viel komplizierter. Und man muß sich hüten, aus kurzfristigen Befunden einfach auf längere Tendenzen zu schließen (obwohl das Ende der Arbeitsgesellschaft gewiß kein Fehlschluß ist).

Zur Veranschaulichung dieser Problematik sei aus einem Memorandum zitiert: Dort wird nach »Mitteln« gesucht, »wodurch es überhaupt zu verhindern ist, daß die Fabrikation, von welcher die Kultur und der Wohlstand der blühendsten Länder ausgeht, nicht eine zahlreiche Menschenklasse erzeuge, die in den besten Jahren dürftig und … bei jeder Stockung des Absatzes dem tiefsten Elend preisgegeben ist«. Der Vermehrung der Arbeiter korrespondiere eine dauernde Verbesserung der Maschinen, die die Arbeiter wieder überflüssig machten. Daraus erwachse »gehäufte Konkurrenz«, so daß der Preis der Arbeit sinke und Arbeiter wie Arbeitslose in das gleiche Elend gerieten. Hinzu komme die Abhängigkeit der Fabrikation von den Schwankungen des Absatzes etc.

Dieses so aktuell anmutende Memorandum ist 1817 abgefaßt worden, Hardenberg hat es an die Oberpräsidenten fabrikreicher Provinzen Preußens gesandt. Er schrieb übrigens auch, die Bevölkerung werde falsch erzogen. Die »Erziehung zur Fabrikarbeit« gehe »auf Kosten der Erziehung zum Menschen und Staatsbürger«. »In der Verfassung des Staats liegen unverkennbare Mittel, der Jugend eine Freiheit zu sichern, die gegen frühe Verwöhnung schützen könne« (was offenbar die simple Gewöhnung an wenige Handgriffe bedeutete). In dieser Situation hielt sich die preußische Beamtenschaft im ganzen an die Lehren des Liberalismus. Auch wenn sie sich dann immer wieder genötigt sah, durch Notstandsarbeiten Abhilfe zu schaffen, Chausseebauten etwa ins Werk zu setzen, aber auch Getreidespenden und Steuernachlässe zu gewähren und den Brotpreis zu steuern. Mit der Zeit kam ihr der Eisenbahnbau zur Hilfe. Daß und wie (etwa für immer mehr Arbeiter) die kapitalistische Industrie schließlich die Lösung brachte, war noch für längere Zeit nicht absehbar. Immerhin konnte man damals das eigene Handeln auf eine aufstrebende breite Schicht, auf auswärtige Erfahrungen und etablierte Lehren beziehen; das Interesse des Bürgertums schien sich weithin mit dem neuverstandenen Staatsinteresse zu decken.

Kann vielleicht auch heute durch Liberalisierung letzten Endes Ähnliches zu erreichen sein? Brauchen vielleicht auch wir nur Geduld und die entsprechende Festigkeit der Überzeugungen? Wenn das der Fall sein sollte, wäre zumindest der Übergang sehr viel schwieriger, zumal andere Anforderungen an die Qualität der Arbeit und ihren Lohn, aber auch an Kenntnisse, Wendigkeit etc. gestellt werden. Auch ist der Bedarf an Arbeit relativ viel größer angesichts der Tatsache, daß auch die »andere Hälfte« der Menschheit, die Frauen, Anspruch darauf erheben. Jedenfalls, um es zu wiederholen, besteht die Schwierigkeit der Diskussion heute darin, daß aus der gesellschaftlichen Lage keine klaren Positionen und Begriffe abzuleiten sind; daß keine neue Schicht bereit steht, die auf Veränderung drängt und wissen läßt, wo es hingehen soll. Wir werden so bald nicht ausloten können, was alles in Veränderung begriffen ist, ohne daß es zur Disposition stünde.

Es fehlt ja nicht nur für viele an Arbeit überhaupt und damit an einem bisher so wichtigen Faktor menschlichen Selbstbewußtseins und gesellschaftlicher Mitbestimmung. Mit dem Rückgang speziell der Güter produzierenden Arbeit und mit der Beliebigkeit sehr vieler Produkte, die heute den Markt, etwa die Unterhaltungsindustrie, beherrschen, geht gerade jene Arbeit verloren, deren Rang besonders hoch veranschlagt worden war. Zugleich schwinden für sehr Viele wichtige herkömmliche Weisen, sich »hochzuarbeiten«, herkömmliche Erwartungen und Zielsetzungen mithin. Experimente, Spekulationen, Spiel und »Glück« werden jedenfalls eine viel größere Rolle beim Vorankommen – und entsprechend beim Verlieren – spielen als »Arbeit«.

Damit werden ganz neue »Tugenden« gefragt, nicht nur für Lebensunterhalt und Aufstieg, sondern auch zur Balance etwa der Fähigkeiten, die heute prämiert werden und die man schlecht einfach ins Kraut schießen lassen kann. Mit der Verläßlichkeit der Verhältnisse wird die Verläßlichkeit der Personen fraglicher. Vieles wird im Haushalt der Bedürfnisse neu zu besetzen oder wenigstens neu zu akzentuieren sein. Mit dem Auslaufen der Arbeitsgesellschaft könnte eben auch die Gravitation zugunsten ihrer Werte umschlagen. Wird also an die Stelle der – vielen Anfechtungen zum Trotz – immer noch herrschenden Auffassung, wonach der Mensch fleißig, pünktlich, zuverlässig, auch unbestechlich sein soll, der Verdacht treten (vielleicht unabweisbar werden), daß das alles keinen Sinn hat? Das heißt bei den einen ganz neue Formen des Aus- und Zugreifens, bei den anderen Resignation, Durchwursteln und Labilität? Um vom Problem der vielfach gebrochenen Biographien (als Komplement so vieler Erfolgsstories), vom Problem künftiger Möglichkeiten von Identität zu schweigen.

Gewiß kann vieles über Teilzeit- oder Billigarbeit ausgeglichen werden. An häuslicher Arbeit und Nachbarschaftshilfe ist kein Mangel. Und für die Freizeit stehen übergenug Angebote zur Verfügung. Aber vielleicht hat das Befriedigende am Entertainment irgendwo doch seine Grenzen, bleibt es also ein Problem, wie sich die von Arbeit nicht mehr erfüllten Erwartungen, Hoffnungen, Sinnbedürfnisse, Energien und Phantasien wieder einfangen werden. In was für Ordnungen (wobei vielleicht manches, was heute als kriminell, dann als normal erscheint)?

Man wird ganz neu über Erziehung nachdenken müssen, über die Weisen, wie man auf die noch kaum bekannte Zukunft vorbereiten kann, auf den Wandel, den wir an uns selbst erfahren und mit irgendeiner Form von Identität ausgleichen müssen. Vielleicht auch über eine neue Rolle der Kunst? Hält man sich an Hardenbergs beherzigenswerte Maxime der »Erziehung zum Menschen und Staatsbürger«, so tut sich speziell die Frage nach den Möglichkeiten auf, überhaupt noch als Bürger zu denken und zu handeln. Denn das setzt doch voraus, daß politisch etwas zu machen, zumindest zu erwarten ist.

Doch ist der Rückgang der Arbeit ja zugleich – als Folge der Offenheit der Märkte – mit einer Beschränkung nicht nur der Mittel für den Sozialstaat, sondern auch der wirtschaftspolitischen Kapazität des Staates verquickt. Es ergibt sich ein arges Mißverhältnis zwischen dem, was man herkömmlich vom Staat erwartet, und dem, was er leisten kann.

Damit entfiele eine wesentliche Voraussetzung des demokratischen Staates. Denn der zielt doch auf die demokratische Entscheidbarkeit der wirklich drängenden Fragen. Und das ist sehr wohl spürbar. Die rapide Rückläufigkeit der Erwartungen an Staat und Demokratie (die sogenannte Politikverdrossenheit) entspricht diesem Prozeß. Umgekehrt der

Eindruck der völligen Abgehobenheit der Politik. Zu schweigen von dem starren, nicht wahrhaben wollenden Festhalten an unhaltbaren Positionen. Denn man greift doch wohl zu kurz, wenn man dies für Deutschland auf das augenblickliche Versagen, die Blockaden und die trostlosen personalen Konstellationen der Politik zurückführt. Ein Athener Hotelier erklärte mir letzten Sommer die Rücksichtslosigkeit der Politiker gegenüber wichtigen Interessen der Bevölkerung mit den schlichten Worten: »They do not need us.« Aber korrespondierend dazu grassiert eben auch das Gefühl, daß politisch wenig zu machen ist. Und es ist offenkundig, daß Interessenwahrnehmung nur mehr sehr wenig auf dem Wege der horizontalen Solidarität, etwa von Schichten, möglich ist, sondern immer mehr in den vertikalen Solidaritäten geschieht, etwa zwischen Unternehmern und Arbeitsplatzbesitzern, speziell denen, die über das einschlägige Wissen verfügen, oder in lokalen oder auch regionalen Zusammenhängen.

Wieweit wird Macht also künftig neben- und außerstaatlich organisiert, durch kleine Interessengruppen, die eventuell in der Lage sind, punktuell, an verschiedenen Orten etwa, Arbeit zu schaffen, Sicherheit zu kontrollieren, unter der Bedingung freilich, daß man ihnen gehorcht? Interessengruppen, die Loyalität unter Umständen erzwingen können, die sich mit Teilen der Bürokratie, der Polizei vernetzen? So daß neue Formen der Bindung an die Stelle dessen treten, was früher als Dienst weit verbreitet war?

Werden die Länder künftig noch einigermaßen gleichmäßig mit Wohlstand, Ordnung und aufmerksamer Teilhabe am Gemeinwesen, mit Polizei und Verwaltung zu durchdringen sein? Oder wird an die Stelle solcher gleichmäßigen Durchdringung die ungleichmäßige durch die Verbindung zwischen Paten, Bossen, Großindustrien, Anlagegesellschaften etc. treten? Wieweit werden die Staaten, deren Kompetenz absehbar so stark rückläufig ist, noch für Zusammenhalt sorgen können? In welchen Formen wird in ihrem Innern noch Mitbestimmung möglich sein? Wobei sich die Frage nach Regel und Ausnahme stellt: eventuell also auch nach Formen der Verweigerung sowie des Aufstands.

In vielen Hinsichten klaffen die Gesellschaften schon jetzt auseinander. Ihre Eliten leben zunehmend auf internationalem Parkett. Es fragt sich aber auch, wie zwischen denen, die wichtige Arbeit tun, und denen, die nur mehr beschäftigt und, von heute her gesehen, mindestens dem Bewußtsein nach: ausgehalten und unterhalten werden, Ausgleich und Zusammenhang gefunden werden sollen? Wer sich früher aufzuopfern meinte, kann heute als beneidenswert dastehen (weil er Arbeit hat). Entsteht also auch insofern ein neues Privilegiengefüge? Das Problem könnte sich vermengen mit dem der Immigration unter den Umständen mangelnder Integrationsmöglichkeiten durch Arbeit, was sich wiederum politisch auswirken könnte. Diesem Desintegrationsprozeß entspricht – in der Form der Individualisierung – der zunehmende Rückzug der Einzelnen aus der Gesellschaft. Das hat viele angenehme, bequeme Seiten. Das »stahlharte Gehäuse« scheint sich zu lockern, oder besser: Es besteht nur mehr teilweise, während sich das eigentliche Leben in den Nischen vollzieht.

Es ist erstaunlich, wie wenig der rasante, immer mehr Gegebenheiten in sich hineinreißende Umwälzungsprozeß unserer Jahre die Öffentlichkeit zu beunruhigen scheint. Er greift viel weiter, als hier angedeutet werden konnte. Er wirkt sich offenbar vornehmlich durch die Lähmungen aus, die er verbreitet. Auch die Intellektuellen scheinen es hinzunehmen, als ob es gar nicht anders sein könnte. Das ist die wirklich »neue Bescheidenheit« unserer Zeit, ein Fatalismus, der – mit den Augen der Neuzeit gesehen – kaum nachzuvollziehen ist. So sind wir auf immer weniger vorbereitet.

*

Was immer man jedenfalls gegen die Arbeitslosigkeit wird ausrichten können, die Probleme, die sich in ihrem weiteren Zusammenhang stellen, werden dadurch nur am Rand berührt werden. Sie sind auch nur zum geringen Teil Sache der Ökonomie oder der Verbände und Gewerkschaften, und auch die Politik wird ihnen so leicht nicht beikommen können. Es sind Probleme, die sich in allen Bereichen zugleich stellen, zunächst als Ratlosigkeit und Ohnmacht, insgesamt sind es solche der ganzen Gesellschaft, die zuallererst – intellektuell und wohl auch in der Kunst – neue Formen des Verstehens entwickeln muß, des Begreifens, des Aushaltens und damit letztlich des Handelns, neue Formen der Selbstbestimmung im vielfachen Sinne des Wortes, hoffentlich auch der Solidarität, sowie neue Formen der Sprache.

Wo Freiheit zunehmend die Freiheit nur noch derer ist, die sie zu ihrem Nutzen zu gebrauchen wissen (und sofern sie das tun), drohen die Gedanken, wenn man es nicht laufen lassen will, auf das Ersinnen von Kontrollen hinauszulaufen; sie sind längst dabei. Umgekehrt ist es schwierig, die Gesellschaft neu zu denken, wenn nicht eine durch eine aufsteigende Schicht verkörperte Alternative in Sicht ist – so daß anstelle der Selbstbestimmung dann ein Vakuum zu entstehen droht.

Aber vielleicht fehlt es ja nur an Phantasie, speziell in Deutschland, wo der, welcher meint, daß es künftig anders sein wird als heute, bereits als Pessimist abgestempelt wird – wie wenn etwas anderes als die herkömmliche Bundesrepublik gar nicht lebenswert wäre? Die Antike kann dabei kein Vorbild sein; aber ein anderes Beispiel kann sie bieten; dafür, daß das Problem der Arbeit in weiteren Zusammenhängen verstanden werden muß.

Wo bleibt die Demokratie in diesem Europa?

Churchills 1946 in Zürich geäußertes kühnes Projekt »einer Art Vereinigte Staaten von Europa« liegt weit zurück. Für Präsident Chirac ist ein europäischer »Superstaat« eher ein Schreckbild. Außenminister Fischer ist da nicht so zimperlich, doch auch für ihn gilt, daß die Nationalstaaten unentbehrlich bleiben, auch für die Deutschen, für die Europa lange nicht weniger Fliehburg als Fluchtpunkt der Politik war. Chirac formuliert, daß auch in Zukunft »die Nationen die wichtigsten Bezugspunkte unserer Völker darstellen« werden. Wo dergestalt die Balance zwischen ihnen und der Union zum Problem wird, muß man differenzieren.[1]

Mich interessiert in diesem Zusammenhang vor allem eines: Welches soll in diesem Europa, und zwar sowohl in seiner »Finalität« (Fischer) als auch auf der Strecke dorthin, die Rolle der Bürger und der Demokratie sein? Naturgemäß sprechen unsere Politiker, wenn sie an die Zukunft denken, auch von den Bürgern und der Demokratie. Die Bürger haben Ängste und Sorgen, heißt es, sie verstehen vieles nicht. Chirac will ihnen den von ihm geplanten Verfassungsvertrag zur Abstimmung vorlegen. Das Demokratiedefizit der Union wird berufen. Und selbstverständlich ist auch von demokratischen Institutionen, Prozeduren und Kontrollen die Rede.

Wie aber soll eine europäische Demokratie möglich sein? Es mangelt an einer gemeinsamen Öffentlichkeit, einer gemeinsamen Gesellschaft, der sich der finnische Waldarbeiter und der andalusische Stierkämpfer so wie der deutsche Studienrat zugehörig fühlte. Es fehlen alle vermittelnden Instanzen, Medien so gut wie europäische Parteien (die ja durch Zusammenschlüsse nationaler Parteien nicht ersetzt werden).

Wenn sich die Bürger an europäischen Wahlen nur recht spärlich beteiligen (und sofern doch, vielfach aus nationalen Präferenzen heraus), so spricht sich darin eine sehr realistische Einschätzung der Tatsache aus, daß sie dabei so gut wie nichts ausrichten können, nichts jedenfalls, was ihnen etwas besagt. Eine Parlamentarisierung der Union würde das Demokratieproblem eher verschärfen, weil dadurch die Rückbindung der Union an die Mitgliedstaaten gelockert würde, ohne daß dies durch eine Rückbindung des Parlaments an die Bevölkerungen kompensiert werden könnte. Da außerdem an nennenswerte breitere europäische Meinungs- und Willensbildungsprozesse nicht entfernt zu denken ist, bleiben die europäischen Bürgerschaften notwendig immer weiter hinter dem zurück, was ihre Politiker untereinander ausmachen und betreiben. Solche Prozesse dienen ja nicht nur dazu, die Politik zu begleiten (und auch zu beeinflussen), sondern sie helfen auch, Kenntnis und Überblick über die jeweils zur Debatte stehenden Materien zu vermitteln und zu vertiefen. Ja, in ihnen pflegen sich zugleich Maßstäbe und Zielsetzungen zu bewähren, fortzubilden und auch zu modifizieren, von denen her Politik verstanden und beurteilt werden kann.

Schließlich dienen solche Prozesse dazu, daß verschiedenste Gesichtspunkte zur Sprache kommen; zum Nutzen der Politik wie insbesondere auch mit der Folge, daß Zögerer, Skeptiker und Benachteiligte sich einschalten und hinterher nicht so leicht überfahren fühlen können; wenn jedenfalls die Debatten mit Fairneß und gegenseitigem Lernen, vielleicht auch am Ende mit Kompromissen geführt werden.

Ein solches »Mitkommen«, eine solche Selbstbestimmung der Bürger – womit, nebenbei gesagt, ein Stück Menschenwürde vermacht ist – ist bei einem Projekt wie der europäischen Integration um so nötiger, als es ein präzedenzloses, höchst gewagtes politisches Gebäude zu errichten gilt, dessen Probleme und rechte Form zu begreifen zusätzlich dadurch erschwert wird, daß auch sonst – im Zeichen von Globalisierung, neuen Medien, neuer Ökonomie, Gentechnologie etc. – ungemein viel Neues auf uns eindringt, womit wir so leicht nicht klarkommen, das wir einstweilen auch kaum in die Zusammenhänge unseres Welt- und Gesellschaftsverstehens einfügen können. Schließlich scheinen sich zur Zeit ja nach langem Stau (und Verdrängungen) für eine ganze Reihe längst angelegter und auch absehbarer Prozesse alle Schleusen im öffentlichen Bewußtsein auf einmal zu öffnen, um einen reißenden Veränderungsstrom zu erzeugen.

Kein Zweifel, daß es zur europäischen Integration keine vernünftige Alternative gibt. Das aber heißt doch noch keineswegs, daß alles, was in ihrem Sinne geschieht, auch vernünftig sei, und auch nicht, daß man die Politiker einfach machen lassen sollte. Ein Europa der Bürger muß in irgendeiner Weise auch von den Bürgern verstanden und mitgestaltet werden können. Politiker sollten nicht in eigener Regie die Betten machen, in denen die Bürger hinterher (weiter) zu schlafen haben. Auch eine Grundrechtscharta kann in diesem Zusammenhang im Zweifel weniger bewirken als täuschen. Denn so wichtig liberale Freiheiten sind und so strittig daneben vieles andere ist, eines ist auf diesem Wege nicht zu verwirklichen, der alte Grundsatz *nihil de nobis sine nobis.*

Bei allen Deklamationen: Daß das Demokratiedefizit den europäischen Politikern nennenswerte Sorge bereite, hat man nicht unbedingt den Eindruck. Man hört sie eher von der »Großmacht Europa«, der »weltweit größten Wirtschafts- und Handelsmacht« schwärmen – der portugiesische Ratspräsident kündigt gar an, Europa werde in zehn Jahren die USA in der Computerindustrie überholen. Es ist übrigens die gleiche Frist, die sich einst Chruschtschow für das Überholen des Kapitalismus setzte. Dies und dergleichen ist offenbar das eigentlich Wichtige: die Effektivität und die Macht. Wie es die Regierenden dagegen, jedenfalls in der großen Mehrheit, mit der Demokratie halten, darüber gibt die Sanktionspolitik von vierzehn EU-Ländern gegen das fünfzehnte, Österreich, derzeit einen Aufschluß, wie man ihn in seinen finstersten Phantasien nicht für denkbar gehalten hätte.

Europa sei eine Wertegemeinschaft, hört man, und daher könne es die Koalition der ÖVP mit der FPÖ in Wien nicht tolerieren. Nun besagt das, für sich genommen, nicht viel. Denn erstens ist jede Räuberbande eine Wertegemeinschaft; die Frage ist, welche Werte gelten sollen. Zweitens zeigt nicht nur die Erfahrung, die man mit der Politik der USA machen kann, daß der Anspruch, Werte zu verfechten, ein besonders raffiniertes Machtinstrument darstellt: Man schafft sich, je hehrer sie sind, um so mehr Legitimität, ohne – angesichts ihrer Auslegungsbedürftigkeit und der nötigen Abwägung zwischen ihnen – an Handlungsfreiheit (auch im Unguten) viel zu verlieren. Was am Ende herauskommt, kann, zumal aufgrund der möglichen Disproportion zwischen Zweck und Mitteln, eine moderne Variante des Wolfs im Schafspelz sein.

Bei den EU-14 nun zählen die Werte der Demokratie, der Toleranz, genauer: der Respektierung von Wählerentscheidung und der Freiheit demokratischer Regierungsbildung, offenkundig nicht, jedenfalls nicht unbedingt, nicht nämlich in diesem Fall. Ihre Politik zeigt eher Einschläge von Erziehungsdiktatur und damit notwendigerweise von Selbstgerechtigkeit. Und obwohl unzählige Menschen sich leidenschaftlich darüber erregen und Mehrheiten in den EU-Ländern dagegen sind, hört man keinen Aufschrei; so sehr hat sich schon Resignation breitgemacht, dieses Gift für Demokratien.

Gewiß kann ein Staatenbund von seinen Mitgliedern die Respektierung gewisser Grundsätze verlangen, wie sie der EU-Vertrag etwa in Artikel 6 vorsieht. Nur hat Österreich diese Grundsätze nicht verletzt, sonst hätte man ja wohl die für diesen Fall in Artikel 7 vorgesehenen Schritte unternommen. Ist hier also reine Willkür am Werk, vielleicht gar ein »Kollektivrausch« politischer Moralisten« (Karl Acham)?

Man sollte es sich mit der Deutung dieser Politik nicht zu leicht machen. Wie kommen dreizehn Regierungen dazu, hinter der offenbar hier tonangebenden französischen herzutraben und eine Art Chirac-Doktrin zu installieren? Oder, wenn sie zunächst nur unüberlegt gehandelt haben sollten: Warum können Regierungen wie die finnische und die dänische nicht aus der Einheitsfront ausscheren, obwohl sie genau wissen und auch zu verstehen geben, daß die Sanktionen nicht nur unberechtigt, sondern auch kontraproduktiv sind?

Einen Schlüssel zur Erklärung hat Kanzler Schröder in zumindest zwei Interviews gegeben, die das österreichische Fernsehen ausstrahlte. Sie sind erstaunlicherweise in der veröffentlichten Meinung kaum beachtet worden. Danach geht es bei den Sanktionen nicht um Österreich oder Haider, die seien doch unwichtig, sondern um Deutschland. Es spielt hier keine Rolle, wie man das findet, daß sich der Regierungschef eines großen Landes mit eben jener Zivilcourage, für die dieses allgemein bekannt ist, mannhaft in den Kreis derer einreiht, die ein kleines Land steinigen, um nicht selbst – ebenso grundlos – mitgesteinigt zu werden.

Wichtig ist etwas ganz anderes: Hier wird vom Bundeskanzler in schöner Offenheit festgestellt, daß Deutschland mit Hilfe seiner Vergangenheit weiterhin unter Druck gesetzt wird. Denn man wird doch nicht behaupten wollen, daß uns die Regierungsbeteiligung der NPD oder DVU ins Haus stünde (die man übrigens von der FPÖ deutlich unterscheiden sollte). Hält man hinzu, daß Chirac eben dieses Deutschland in seiner Berliner Rede ausdrücklich (wieder) in den Rang einer Großmacht erhoben hat, so könnte sich das Rätsel lösen. Deutschland, also der größere, wirtschaftlich potentere, daher ja auch zahlende Partner, ist Großmacht in einem Duo mit Frankreich, aber es ist und bleibt der Juniorpartner, der unter dieser Bedingung an der gemeinsamen Macht teilhaben kann und soll. Auf diese Weise könnte in Europa ein uraltes Problem nach jahrhundertelangen schlechten Erfahrungen endlich seiner Lösung zugeführt werden.

»Niemals ist in unserm Europa weder eine Macht noch eine Lehre, am wenigsten eine politische, zu vollkommener Alleinherrschaft gediehen.« Diese Einsicht Rankes gilt offenbar nicht, wenn man das zu zweit unternimmt, und eben im Namen Europas, hehrer Werte und politischer Keimfreiheit. Man ist dann stark genug, einige andere enger mit sich zu verbinden, andere nötigenfalls unter Druck zu setzen, vorausgesetzt freilich, die dritte europäische Großmacht, Großbritannien, hält sich zurück oder läßt sich ein Stück weit draußen halten. An sie ist in den Zukunftsentwürfen ständig gedacht – warum sonst läßt sich Fischer wiederholt kritisch über die Gleichgewichtspolitik vergangener Zeiten aus? –, ohne daß sie freilich erwähnt würde.

In diesem Zusammenhang fällt auch ein interessantes Licht auf die Pläne, Deutschland und Frankreich mitsamt einigen Gefolgsstaaten zur Pioniergruppe, Avantgarde oder Lokomotive für die weitere Integration werden zu lassen. Die Sprache ist verräterisch: Wie soll eine Lokomotive einen Zug mit verschiedenen Geschwindigkeiten ziehen? Soll, wer nicht mitkommt, auf der Strecke bleiben? Und eine Vorhut tut ihren Dienst ja wohl auch nur, wenn sie in Fühlung mit der Hauptstreitmacht bleibt. Aber vielleicht soll sie dies selber sein, und der Rest, die Arrièregarde, mag irgendwo hinterherhumpeln? Bei aller Freiwilligkeit des Sich-Einreihens: Werden hier nicht zumindest die Mitsprachemöglichkeiten einiger Staaten bei der Gestaltung des künftigen Europa ganz ungebührlich eingeschränkt? Denn Mitsprache setzt Teilhabe voraus. Wer hier zögert, ist dort nicht dabei. Gewiß ist es lästig, daß das langsamste Schiff die Geschwindigkeit des Geleitzugs bestimmt. Aber wenn es die schnellen tun, ist es kein Geleitzug mehr.

Man kann sich überlegen, ob es ein Zufall ist, daß gerade Staaten mit einer sehr alten demokratischen Tradition wie

England und Dänemark zu denen gehören, die auf diese Weise abgehängt zu werden drohen. Jedenfalls ist es kein Zufall, daß sich unter den Beitrittskandidaten die Angst ausbreitet, daß sie das, was sie vom sozialistischen »Rat für gegenseitige Wirtschaftshilfe« gewohnt waren, nun in veränderter Form wieder bekommen könnten.

Inzwischen beobachtet man, daß die intergouvernementale Kompomente der europäischen Politik auf Kosten der Kommission stärker wird, wiederum unter Anleitung der Großmächte. Anläßlich der Osterweiterung soll in verschiedenen Bereichen die Einstimmigkeit der Beschlüsse nicht mehr erforderlich und es sollen künftig nicht mehr alle Mitgliedsländer in der Kommission vertreten sein. Ohne Zweifel spricht sehr vieles für diese Reform. Nur – wo bleiben dann die Bürger, wohlverstanden: als Bürger, als Gesellschaftsglieder, nicht als Konsumenten, Subvention- und Arbeitsuchende etc.? Und wo die Demokratie?

Wenn demokratische Willensbildung innerhalb der Union, zumindest auf lange Sicht, kaum möglich ist, so kann sie sich, außer in Ländern und Kommunen, nur in den Nationalstaaten verwirklichen. Dafür aber reicht es nicht, daß sich diese Staaten durch ihre demokratisch legitimierten Regierungen in den europäischen Ministerräten vertreten lassen. Was dort geschieht, ist derart fern und abgehoben, daß es von den Bürgern kaum verstanden werden respektive in Beziehung zu ihrer eigenen Meinungs- und Willensbildung gesetzt werden kann. Auch ihre Parlamente können kaum mehr als absegnen, was dort beschlossen worden ist. Wie will man einen in letzter Minute gefundenen schwierigen Kompromiß zwischen fünfzehn (und bald mehr) Staaten, der Kommission und allerhand Lobbies und Netzwerken wieder aufdröseln? Wie will man angesichts so schwieriger Kompromißfindung der eigenen Regierung klare Willensbekundungen mit auf den Weg geben? Um von der notorischen Zeitknappheit der Parlamente und der Überlegenheit der Exekutive zu schweigen.

Schon jetzt sind in den Nationalstaaten Bürgerschaft und Demokratie, um es gelinde zu sagen, notleidend. Indem immer mehr wichtige Entscheidungen von der Union getroffen werden, verdünnt sich zudem der Stoff, aus dem sich breiteres Interesse und Engagement speisen könnten. Auch ist unklar, was eine genauere vertikale Gewaltenteilung, die Aufteilung der Kompetenzen zwischen Union und Nationalstaaten, bringen könnte. Würde dabei nicht das wichtigste an die Union gehen? Würde sie sich nicht immer wieder auch im Bereich der gemeinsamen Kompetenzen durchsetzen? »In der Natur vorwaltender Mächte liegt es nicht, sich selbst zu beschränken« (Ranke). Außerdem bliebe der Unionsbereich ja auch dann von der demokratischen Willensbildung weitestgehend ausgespart.

Nein, das Problem besteht offensichtlich darin, wie die Union von den Nationalstaaten her demokratisch unterfangen wird, wie sie von ihnen her Kraft und Akzeptanz gewinnen kann, möglichst derart, daß sich am Ende eine europäische Öffentlichkeit bildet. Dies kann, so ist meine Vermutung, nicht durch Schwächung, sondern vornehmlich durch Stärkung der nationalen Demokratien geschehen. Dabei ist eine Tendenz wichtig, die schon im Gange ist. Die nationalen Demokratien können sich in Europa heute gegeneinander nicht mehr abschirmen, sie müssen Einmischungen ertragen. Andererseits können sie aber vernünftig nur arbeiten, wenn sie ihre eigenen Entscheidungen zu treffen in der Lage sind. Das heißt, sie müssen Respekt beanspruchen können, auch eine gewisse Eigenständigkeit. Nach Kant müssen Staaten untereinander »in eine, der bürgerlichen ähnliche, Verfassung ... treten« können, muß sich also unter Staaten eine der Demokratie ähnliche Ordnung bilden lassen. Die Union der europäischen Staaten könnte ihren demokratischen Charakter also daraus beziehen, daß zwischen ihren Staaten eine demokratieähnliche Verfassung besteht.

Was das bedeutet, läßt sich am Beispiel Österreich zeigen.

Dieser »Staatendemokratie« wäre etwa damit gedient, daß die EU-14 ihre Sanktionspolitik mit einer offenen Blamage einstellen müßte[2] (selbst wenn das Haider zugute kommen sollte; was nicht gesagt ist; das wäre jedenfalls in Kauf zu nehmen). Es würde ihr aber auch nutzen, wenn sich nationalstaatliche Demokratien gegen Versuche zu weitgehender Integration im Namen ihrer Selbstbestimmung offen zur Wehr setzten. Oder wenn alle künftigen Vertragswerke überall durch Plebiszite bewilligt werden müßten.

Das wäre sehr mühsam, aber demokratisch und fruchtbar, zumal es zu Streit und – angesichts mancher Störungen – auch zu heftigen Auseinandersetzungen über die Grenzen hinweg führen, eventuell sogar eine gesamteuropäische Öffentlichkeit heranbilden helfen würde. Es könnte im Gegenzug auf diese Weise aber auch dazu kommen, daß die Vielfalt der Staaten, in der doch wohl auch künftig der Reichtum Europas bestehen müßte, bewahrt, vielleicht gar gefördert wird. Zwischen dem einen und dem andern könnte jene Dialektik entstehen, in der dieses Europa vermutlich am besten gedeiht, im Ganzen wie in seinen Teilen wie im Widerspiel zwischen ihnen.

Jedenfalls ist zu fragen, ob die europäische Integration besser aus dem mehr oder weniger praktischen, fatalistischen Hinnehmen all dessen aufgebaut wird, was unsere Politiker uns bescheren (samt allem Ärger, den man bei dieser Gelegenheit immer wieder in sich hineinfrißt und der ja nicht einfach verdaut wird) – oder aus der Aktivierung der Bürgerschaften, dem Konflikt und am Ende doch wohl dem Zusammenraufen und der bereitwilligen Akzeptanz eines sich neu demokratisierenden Europa.

Anders gesagt: Geht es eigentlich in erster Linie nur um das Fitmachen für alle möglichen Aufgaben, um Effektivität (über deren Ausmaß man sich dann auch noch streiten könnte), um möglichst schnellen Machtgewinn und Großmacht oder nicht auch darum, die Bürgerschaften mit hineinzunehmen in dieses Europa? Geht es nicht nebst den Grundrechten der Einzelnen auch um deren politische Rechte in der Union? Chirac hat vermutlich sehr richtig (wenn auch im Widerspruch zu der Eile, die er propagierte) festgestellt, das »Tempo des europäischen Aufbauwerks« hänge »weitgehend davon ab, inwiefern sich unsere Völker mit Europa identifizieren, sich ihm zugehörig fühlen und bereit sind, innerhalb einer Solidargemeinschaft ›zusammenzuleben‹«. Das aber geht nur, wenn die Distanz zwischen den europäischen Organen und dem Politikerwerk Integration einerseits und den europäischen Demokratien andererseits nicht zu groß wird, nur, wenn auch die Bürger hier etwas zu entscheiden haben (und es nicht, wie beim Euro, heißt, das passe nicht in den Wahlkampf: *pas d'avant les enfants!*). Jedenfalls möchte ich dafür plädieren, daß die Frage, wo in diesem Europa die Demokratie bleibt, in allen Zukunftsplänen gebührend berücksichtigt werde. Und daß man das nach Kräften anmahnt. Es könnte der Apathie, der Europamüdigkeit entgegenwirken. Es könnte darin sogar ein ganz handfestes Interesse der Wirtschafts- und Handelsgroßmacht Europa liegen.

Denn wenn man mit den USA wirklich in Konkurrenz treten will, so spielt auch das eine Rolle, daß Amerika ein gut Teil seiner Potenz aus seiner Demokratie bezieht. Da können wir schwer mithalten, wenn wir uns anschicken, in ein postdemokratisches Zeitalter überzuwechseln.

Vom »fin de siècle« zum »end of history«?

Zur Lage der Geschichte

Glaube dich nicht allzu gut gebettet;
Ein gewarnter Mann ist halb gerettet.
(Zahme Xenien IV)

Es gibt eine »Lage« auch der Geschichte.[1] Nicht nur also kann es etwa um die Nation oder um die arbeitenden Klassen innerhalb der Geschichte sehr verschieden bestellt sein, sondern merkwürdigerweise auch um die Geschichte selbst. So scheint es jedenfalls. Jüngst hat einer der höchsten Beamten des amerikanischen State Department, Francis Fukuyama, davon gehandelt und das Ergebnis unter dem Titel *The End of History* erscheinen lassen. Danach ist die Lage der Geschichte heute bedenklich schlecht, ihr Ende freilich noch nicht ganz erreicht. Denn es lassen sich zwei Gruppen von Ländern unterscheiden, die »historischen« in der Dritten Welt samt Sowjetunion und China und die »nachhistorischen«, vor allem Europa, Nordamerika und Japan.

End of history – wird das also die Frage sein, vielleicht gar die These, um die die Diskussionen zum Ende des 20. Jahrhunderts – und des zweiten Jahrtausends – kreisen? Letzte Jahrzehnte sind ja für die Ablösung der Jahrhunderte und Jahrtausende gewissermaßen das, was die Zeit »zwischen den Jahren« für den Jahreswechsel ist: Vorbereitung auf eine Schwelle, eine Passage. In manchen frühen Hochkulturen gehörte zum Neujahrsfest, daß das anfängliche Chaos sowie die Schöpfung der Weltordnung rituell wiederholt wurde. Und irgendein Rest davon scheint doch wohl in den In-Frage-Stellungen und Besinnungen enthalten zu sein, denen auch wir an solchen Schwellen uns und die Welt aussetzen. Ist nun also *end of history* die »Formel des Ausklangs«, wie vor hundert Jahren *fin de siècle* »die allzu modische und etwas geckenhafte Formel für das Gefühl des Endes, des Endes eines Zeitalters, des bürgerlichen« (Thomas Mann) gewesen ist? Müssen wir uns auf die Lage der Geschichte selbst besinnen?

I

Für Fukuyama ist entscheidend, daß der Liberalismus gesiegt habe. Von den zwei großen Gegnern, die sich ihm entgegenstellten, ist als erster der Faschismus im Zweiten Weltkrieg untergegangen, jetzt ist ihm der Kommunismus gefolgt. Freilich kann noch vieles passieren, die Situation in der Sowjetunion etwa ist ganz ungewiß, aber darauf kommt es nicht an. Letztlich seien die Ideen bestimmend, sie entscheiden auch darüber, was die Völker als ihre Interessen ansehen. Und da ist nur noch eine übriggeblieben, eben die liberale. Die Gedanken der Französischen Revolution haben endgültig das Rennen gemacht. Sie verbinden sich mit Wohlstand für alle. Darum geht es. Freiheit und Gleichheit ist in Nordamerika, in Europa, in Japan erreicht, überall sonst strebt man sie an (oder wird dies doch in Kürze tun), und die Marktwirtschaft erscheint als der probate Weg dazu. Man ist von ferne an die Offenbarung Johannis (10,6) erinnert, in der einer der Engel schwört, »daß hinfort keine Zeit mehr sein soll«. Was also bleibt? Nur mehr die Zeit nach der Geschichte.

Sie wird traurig: The end of history will be a very sad time. Der Kampf um Anerkennung, die Bereitschaft, das eigene Leben für eine Sache aufs Spiel zu setzen, Wagemut, Vorstellungskraft, Idealismus – das und vieles andere wird ersetzt durch wirtschaftliches Kalkül, die Ketten immer neuer Lösungen technischer Probleme, Umweltangelegenheiten und die Befriedigung raffiniertester Konsumentenwünsche. Weder Kunst noch Philosophie wird es geben, vielmehr nur den ganzen Museumsbetrieb, der um das kreisen wird, was einmal die menschliche Geschichte war. So sei es kein Wunder, daß schon jetzt eine mächtige Sehnsucht nach der »Zeit, als es die Geschichte gab«, so manchen umtreibe, Fukuyama eingeschlossen. Daraus können Konflikte erwachsen. Vielleicht wird die Aussicht auf Jahrhunderte der Langeweile am Ende der Geschichte die Geschichte neu in Gang setzen?

Mit diesen Überlegungen ihres Schlußabsatzes scheint die vornehmlich auf Hegel und dessen Interpretation durch Alexandre Kojève sich stützende Abhandlung auf Nietzsches beklemmend faszinierende Voraussage der Letzten Menschen hinauszulaufen, die blinzelnd beteuern, das Glück erfunden zu haben; die die Gegenden verlassen haben, wo es hart war zu leben: Die Erde ist dann klein geworden, und auf ihr hüpft der letzte Mensch, der alles klein macht. Sein Geschlecht ist unaustilgbar wie der Erdfloh; der letzte Mensch lebt am längsten. – Krank-Werden und Mißtrauen-Haben gilt ihnen sündhaft: man geht achtsam einher. – Man arbeitet noch, denn Arbeit ist eine Unterhaltung. Aber man sorgt, daß die Unterhaltung nicht angreife. – Wer will noch regieren? Wer noch gehorchen? Beides ist zu beschwerlich. – Kein Hirt und eine Herde! Jeder will das gleiche. Jeder ist gleich: wer anders fühlt, geht freiwillig zum Therapeuten (Nietzsche sagt: ins Irrenhaus). – Man ist klug und weiß alles, was geschehen ist: so hat man kein Ende zu spotten. Man zankt sich noch, aber man versöhnt sich bald – sonst verdirbt es den Magen. Man hat sein Lüstchen für den Tag und sein Lüstchen für die Nacht: aber man ehrt die Gesundheit. – Wehe! Es kommt die Zeit, wo der Mensch nicht mehr den Pfeil seiner Sehnsucht über den Menschen hinaus wirft, und die Sehne seines Bogens verlernt hat zu schwirren!

II

Fukuyamas Aufsatz erschien in der Sommer-Nummer 1989 von *The National Interest.* Seit Herbst des gleichen Jahres aber scheint Geschichte wieder Konjunktur zu haben. Ein »historisches Ereignis« jagt das andere. Völlig Unerwartetes ist geschehen. Mutige, weitreichende Entscheidungen sind von einzelnen Persönlichkeiten getroffen worden. Ein Umbruch hat stattgefunden. Die Grundkonstanten der Nachkriegszeit sind entfallen. Die Geschichte scheint in ganz neuem Maße offen und für Überraschungen gut zu sein. Mindestens bietet sie sich im Moment quicklebendig dar. Und all das, was seit alters im Umgang mit ihr gelernt wurde, etwa politisches Urteil und Sinn für Imponderabilien, scheint wieder gefragt zu sein.

Oder sollten die »Ereignisse« des vergangenen Herbstes nur das »letzte Gefecht« gewesen sein, freilich mit dem Sieg nicht der Internationale, sondern der Demokratie? Sollte mit ihnen innerhalb einer säkularisierten Apokalypse der sozialistische Antichrist hingefallen sein, dem Dritten Reich auf dem Fuße folgend, so daß das tausendjährige Friedensreich nun anbrechen kann? Hat vielleicht die Unblutigkeit, die sanfte Gewalt der Demonstrationen von Leipzig, Berlin und Prag, das Regime der »Friedenspfarrer« dies schon vorweggenommen? »Ohne Revolution fängt sich – nach Moses Hess – keine neue Geschichte an«. Muß also das Ende der Geschichte mit dem Schein einer solchen beginnen?

III

Und ist es ein Zufall, daß gleichzeitig die neuen Epochenbestimmungen grassieren, die nichts Positives mehr signalisieren, sondern nur mehr, was man hinter sich hat? Die *Postmoderne* ist doch wohl die erste Zeit, die sich nicht nach einem

Programm (wie etwa der Expressionismus) oder nach dem emphatischen Bewußtsein der eigenen, neuen Gegenwart (wie die Moderne) definiert, auch nicht nach der positiv genommenen und frisch zu gewinnenden Zukunft (wie der Futurismus). Wenn sie wie diese meint, die Vergangenheit hinter sich zu haben, so soll diese Vergangenheit für sie gleich die Moderne im ganzen sein. Und vor allem: Die Postmoderne hat offenbar, wenn man ihren Namen ernst nimmt, nichts Spezielles vor. Sie hat nichts Neues auf ihre Fahnen zu schreiben außer eben der Feststellung, daß das Neue nun vorbei ist. Auch insofern wäre »die Grenze des Wachstums« erreicht. In etwa gleichzeitig mit jener »Schallmauerdurchbrechung«, nach der die Zahl der Lebenden die der Toten, also aller Menschen, die je gelebt haben, übersteigt. So daß die Vergangenheit nicht nur hinter uns liegt, sondern gleichsam überstimmt wird (und ein neues Problem des Minderheitsschutzes sich auftut, dessen Lösung im allgemeinen Interesse läge, da – nach Aitmatow – die Menschen schlecht werden, wenn sie nicht mehr ihrer Väter gedenken). So daß es um die Vergangenheit so schlecht bestellt ist wie um die Zukunft?

Soll die Postmoderne folglich besagen, daß die Zeit wieder ungerichtet ist? Daß das Nebeneinander an die Stelle der sich jagenden Tendenzen tritt? *Anything goes*; nur mehr »Beweglichkeit auf stationärer Basis« (Gehlen), Geschichte als Zitatbruch? Ende der Geschichte also auch insofern? Die Ausdrücke *posthistoire*, postindustrielles, postrevolutionäres Zeitalter, Postmaterialismus, Postkommunismus, Poststrukturalismus laufen auf das gleiche hinaus. Und wenn daran einiges romantisch ist, so mag dem die modische Mittelalter-Welle entsprechen.

Ist diese Terminologie vielleicht Symptom dafür, daß alle Welt, die sich auf neuen Bahnen bewegen will, nicht mehr weiß, wohin es gehen soll? Ist es daher, daß sie sich nur mehr »postalisch« definiert? Denn das kann sich doch wohl nicht nur aus Einfalls-, aus Konzeptionslosigkeit erklären. So scheint es uns zu kennzeichnen, daß wir in ein Zeitalter ohne Adresse, insofern also in ein »postlagerndes Zeitalter« einzutreten im Begriff sind? Es würde dazu passen, daß selbst der Kommunismus wieder zu einer Utopie ohne Namen und Adresse geworden ist.

IV

Gewiß, das Wort »postmodern« ist seit 1917 bezeugt, aber sein früherer Gebrauch ist vereinzelt oder zielt doch auf Vereinzeltes. Seit der Mitte der siebziger Jahre rückt es erstmals ins Zentrum anläßlich der Debatte über die postmoderne Architektur. Mittlerweile scheint sich in ihm ein Zeitgefühl auszudrücken. Und das ist bedeutsamer als die verschiedenen Tüfteleien, mit denen einzelne Gelehrte zu bestimmen suchen, ob sich die Moderne nun in der Postmoderne fortsetzt oder ob diese sich gegen jene wendet. Es ist das Zeitgefühl der achtziger Jahre – vielleicht auch der neunziger?

Und sehr viel älter noch sind die Spekulationen über ein »Ende der Geschichte«. Sie sind so alt wie die Vorstellungen von einer Geschichte im Singular. Das gilt von deren beiden Varianten: also der christlichen, für die der *finis saeculi* (Augustin) das Weltende bedeutet, und der säkularen, die sich im 18. Jahrhundert herausbildete, als man Geschichte erstmals als einen großen, zusammenhängenden Prozeß erfuhr und begriff.

Kant vermutete im »widersinnigen Gange menschlicher Dinge« eine Naturabsicht. Wenn die menschlichen Anlagen keinen Zweck hätten, so sei dies ein Widerspruch in der teleologischen Naturlehre. Folglich müsse die Natur – oder besser: die Vorsehung – es darauf angelegt haben, daß die Menschen, gerade indem sie gegeneinander ihre höchst eigensüchtigen Zwecke verfolgen, es schließlich zur »vollkommenen bürgerlichen Vereinigung der Menschengattung« bringen.

Die Geschichte dieser Vorstellung verläuft über Hegel zu Marx, wo sie sich dann schon zu einer Aussage über einen am Ende zu erwartenden neuen Status, eine neue Lage der Geschichte verdichtet. Nur daß Marx die bis dahin abgelaufene Geschichte »Vorgeschichte« nennt, um nach deren Ende die Geschichte beginnen zu lassen: Mit dem herrschaftsfreien Zustand des Kommunismus »schließt daher die Vorgeschichte der menschlichen Gesellschaft ab«.

Auch der zumeist, obzwar zu Unrecht, für die Prägung des Ausdrucks *posthistoire* in Anspruch genommene Antoine Augustin Cournot faßt den Endzustand der Geschichte positiv auf: Er bringt die Überwindung der Geschichte im engeren Sinne, nämlich der heroischen und turbulenten Übergangsperiode zwischen der Frühzeit und jenem Endzustand, in dem alles berechenbar wird und Frieden und Wohlfahrt sich verwirklichen.

Und so tut es Alexandre Kojève, der aus Rußland emigrierte Jude, Bewunderer Stalins und Verehrer Carl Schmitts, der hohe EG-Beamte, in dessen Pariser Hegel-Vorlesungen während der dreißiger Jahre Sartre und Aron, Merleau-Ponty, Breton, Lacan, Bataille und andere gesessen haben und auf den sich jetzt Fukuyama beruft.

Erst in der Zeit nach dem Zweiten Weltkrieg erfährt das Posthistoire eine andere Wertung, es erscheint als das traurige Endstadium der Welt, und zwar, wie Lutz Niethammer gezeigt hat, vor allem bei Männern, die mindestens streckenweise mit der konservativen Revolution oder auch mit Faschismus und Nationalsozialismus zu tun hatten; Männern jedenfalls, die ein bestimmtes kräftiges Persönlichkeitsideal hatten und ihre Enttäuschung, ihre Ohnmacht auf das Posthistoire zurückführten. Auf eigenartige Weise vereinen sich in dessen Feststellung also, wie man jetzt sieht, Verlierer des Krieges mit einem Repräsentanten der Gewinner der Nachkriegszeit. Und was auf einen kleinen Kreis beschränkt war, könnte sich jetzt im weiteren Kontext der Postmoderne zu einer verbreiteten Erfahrung ausweiten. Dann fragt es sich, ob die Rede vom *end of history* nur das Signum einer Zeit ist, die aus dem Tritt geriet, oder ob wir es wirklich mit einer neuen Lage der Geschichte zu tun haben.

V

Es ist eine alte Feststellung, daß Geschichte nicht immer dieselbe sei. Wohl mag die Unterscheidung nach Alter, Mittlerer und Neuerer Geschichte bloß der Periodisierung dienen, aber daß ihr eine Vor- und eine Frühgeschichte voraufgehen, besagt mehr: Offenbar braucht es nicht nur die Schrift, sondern auch bestimmte Formen politisch-gesellschaftlicher Entwicklung, damit man mit gutem Grund von »Geschichte« reden kann. So jedenfalls hat man gemeint, und was dergestalt einen Anfang hat, kann selbstverständlich auch ein Ende haben.

Doch gibt es auch feinere Unterscheidungen im Modus der Geschichte. 1929 glaubte Johan Huizinga, eine »Formveränderung der Geschichte« feststellen zu können. Raymond Aron meinte 1960 im Grunde das gleiche, wenn er von einer »Entindividualisierung« oder »Entpersonalisierung« der Geschichte sprach. Jener bezog sich auf das 19. Jahrhundert, speziell die amerikanische Geschichte, dieser auf das 20. Beide fanden, daß große, übergreifende Prozesse, zumal der Wirtschaftsgeschichte, die Ereignisse und die Rolle der Person, aufs Ganze gesehen, relativ unwichtig machten.

Die wichtigste bisher zu beobachtende Veränderung der Geschichte aber geschah in der zweiten Hälfte des 18. Jahrhunderts. Die von Reinhart Koselleck beobachtete »Singularisierung der Geschichte« bedeutete ja, daß neben den vielen Geschichten einzelner Völker, etwa der Griechen oder der Franken, mit all ihrem Auf und Ab Geschichte schlechthin erfahren und begriffen wurde: als ein alle Sektoren des menschlichen Lebens umfassender Prozeß des Wandels (nachdem man vorher nur mit einzelnen, zumal politischen und militärischen Veränderungen gerechnet hatte), als Geschichte der Welt und der Menschheit, aber auch als ein Prozeß, dessen Verursachung so ungeheuer breit war, daß selbst die stärksten Impulse ihn nur partiell oder streckenweise beeinflussen konnten. Soviel sie im einzelnen vielleicht vermochten, die Summe der verschiedenen Wirkungen war so groß, daß sie, aufs Ganze gesehen, davon unabhängig war. Als Subjekt des ganzen Prozesses kam nichts anderes als die Geschichte selbst in Frage. Sie war dann nicht mehr nur die Vergangenheit (in der sich dies und jenes ereignete), sondern der Prozeß selbst und die Kraft, die ihn antreibt, in die Zukunft.

Darin äußerte sich die Erfahrung, die eine welthistorisch völlig neue Schicht an sich selbst und ihrer Stellung in der Welt machen konnte, die Bourgeoisie, die »bürgerliche Öffentlichkeit«. Die stark anwachsende Menge der Veränderungen der Zeit schlug gleichsam um zur Wahrnehmung der Geschichte als *eines* großen Veränderungsprozesses. Ihr folgte in kurzem Abstand die Singularisierung des Fortschritts: Wo zuvor dieser oder jener Fortschritt beobachtet worden war, fand man jetzt, daß die Geschichte insgesamt Fortschritt sei. Und in der Tat: Überall in Elternhäusern und Schulzimmern, in Studierstuben, Hörsälen und Redaktionen, in Kontoren und Manufakturen schien eine Unzahl von Menschen dabei zu sein, umfassende Verbesserungen zu bewirken: nicht nur in Wissenschaft, Erziehung, Technik, Verkehr und Wohlstand, sondern auch in Weltkenntnis, Recht, Verfassung und Moral.

Damit wurde zum ersten Mal ein großer Veränderungsprozeß als positiv erfahren. Die Griechen zum Beispiel hatten sich immer davor gefürchtet. Sie hatten alles darein gesetzt, das *automaton*, die selbstläufigen Prozesse also, unter Kontrolle zu bekommen, sie wollten die Dinge in ihrer Mitte austragen, das heißt zum Gegenstand von Entscheidungen machen. Was sie nämlich als Prozeß erfuhren, waren im allgemeinen höchst unerfreuliche Mechanismen, etwa diejenigen von Rache und Widerrache, oder solche des Verfalls. Wohl kannten sie auch den Prozeß ihrer Kulturentstehung und den zum Wissen des 5. Jahrhunderts, zur Demokratie hin, doch erfuhren sie darin nur die Voraussetzungen der eigenen zivilisatorischen Höhe, und auch das nur im kleinen Maßstab.

Freilich konnte man vom 18. Jahrhundert her die vorangehende Geschichte neu verstehen. »Unser *menschliches* Jahrhundert herbeizuführen haben sich – ohne es zu wissen oder zu erzielen – alle vorhergehenden Jahrhunderte angestrengt«, fand Schiller. Kenntnisse und Fähigkeiten waren erarbeitet worden, Philosophie, Religion, Gesittung entstanden, und oft genug waren über die Zeit hin aus privaten Lastern öffentliche Vorteile erwachsen, Wohlstandsmehrung etwa als Nebenwirkung der menschlichen Eigensucht. So könnte es scheinen, wie wenn damals nur die Beobachtung der Geschichte als Prozeß neu gewesen wäre. Doch der Schein trügt. Denn es ist etwas grundsätzlich anderes, ob eine solche Geschichte nachträglich beobachtet oder ob sie an der eigenen Zeit begriffen wird. In jenem Falle findet man im Vorangehenden eine Summe von Fortschritten, in diesem dagegen das Fortschreiten selbst als umfassenden Prozeß, die Geschichte mithin als eine Kraft, die sich durch Vergangenheit, Gegenwart und vor allem auch: Zukunft vollzieht. So etwas hatte es zuvor nicht gegeben. Damit entstand eine neue Geschichte und – so Koselleck – eine neue Zeit.

Da dieser Prozeß sich, so wie er gedacht wurde, auf Europa (samt Nordamerika) und seine Zivilisation erstreckte, konnte er als Einheit begriffen werden. In ihm war das Veränderungsgeschehen so akkumuliert und ging so weit über jeden einzelnen Impuls hinaus, daß es als selbständig gedacht werden mußte. Sogar weit herausragende Persönlichkeiten erscheinen dann nur mehr als Funktions-, als »Geschäftsträger«. Ein solcher Prozeß mußte – die entsprechenden Gravitationen der Wahrnehmung hinzugenommen – so aufgefaßt werden, wie wenn alles in der Geschichte in Veränderung begriffen sei. Was die Dinge von selbst tun, war dann nicht mehr, daß sie sich gleichbleiben, sondern daß sie sich ändern. Korrespondierend dazu objektivierten sich die Erwartungen auf Veränderung und Verbesserung. Und dann wurden auch die einzelnen Geschichten, die es schon bis dahin gegeben hatte, etwa die der Deutschen oder der Franzosen, eher als Prozesse aufgefaßt, wie sehr auch immer man dabei die Ereignisse in den Vordergrund stellen mochte. Man machte ja auch die Erfahrung, daß die Menschen sich nicht nur biologisch und biographisch (je nachdem wie sie sich herausbilden und in ihren Umständen einrichten oder sie prägen), sondern auch historisch, das heißt mit allen andern zusammen in den Weisen ihres Menschseins verändern.

Dies ist die Geschichte, die seit der Mitte des 18. Jahrhunderts sich abspielt. Sie ist zugleich Ereignisgeschichte, und das in wahrhaft nicht geringem Ausmaß, in einer Dynamisierung der Ereignisse und bis ins Entsetzlichste reichenden Steigerung ihrer Folgen. Sollte sie jetzt enden oder doch nennenswert sich verändern?

VI

Wir haben eine merkwürdige entfernte Entsprechung zur Behauptung vom Ende der Geschichte innerhalb der römischen Kaiserzeit. Sie ist deutlich von den modernen Thesen unterschieden und doch auf interessante Weise mit ihnen vergleichbar.

Tacitus unterbricht nämlich einmal seinen Bericht über die Regierungszeit des Tiberius, um festzustellen, er sei sich wohl bewußt, daß vieles von dem, worüber er berichte, als geringfügig und unbedeutend erscheinen möge. Aber man dürfe seine Annalen nicht mit der älteren Geschichtsschreibung vergleichen, die »in frei sich ergehender Rede von gewaltigen Kriegen, Städteeroberungen, von geschlagenen oder gefangenen Königen« erzählte, von Acker- und Getreidegesetzen, von den Kämpfen des niederen Volkes mit den Vornehmen. »Unsere Arbeit dagegen ist eingeengt und ruhmlos; denn ihr Thema ist ein unbewegter oder nur mäßig gereizter Friede, traurige Zustände in der Stadt und ein Herrscher, dem an der Erweiterung des Reiches nichts gelegen war.« (Annales 4,32) An anderer Stelle spricht er davon, daß, »seit es im Interesse des Friedens lag, daß die gesamte Macht in die Hände eines Einzigen gelegt wurde«, die »bedeutenden Talente« verschwunden seien. Es sei auch die Erkenntnis der Wahrheit selbst erschüttert, teils dadurch, daß man dem Gemeinwesen, dem Politischen fremd gegenüberstand, teils durch ungehemmte Schmeicheleien oder auch Haß (Historiae 1,1,1). Tacitus sieht sogar eine Alternative zwischen den Möglichkeiten zu intellektueller Leistung (in diesem Fall als Redner) und dem Frieden: Niemand kann sich gleichzeitig hohen Ruhms und großer Ruhe erfreuen (Dialogus 41,5).

Zu Beginn der Kaiserzeit hatte Augustus in der großen Säkularfeier des Jahres 17 vor Christus die Untaten des abgelaufenen Saeculums gesühnt und zugleich das neue Saeculum des Friedens eröffnet, in dem es friedlich zu ernten galt, was die Vorfahren gesät hatten.

Tacitus konnte nicht sagen, daß die Geschichte zu Ende sei, weil die Vorstellung der Geschichte als eines großen gerichteten Prozesses der Antike (außer dann unter christlichen Vorzeichen wie bei Augustin) unbekannt war. Insofern konnte er nur eine Ereignisarmut feststellen. Übrigens bemerkte er anschließend an das Zitierte, daß es trotzdem nicht nutzlos sei, jene auf den ersten Blick unbedeutenden Dinge genauer zu betrachten. Denn es könnten daraus große Bewegungen erwachsen.

So ist es in der Tat bald darauf geschehen. Aufs Ganze gesehen, folgte zwar noch eine lange Zeit der Ruhe, der »herrliche Altweibersommer« der Antike (Franz Wieacker). Aber die Widerstandskraft des Reiches sank derweil, und der gegen Ende des 2. Jahrhunderts beginnenden heftigen Angriffe germanischer Stämme von Norden sowie der Parther von Osten konnte es sich nur noch mit Mühe erwehren. Es folgten die Völkerwanderungen, denen die westliche Reichshälfte schließlich erlag. Eine vorübergehend ereignisarme Zeit also, von Tacitus als solche erkannt. Ist es heute so anders? Könnte es sein, daß wir nur vorschnell mit dem Ende der Geschichte zur Hand sind?

VII

So lange wie das Imperium Romanum brauchen wir ja auf die Völkerwanderung nicht zu warten. Längst ist sie im Gange, und man benötigt gar keine Phantasie, um sich auszumalen, daß sich demnächst jährlich viele Millionen aus den ärmeren Ländern auf den Weg nach Europa machen. Es ist der probateste Ausweg aus der Bevölkerungsexplosion und der desolaten, kaum zu verbessernden wirtschaftlichen Lage dort. Zweifellos kann daraus eine sehr ernsthafte Bedrohung dessen resultieren, was man die in Europa zur Zeit vorherrschende Liberalität nennen könnte; was aber Liberalität im alten Sinne gar nicht ist, sondern eher Bequemlichkeit im Rahmen einer satten Lage. Diese außereuropäische Problematik, die zugespitzt wird durch die immensen Schulden, kann sich über kurz oder lang in handfeste Gegensätze zwischen den europäischen Ländern und den andern, vielleicht auch innerhalb Europas, umsetzen. Und ob die sich ganz ohne Gewalt austragen lassen, ist offen.

Nachdem der Süden der Welt in den bewegten Jahrhunderten der Neuzeit nützlicher Entlastungsraum für viele unserer Probleme gewesen ist, wird er nun jedenfalls zunehmend zum Exporteur von Schwierigkeiten jeder Art. Le temps du monde fini commence, um es mit Valéry zu sagen. Wir wissen noch kaum, was das bedeutet.

Nichts anderes gilt von den diversen ökologischen Problemen, von denen die heute Lebenden sehr verschieden betroffen sind; aber auch von andern Fortschrittskosten. Sie können, ganz abgesehen von ihren Folgen für die gesamte Natur, einschließlich der Menschen, auch politisch äußerst konkret werden.

Rassenprobleme könnten sich dazugesellen. Wie lange es gelingt, Erscheinungen wie die Mafia, überhaupt die autonomen Sub-Einheiten der Drogen- und Armenorganisationen klein-, respektive von Europa fernzuhalten, ist unklar. Probleme wie die der »neuen Armut« nehmen sich vergleichsweise bescheiden daneben aus.

Sollte die Sowjetunion in ihre Teile zerfallen, so stünden uns potentiell größte Verwicklungen ins Haus. Wir könnten in das Spiel zwischen den diversen Nationalismen und Fundamentalismen hineingezogen werden. Der Widerspruch zwischen der inneren Schwäche und den militärischen Möglichkeiten der Welt-(und Atom-)Macht könnte in Weisen virulent werden, daß man sich noch nach der halbwegs berechenbaren Sowjetunion der letzten vierzig Jahre zurücksehnt. Und es könnten höchst schwierige Entscheidungen notwendig werden. Wenn die Probleme in China gering sein mögen, so ist jedenfalls das herkömmliche Krisengebiet des Nahen Ostens weiterhin für jede Menge Geschichte gut.

Insgesamt ist überhaupt nicht einzusehen, wie es möglich sein soll, daß sich die »nachhistorischen« Länder aus den künftigen Geschichten dauerhaft fernhalten. Und so sehr diese Länder zunehmend mehr mit Wirtschaft als mit Politik und Strategie beschäftigt sein mögen, so sehr wird sich die Wirtschaft mindestens in den Außenbeziehungen politisieren – wobei ganz offen bleibt, welche Rolle das Militär in einer Welt spielen wird, in der die atomare Abschreckung sich lockert, das Problem einer Ultima ratio aber deswegen noch nicht unbedingt vom Tisch ist (und wirtschaftliche Macht nicht automatisch Respekt gebietet).

Sollte sich das Weltsystem, wie anzunehmen, aus der bipolaren Konstellation etwa zu einer Pentarchie verändern, so würde auch dies große Probleme mit sich bringen. Und wie immer es laufen mag, daß die Europäische Gemeinschaft einfach als das Kartell reicher Länder samt einigen ausgesuchten armen in seinem südlichen Vorfeld fortbestehen kann, ist schon aus innereuropäischen Gründen unwahrscheinlich. Was eine Einbeziehung der Osteuropäer, die Europa erst zu Europa machen würde, bedeutet, ist noch kaum absehbar. Die Westeuropäer scheinen noch gar nicht begriffen zu haben, wie viele ihrer Illusionen nachgerade anachronistisch geworden sind. Es lassen sich genügend Mechanismen ausmalen, die es bewirken, daß sich die Probleme in ihrer weiteren Umgebung in handfeste innereuropäische Schwierigkeiten, Störungen und Konflikte umsetzen.

Die Geschichte der nächsten Zeit könnte also sehr viel interessanter werden, als uns lieb ist. Es wird uns an Ereignissen und an Stoff für schwierige Entscheidungen nicht fehlen. Die Bewegungen des Herbstes 1989 waren nur der – erfreuliche – Anfang zu neuer Beweglichkeit. Wenig Aussicht auf jenes posthistorische »Altersheim der Menschheit, wo nichts mehr passiert und – sofern nicht ›ruhiggestellt‹ – alle aufgeregt sind« (Odo Marquard). »Laß die Menschheit dauern, so lange sie will, es wird ihr nie an Hindernissen fehlen, die ihr zu schaffen machen, und nie an allerlei Not, damit sie ihre Kräfte entwickele« (Goethe zu Eckermann am 23. Oktober 1828).

VIII

Trotzdem scheint an der These vom Ende der Geschichte etwas zu sein. Zunächst ist sie – samt der Resonanz, auf die sie stößt – vermutlich ein symptomatischer Reflex auf eine bestimmte Lage.

Wir haben es heute, wenn nicht alles trügt, nicht nur mit einer Verschnaufpause zu tun. Indem die Entspannung zwischen Ost und West aus einer Tendenz zu einem Ergebnis wird, bricht vielmehr eine jahrzehntelange Gewöhnung ab. Ein großer Gegner, auf den man offenbar stärker bezogen war, als man zuletzt gedacht hatte, ist als solcher nicht mehr vorhanden. Damit ist die Welt verändert. Das kann sehr wohl etwas Aufschreckendes haben. Der Müller (solange es den noch gab) erwachte ja auch, wenn die Mühle zu klappern aufhörte.

In einer Weltgesellschaft, die in solch rascher Veränderung und Beschleunigung begriffen ist, die noch dazu mehr oder weniger geschichtslos dahinlebt, sind vier Jahrzehnte offenbar eine sehr lange Zeit. Da kann das Widersinnigste zur Normalität gerinnen. Gerade in Deutschland bemerkt man es, wo zur Zeit alle Augen mit Scheuklappen abgedeckt werden, um der verwandelten Realität, dem Ende des Lebens unter dem Schutz der Mauer, nicht ausgesetzt zu sein. Offensichtlich hat sich im Zeichen der west-östlichen Konfrontation eine ganze Blockmentalität gebildet. Und man hatte nichts vor, was über die Konfrontation – und allenfalls ihre Auflösung – hinauszielte. Man konnte sich so wenig mehr etwas anderes vorstellen, daß eine Welt ohne Blöcke gleich als eine Welt ohne Geschichte erscheint. Es scheint uns eine weiche Welle zu tragen, alles scheint auf der Basis ein und derselben Grundauffassung einvernehmlich zu regeln zu sein. Gewaltlosigkeit, »Politik der Wahrheit« (Adam Michnik) scheint auf der Tagesordnung zu stehen.

Vor allem aber könnte auch deswegen der Eindruck einer

endgültigen Windstille (oder einer Leere?) entstehen, weil mit dem Ende der West-Ost-Konfrontation ein eigenartiger Ruhepunkt in der Geschichte der Staatlichkeit erreicht zu sein scheint. Denn es ist offenbar eine außerordentliche Anstrengung, von der wir momentweise freigesetzt sind.

Letzten Endes ist es die Anstrengung des modernen Staates, der Strenge und Disziplin, zu der er erzog und die er forderte, die Anstrengung auch der Legitimierung, die er dafür aufzubringen hatte. Man soll das nicht unterschätzen, weder für Europa, wo es noch am ehesten einleuchten mag, noch für Amerika.

Es ist bekannt, welch ungeheures Maß an Kraft, an Zwang, an Bescheidung der Aufbau des modernen Staates gekostet hat. Eigentümlich für ihn war aber zugleich etwas anderes: Er stellte die erste politische Einheit der Weltgeschichte dar, die, obwohl von Monarchen geprägt, in Republiken, ja Demokratien umgeformt werden konnte. In den vor- und außerantiken Hochkulturen war die politische Organisation untrennbar mit Alleinherrschaften verbunden; und in Griechenland, wo es zur Demokratie kam, war alles Wesentliche an der politischen Organisation nicht von Monarchen geschaffen worden. Wenn es sich in Europa so anders verhielt, so offenbar darum, weil bereits in den Aufbau des modernen Staates einerseits einige Eigenständigkeiten, andererseits mannigfache Elemente antiker und christlicher Überlieferung einmontiert waren, aus denen dann mit der Zeit die Instanzen erwachsen und sich erweitern konnten, die ihn in Frage stellten. Dazu gehörte auch die nachhaltige Konkurrenz zwischen den Staaten.

Von daher hatten sie es von vornherein mit potentiell hohen Ansprüchen zu tun. Sie erweckten weitreichende Erwartungen, die ihnen eigene Rationalität verband sich mit der der Wissenschaft, der Ökonomie etc., und daran schloß sich seit dem späten 18. Jahrhundert die Fortschrittsgewißheit an. Mächtige Erwartungen gingen geradezu in die diesen Staaten korrespondierenden kollektiven Identitäten ein. Sie bildeten eine Kompensation für all das, was sie ihren Bürgern abverlangten. Und das konnten sie ja durchaus auch in Demokratien. Das galt zugleich, wenn auch mutatis mutandis, für die Vereinigten Staaten von Amerika.

Die somit entstehenden Erwartungen konnten und können so leicht nicht befriedigt werden; selbst wenn inzwischen in mancher Hinsicht für unendlich viele ein Mehrfaches von dem, was früher bestenfalls zu erträumen war, erreicht wurde. Denn es bleibt dabei anderes offen, und vor allem hat sich mit den einzelnen Zielen soviel Glückserwartung verbunden, daß deren Erreichung nie genug sein kann: weil es eben das Glück selbst nicht ist, was dabei herauskommt.

Diese Erwartungen aber sind vornehmlich privater Natur, und sie gehören insgesamt eher in die gesellschaftliche als in die staatliche Sphäre, auch wenn es darum gelegentlich, zumal im Zeichen des Nationalismus, anders bestellt sein kann. Stets aber bleibt es, aufs Ganze gesehen, schwierig, die Interessen des Staates – oder was dafür gehalten wird – in einer Welt so gesteigerter Ansprüche durchzuhalten. Das gelingt am ehesten angesichts evidenter Aufgaben, die so nur der Staat erfüllen kann, sowie angesichts potentieller Feinde.

Schon vor Jahren dachte Hannah Arendt darüber nach, was mit einer Arbeitsgesellschaft geschehe, der die Arbeit ausgeht. Jetzt stellt sich die Frage, wie es um Staaten bestellt ist, denen die potentiellen Feinde abhanden kommen. Es fällt damit – so lange es dauert – vieles hin, worauf man bisher bauen konnte. Die Ost-West-Konfrontation hatte einerseits so sehr an ein Zeitalter intensiver Staatlichkeit und von Auseinandersetzungen zwischen den europäischen Nationen angeschlossen, wie sie andererseits den seit 1786 respektive 1789 neu eröffneten Kampf um Demokratie und Menschenrechte fortsetzte. Sie hatte eine ganze Weile lang dem politischen Handeln einen gewissen »Sinnkredit«, seinen Abstraktheiten einen gewissen Vorschuß der Fraglosigkeit verschafft. Da war eine lange Kontinuität.

Jetzt scheint sie plötzlich abzubrechen. Schon zuvor hatte sich das Bezugssystem gelockert. Es wäre eine interessante Frage, in welcher Wechselwirkung diese Veränderungen mit der Paradigma-Erschöpfung stehen, deren Ausdruck der Versuch einer postmodernen Kunst doch wohl ist. Jedenfalls drängt sich ringsum einerseits der Eindruck eines Auslaufens bisheriger Orientierungen auf; des Auslaufens auch langfristigen politischen Rechnens: Was wäre sonst etwa angesichts zunehmender Ausländerfeindschaft zu tun, da man doch weiß, daß der Toleranz von Bevölkerungen am besten damit gedient ist, daß man die Herausforderungen beschränkt, angesichts derer sie benötigt würde! Zugleich stehen die »Helden des Rückzugs« (Hans Magnus Enzensberger) im Vordergrund der politischen Bühne. Andererseits findet man ganze Bevölkerungen vornehmlich damit beschäftigt, zu verzehren (und zu zertrampeln), was eine jahrtausendelange Geschichte erbracht hat.

Der Sinn des Staates also scheint seine Evidenz zu verlieren. Die Schule vermag nicht einmal mehr über ihn aufzuklären. Europa verträgt nicht nur – was selbstverständlich ist – keine Kriege mehr, sondern es hat militärisch auch nichts mehr auszurichten. Das Denken in Justizförmigkeit ist so beherrschend, daß weithin nicht einmal die Notwendigkeit des Standgerichts gegen Ceauşescu einzuleuchten vermochte. Vom Schwinden der Ästhetik des Staates zu schweigen, für die es an Überzeugungskraft und an Empfänglichkeit fehlt – so daß die Ästhetik der Ohnmacht (und die Ohnmacht der Ästhetik?) obsiegt.

Wie soll man da also nicht meinen, man habe das erreicht, was hinter allen Anstrengungen immer als geheimes Ziel gestanden hatte, das Ende der Geschichte? Und es kann sehr wohl, wenn es nahe rückt, Angst bereiten, auch die Melancholie der Erfüllung – und die heroische Geste nahelegen, die mit der Feststellung des *posthistoire* allemal verbunden ist. Eine Erschlaffung also, eine Anpassungskrise, die im *end of history* die »modische Formel für das Gefühl des Endes, des Endes eines Zeitalters«, diesmal vielleicht des nordatlantisch-ideologischen gefunden zu haben meint?

Kurz, ich möchte dafür plädieren, die These vom Ende der Geschichte ernst zu nehmen als Symptom für eine – vermutlich nicht ungefährliche – Zwischenlage, in der wir uns jetzt befinden.

IX

Aber vielleicht ist wirklich auch die Geschichte selbst im Begriff, einen neuen Modus anzunehmen? Nichts in ihr ist so leicht zu Ende. Die Ereignisgeschichte nicht, für deren Fortsetzung die letzten Monate des Jahres 1989 so reichliches Anschauungsmaterial boten, und nicht die Geschichte der großen, unendlich breit verursachten Veränderungsprozesse. Und doch entstand seinerzeit im 18. Jahrhundert eine »neue Geschichte« eben dadurch, daß der große Prozeß der Neuzeit sich herausbildete und als Geschichte wahr- und zum Maßstab historischer Betrachtung genommen wurde. Während die Ereignisgeschichte fortdauerte, freilich auf das Prozessuale hin relativiert wurde.

Ereignisgeschichte ist die Geschichte, die sich zwischen Individuen und Gruppen (zumeist Staaten) abspielt und wesentlich in deren – ereignishaftem – Aufeinandertreffen sowie in der Abfolge der Ereignisse besteht. Man kann sie erst wahrnehmen, wenn man langfristig viele, grundsätzlich gleichberechtigte Teilnehmer – Subjekte und »Großsubjekte« – am politischen (und militärischen) Spiel beobachtet; wenn Politik wirklich zwischen denen sich abspielt. Das konnte öffentlich und anerkanntermaßen erst im klassischen Griechenland geschehen, da die Geschichte davor fast immer nur als die eines einzelnen Großsubjekts erschien – und sich auf lange Strecken auch vollzog.

Die prozessuale Geschichte der Neuzeit wurde erst begriffen – und fand, strenggenommen, erst statt –, als die Welt von rapiden Veränderungen der gesamten Struktur von Wissenschaft, Technik, Wirtschaft, Gesellschaft und Politik bestimmt wurde; als die »Welt als Geschichte« entstand. Zu ihr gehörte auf der politischen Ebene die Herausbildung großer Alternativen zum Bestehenden. Die Notleidenden und Benachteiligten bauten allmählich eine Front auf und vermochten dadurch die Verhältnisse selbst zum Gegenstand vielfältiger Änderungsbestrebungen zu machen. Überzeugungen von der Notwendigkeit einer neuen Ordnung institutionalisierten sich zu einer großen Kraft, die in der Breite der Gesellschaft zu wirken vermochte. Einsichten und Meinungen verschränkten sich derart zu Interessenschwerpunkten und lagerten sich in den Interessenhaushalt eines großen Kreises von Menschen ein, daß ihre Verfolgung sich ihnen geradezu aufzwang. Neue Maßstäbe entstanden – und viele, die sonst bloß Außenseiter geblieben wären, konnten sich auf die neue Kraft hin orientieren. Das beste Beispiel dafür stellt Karl Marx dar, der dies sogar vorwegnehmend tat. Unter diesen Umständen sind Ideen, in engem Wechselspiel mit Interessen, wirklich leitend. So konnte das liberale Bürgertum und dann streckenweise auch das Proletariat Alternativen zum Überkommenen aufbauen. Auf markante Weise war die Geschichte des 19. und 20. Jahrhunderts deren Verwirklichung. Neue Schichten erweiterten die Kapazität der Ordnung und brachten auf diese Weise allgemeinere Interessen – und Interessen einer breiteren Allgemeinheit – zur Geltung. Eben dies scheint im nordatlantischen Raum durchgespielt. Die liberale Bewegung hat ihr Ziel erreicht, die sozialistische scheint sich mit Modifikationen zufriedengeben zu müssen. Revolutionen stehen nicht in Aussicht. Postmoderne, die Tatsache, daß man nicht mehr weiß, wohin es geht, ist vielleicht nur der künstlerische, übrigens vorwegnehmende, Ausdruck dafür.

Sie folgt nicht ohne Grund dem letzten, vergeblichen Versuch, die alte Bewegung fortzusetzen, dem intellektuellen Aufbruch der späten sechziger Jahre respektive seiner Totalbremsung. Für diese Alternativen war entscheidend, daß die Natur unerschöpflich zu sein schien, denn auf ihre Kosten ging ein guter Teil des Prozesses, in technischer, wirtschaftlicher, wissenschaftlicher, vielleicht sogar auch medizinischer Hinsicht.

Heute könnte sich ein weiterer großer und das Ganze verändernder Geschichtsmodus ankündigen. Vielleicht daß eine »Repluralisierung« der Geschichte künftig die Tagesordnung bestimmt. Wo etwa das Interesse an der Arbeit und das am Atmen, dasjenige am Wohlstand und das an der Natur oder – touristisch – das Interesse an Wegen und das an Zielen auf eklatante Weise in Widerspruch zueinander geraten, hat man es offensichtlich primär mit vielen Prozessen zu tun, die sich gegenseitig bedrohen, nicht mehr mit »der Geschichte«, wie sie bisher verstanden wurde. Damit entstehen außerordentliche Probleme des Ausgleichs, also der Politik. Nicht umsonst wird heute nichts so sehr mit Fortschritt assoziiert wie Kosten.

Sie können einerseits, was sich ja längst vorbereitet, zur immer weiter gehenden Verlagerung von Politik, Entscheidung und Geschehensverursachung in supranationale, ja universale Gremien führen. Das bedeutet nicht nur eine neue Organisation von und zwischen Staaten, ein neues Verhältnis von Innen- und Außenpolitik, sondern möglicherweise zugleich einen neuen Geschehensmodus: Die Ereignishaftigkeit vieler Vorgänge wäre letztlich aufgehoben in freilich kollegialen und damit zum Teil ereignishaft funktionierenden höchsten Instanzen. Und die müßten dann vielleicht auch die vielfachen, weitgehend selbstläufigen Prozesse, was völlig neu wäre, unter Kontrolle bringen; sei es ökologisch, sei es in Hinsicht auf die Verteilung von Reichtum und Armut – wobei sich unendlich vieles veränderte. Nicht nur im Verhältnis zwischen den Ausgleichs- und Entscheidungsgremien und den Bevölkerungen (was man schon heute an der EG beobachten kann, wo es zwar Gremien und Bürokraten und Einwirkungsmöglichkeiten für Big Money und Big Business genug gibt, aber ein »Europa der Europäer« nur im Gefühl der Zusammengehörigkeit, nicht in irgend konkreten Vorstellungen oder gar in Diskussionen, die über einzelne Länder – oder Fächer – hinausgingen). Vielmehr würden mit diesen Grundbedingungen von Geschehen und Geschichte zugleich im Mentalen erhebliche Veränderungen eintreten, die sich letztlich durchaus in Politik übersetzen könnten.

Andererseits könnte es aber auch – und eventuell daneben – zur Bildung einer ganz neuen Alternative kommen. Wohlhabende Länder werden so wenig wie wohlhabende führende Schichten freiwillig bereit sein, sich nennenswert einzuschränken. Man kann es ihnen nur abtrotzen. Angesichts der nachgerade grotesken Unterschiede zwischen Nord und Süd könnte das sehr wohl in der Weise geschehen, daß sich unter den armen Ländern (wie früher unter den minderberechtigten Schichten) Interessen und Meinungen neu verknoten, daß sich Interessenschwerpunkte derart bilden, daß sich das mittelbare allgemeine Interesse gegenüber den unmittelbaren partiellen Bedürfnissen objektiviert und so sehr an Kraft gewinnt, daß es zu einem Schwerpunkt eigener Art wird – so daß es zu den heftigsten Auseinandersetzungen um eine ganz neue Verteilung von Mitteln und Rechten, auch zu neuen Utopien kommen könnte. Dann wäre die südliche Welt erstmals nicht nur als Summe von Kolonien oder als Randfiguren und Störfaktoren in der Weltpolitik anwesend, sondern als eine eigene, in vieler Hinsicht geschlossene, zuletzt vielleicht überlegene Kraft. Dann wird alles sich neu sortieren, dann könnte es einen ganz neuen Aufbruch geben. Und da dessen Dimensionen so ungeheuerlich sind, da dann kein Entlastungsraum und auch die Natur nur sehr bedingt als Ressource mehr zur Verfügung steht, könnte es zu sehr harten Auseinandersetzungen kommen. Es könnte somit durchaus gerechtfertigt sein, von einer neuen Lage der Geschichte zu sprechen.

Viele Tendenzen, die sich zum Teil schon ankündigen, mögen sich damit verbinden, etwa die zur »Verhausschweinung« des Menschen, die zur Ästhetisierung, die zu neuen Formen einer Pflege konkreter (etwa regionaler) Zusammenhänge, auch zu Staaten im Staat. Und es wäre eine wichtige Aufgabe, kollektive Identifikationen auszubilden, die den neuen Verhältnissen in irgendeiner Weise entsprechen. Denn die nationale Identität hatte ja etwa die Funktion, den Einzelnen einem Ganzen zugehörig zu machen, innerhalb dessen er wirklich Teil des ins Ungemessene wachsenden Weltgeschehens sein konnte. Und entsprechende Verschiebungen zwischen kollektiven Identitäten könnten angesichts der neuesten Geschichte notwendig werden. Und vieles andere sonst.

X

Kein Grund also, die Geschichte am Ende zu sehen! Sollte diese These das politische Handeln einer Weltmacht leiten, so wäre es Zeit, Alarm zu schlagen. Denn dann würde man seine Hände in einem Moment in den Schoß zu legen versucht sein, in dem höchste Aufmerksamkeit geboten ist. In der Geschichte pflegt aus jeder Einigung eine neue Differenz zu entstehen, und aus jedem Ende ein Anfang. Gerade deswegen ist aller Anlaß gegeben, neu über die »Lage der Geschichte« nachzudenken.

Ein *fin de siècle* im Sinne der künstlerischen Bewegung des 19. Jahrhunderts kann das 20. nicht haben. Das ist nach Auschwitz, aber auch nach Gulag, Hiroshima und Tschernobyl nicht mehr möglich. Wenn man sich jedoch aus der Jagd nach dem immer kurzfristigeren Neuen ausklinkt, wie es im Zeichen der Postmoderne möglich sein müßte, wenn damit etwas mehr Solidität, Überlegtheit, auch Langfristigkeit und Distanz einhergeht, wenn zugleich mit dem Wegfall der Blockmentalität der Blick auf die von ihr verdeckte bunte Wirklichkeit und mithin die Phantasie wieder offener wird, dann müßte es vielleicht möglich sein, wieder eine Kunst hervorzubringen, die auch ihrerseits jeden Gedanken an ein Ende der Geschichte widerlegt. Sie dürfte freilich nicht nur die Extrapolation einer bestimmten Stimmung in bestimmten Bürgerkreisen sein, dürfte nicht wie das *fin de siècle* nur deswegen ein Ende deklarieren, weil jede Fortsetzung der Geschichte zu den eigenen Ungunsten wäre. Damals hat man weithin den Aufbruch der Sozialdemokratie übersehen, das sollte man heute nicht mit dem der südlichen Welthälfte wiederholen. Mindestens ebenso wahr wie Fukuyamas Ende der Geschichte ist jedenfalls Musils Wort aus dem Jahre 1923: »Wir sind eine Frühzeit!«

Läuft der Zeit die Zeit davon?

Am Ende des 20. Jahrhunderts, so ist immer wieder zu hören, beschleunige sich die Zeit in unerhörtem Maße. Wenige aber machen sich Gedanken, worin sich dies ausdrückt – und was die Konsequenzen sind.

Muß ein Verschütteter, bevor seine Frist abläuft, gerettet oder eine Verhandlung abgeschlossen werden, bevor ein tödlicher Konflikt wieder aufbricht, sprechen wir von einem Wettlauf mit der Zeit.[1] Menschen und Zeit können also mit unterschiedlicher Geschwindigkeit unterwegs sein. Dabei ist mit Zeit ein Prozeß gemeint, der irgendwie selbsttätig auf ein Ziel zustrebt. Sind die Retter oder die Unterhändler im Begriff, den Wettlauf zu verlieren, so sagt man, die Zeit laufe ihnen davon.

1833 fand Tocqueville, »die Bewegung«, von der die christlichen Völker in seiner Zeit »mitgerissen« würden, sei »schon zu stark, als daß sie aufzuhalten wäre«. Sie verlaufe aber »noch nicht so rasch, daß man die Hoffnung auf ihre Lenkung aufgeben müßte; sie halten ihr Geschick in ihren Händen; bald jedoch wird es ihnen entwunden sein«. Auch hier ein als selbsttätig zu verstehender Prozeß; nur daß er diesmal Bewegung heißt und daß eine ganze Staatengesellschaft ihn durchmacht. Halten die Menschen Schritt mit ihm, mit seinem zeitlichen Ablauf, so behalten sie die Kontrolle über die Verhältnisse. Wird er schneller, so kommen sie mit der Zeit nicht mit. Anders gesagt: Das Problem mit der Zeit beginnt, wenn man sie nicht mehr zu fassen bekommt.

Mit Tocqueville befinden wir uns schon in der Zeit, da alles in Veränderung begriffen ist; da die Vorstellung von Geschichte als *einem* großen, umfassenden Veränderungsprozeß an die Stelle der vielen Geschichten getreten ist, mit denen man zuvor – grob gesagt vor dem 18. Jahrhundert – gerechnet hatte: Geschichten politischen, militärischen, vielleicht auch kulturellen Inhalts innerhalb einer im übrigen mehr oder weniger als konstant gedachten Welt.

Jetzt wußte man, daß Wissenschaft, Technik, Handel, Bildung »jeden Tag Neues« hervorbrachten; gesellschaftlichen Wandel mit potentiell bedeutenden politischen Konsequenzen. Der Prozeßcharakter dieser Veränderungen wurde um so mehr bewußt, als man ihrer Geschwindigkeit, ja Beschleunigung nur allzusehr gewahr wurde. Was früher kaum in Jahrhunderten geschehen war, vollzog sich jetzt in wenigen Jahren. »Was damals im Schritt ging, geht jetzt im Galopp. Die Zeit ist auf der Flucht«, heißt es bei Ernst Moritz Arndt 1807.

Die Zeit bekam eine Richtung in der gesellschaftlichen Dimension: Sie schien für viele, für die Vorwärtsdrängenden auf Verbesserung, ja auf die Verwirklichung bestimmter Ideale zuzulaufen. In diesem Prozeß konnte man vorne von hinten unterscheiden. Das Neue wurde gegenüber dem Alten aufgewertet. »Offen die Notwendigkeit und das Recht des Fortschreitens vom Bestehenden zum Besseren zu leugnen, wagt wohl niemand mehr«, hieß es 1846 in Rotteck-Welckers Staatslexikon.

Künftig waren politische Richtungen nach Maßgabe der Zeit zu unterscheiden. Die »Fortschrittlichen« hielten den »Konservativen« vor, man müsse mit der Zeit gehen. »Nur Fortschritt bringt Segen, Stillestehen bringt zurück.« Jetzt konnte ganzen Staaten passieren, daß sie hinter der Zeit (oder dem Mond) zurückblieben. Es ließen sich moderne und rückständige Volkswirtschaften oder Gesellschaften unterscheiden. Staaten aber, die in Wirtschaft, Rüstung, Infrastruktur, ja Bildung zurückblieben, unterlagen auch auf dem Schlachtfeld, wie bei Königgrätz, wo das Zündnadelgewehr und die preußische Volksschule gesiegt haben sollen. Es schälte sich das Problem des Aufholens heraus.

Doch war es nicht nur die Konkurrenz zwischen den Staaten, die sie jetzt vorantrieb mit der Zeit, sondern es war auch wichtig, daß in deren Innern die politische und moralische Ordnung mitkam mit den technischen, wirtschaftlichen, gesellschaftlichen Neuerungen. Gelang das, so konnte man »der Zeit Meister« werden, wie Franz von Baader es 1834 ausdrückte. Die Alternative war, daß man sie gegen sich »revolutioniere«, wenn man nämlich »die von ihr geforderte Evolution« oder eine sie »nachholende Reformation« versäume. Was »die Dinge«, also die Verhältnisse, die Zustände, »von selbst« taten, war jetzt, daß sie sich veränderten; und das konnte explosiv werden.

Tocquevilles Furcht, daß »die Strömung uns mitreißt und uns rücklings den Abgründen zuträgt«, schien bald überholt. Man gewöhnte sich an das Tempo. Man lernte dazu, nutzte die neuen Möglichkeiten, konnte manches regulieren, Mißstände (etwa unwürdige Arbeitsbedingungen) beschneiden.

Neue Parteien bildeten sich, die die aus den Veränderungen resultierenden Gegensätze zwischen sich austrugen. Insofern konnten die Gesellschaften ihre Verhältnisse, konnten sie sich selbst bestimmen; durch die klärenden Prozesse der Diskussion, durch politische Kämpfe, durch Entscheidungen. Obzwar keineswegs alle zufrieden waren, letztlich brachte die Bewegung für immer breitere Schichten wirkliche Fortschritte. Auch wenn sich die Abgründe im 20. Jahrhundert doch noch und in unvorstellbarem Ausmaß auftaten: Selbst danach schien der Fortschritt im Sinne breiterer Schichten wieder Fuß zu fassen, nicht nur in Wohlstand und medizinischer Versorgung, in leichterer Arbeit und Angleichung der Bildungschancen, sondern sogar in den Menschenrechten. Und dies in immer weiteren Teilen der Welt und vielfach in Staaten, die sich dagegen sträuben.

Immer wieder mochte manch einem die Zeit davonlaufen,

trotzdem konnten sich ganze Gesellschaften mit einigermaßen plausiblen Gründen auf dem Stand oder gar auf der Höhe der Zeit wähnen. Wenn Reformer oder Revolutionäre das bestritten, so meinten sie doch, sich selbst dort zu befinden oder dahin gelangen zu können. In diese Richtung wirkte der Druck erst des liberalen Bürgertums, dann des Proletariats. Man war jedenfalls vom Ideal der Autonomie, der Selbstbestimmung nicht weit entfernt.

Die Frage ist, ob dem heute noch so ist. Oder könnte es sein, daß heute der ganzen Zeit, unserer Zeit, die Zeit davonläuft?

Die Geschwindigkeit der Veränderung hat sich jedenfalls mächtig gesteigert. Mit der wachsenden Zahl der Forscher und ihrer Institute schrumpfen die Abstände rapide, in denen Entdeckungen aufeinanderfolgen. Indem weiteste Teile der Welt an der Veränderung von Produktion und Kommunikation, von Lebensstilen und Verhaltensweisen teilhaben und durch immer längere Ketten von Wechselwirkungen miteinander verquickt sind, entsteht ständig Neues, breitet sich in Windeseile aus und zieht Weiterungen nach sich. Eine Mode, eine Technik, eine Serie von Produkten peitscht die andere vor sich her. Manches überschlägt sich, anderes bleibt zurück, vieles kommt hinzu, immer neu gruppiert sich die Meute.

Ständig muß man sich umstellen, um mithalten zu können. Es jagen sich sogar die künstlerischen Epochen. Für die knapp 50 Jahre von 1855 bis 1900 zählt man sieben, vom Impressionismus bis zum Jugendstil; allein für das siebte Jahrzehnt unseres Jahrhunderts kommt man auf 14, vom magischen Realismus bis zum Environment.

Wenn man noch vor wenigen Jahrzehnten weithin meinte, die Gegenwart aus der Geschichte verstehen zu sollen, ist man heute voll damit ausgelastet, die immer neuen Veränderungen der eigenen Zeit nachzuvollziehen, wo Apparate, Organisationsstrukturen, Verkehrsverhältnisse, Lebensziele, Gesinnungen und Meinungen eine rasante Veraltensgeschwindigkeit erreicht haben. Immer mehr ist eher kurz- als langfristig bedingt. Man begreift sich – und andere – weit weniger von der Herkunft (aus einer Familie, einer Klasse, einem Land etwa) her, weit weniger aus den Prägungen einer Biographie (was am ehesten noch Unterlegene in einer Art Notwehr tun); viel wichtiger werden die Weisen, in denen man auf verschiedenste Lagen zu reagieren vermag. Man ist weniger Kind seiner Zeit, als daß man in ihr mitschwimmt, ihren Gedankenlosigkeiten – schon aus Mangel an Zeit – hingegeben. Wenn Büchners Danton fand: »Puppen sind wir, von unbekannten Gewalten gezogen«, so bezog er sich auf politisches Handeln in der Revolution. Aber gilt Entsprechendes nicht längst auch für das Meinen, das Urteilen, das Befinden auch derer, die nicht aktiv dabei sind, und in ganz gewöhnlichen Situationen?

Es ist heute nicht mehr auszumachen, daß sich die vielen Veränderungen einer großen Richtung fügen. Keine Schichten sind da, die überzeugt sind, daß die Bewegung der Zeit in ihrem Sinne sei, daß sie sie im allgemeinen Interesse vorantreiben müßten. Liberalismus und Sozialismus konnten sich von Anfang an auf große Theorien stützen, in denen Ökonomie mit Gesellschaft, Moral und Politik zusammengedacht war. Da gab es einen umfassenden Zusammenhang, in der Theorie wie in der Zeit. Weite Teile der Gesellschaft konnten sich vornehmen, in seinem Sinne voranzukommen. Darin bestand »der Fortschritt«, die »Modernisierung«.

So hatte man einen Nenner, auf den verschiedenste Veränderungen gemeinsam gebracht werden konnten; letzten Endes jedenfalls. So konnte man die Gegenwart in die Zukunft fortschreiben. Zum Fortschritt gehörte, daß er zugunsten immer breiterer Schichten lief und daß Veränderungen auf den verschiedensten Gebieten in die gleiche Richtung wiesen. Innovation schuf Arbeitsplätze, mehrte den Wohlstand auch in der Breite der Gesellschaft. Wissensvermehrung förderte die Bildung, trug zu Mitdenken und Mitbestimmung bei.

Heute spricht nichts mehr dafür, daß die Veränderungen zugunsten breiterer Schichten liefen. Vielmehr bilden sich eher Privilegien, ein stärkeres gesellschaftliches Gefälle und neue Abhängigkeiten heraus. Und was früher im Einklang wirkte, gerät heute in Widerspruch. Wirtschaftliche Expansion schafft Arbeitslosigkeit, die Zunahme des Wissens führt eher zu seiner Monopolisierung. Wenn sich in Automatisierung, Globalisierung, in den revolutionären Entwicklungen der Kommunikation eine Richtung abzeichnet – gleichsam im Trend vom *homo sapiens* zum *homo telephonans* –, so ist völlig unklar, was sich daraus für Wirtschaft, Gesellschaft, Demokratie ergeben wird. Was heißt da »Modernisierung«? Wie weit gilt noch die Vermutung, daß Neuerung zugleich Verbesserung sei (außer für einzelne, für Firmen und Netzwerke, denen sich dabei natürlich große Möglichkeiten erschließen)? Und: sind vielerlei Reaktionen auf all das Neue nicht eher Variation als Teile eines gerichteten Wandels, eher Neben- als Nacheinander? So daß unsere Bewegung eher dem Schnellauf im Hamsterrad gleicht, wofür die Ungerichtetheit der »Postmoderne« symptomatisch sein könnte?

Es ist, zumindest für Europa, sehr fraglich, ob die Gesellschaften, so wie sie sind und wie sie sich, davon ausgehend, im Idealfall vorstellen können, die Veränderungen, die sie erfahren und zu denen sie genötigt sind, wirklich wollen. Jedenfalls müßten sie heute nicht nur dazu-, sondern vor allem umlernen, das heißt manches ablegen, was man bisher gewußt, was man bisher gewollt (und für richtig gehalten) hat. Selbst darüber, was der Mensch ist und worauf sich seine Ansprüche und Rechte gründen (viel weniger auf Arbeit zum Beispiel als auf Mut zum Risiko, auf Initiative, auf Glück, wenn nicht auf manches, was heute als eher kriminell angesehen wird). Und dies in einer Lage, wo das erlernte Wissen ständig durch neue Gegebenheiten verunsichert wird (so daß man versucht ist, sich um so fester daran zu halten). Und derart umlernen sollen ganze Gesellschaften, und noch dazu solche, die schon meinten, am Ziel zu sein.

Müssen wir also der Zeit hinterherhinken? Jedenfalls gibt es – über Einzelbereiche hinaus – kaum Vorstellungen von der Zukunft, auch kaum Interesse daran, fast keine Prognosen. Je schneller wir unterwegs sind, um so weniger interessieren wir uns für das, was vor uns liegt. Vielleicht, weil die Zeit heute immer schon »um die Ecke« ist? Weil wir »die Zukunft« immer schon erreichen, bevor wir uns darauf vorbereiten (ja bevor wir sie recht wahrhaben) können?

Entsprechend unklar ist, woraufhin wir unsere Kinder erziehen sollen. Wo die Schule aktuell sein will, ist das, was sie dabei vermittelt, oft veraltet, bevor die Schüler sie verlassen. Wo man sich früher vorzustellen meinte, welches Leben die eigenen Kinder und vielleicht gar Enkel erwartete, ist heute schon unklar, wer wir selbst in zehn Jahren sein werden. Der Abstand zwischen den Generationen ist so groß, daß sich sogar Konflikte erübrigen. Generationsbedingte Neuanfänge werden durch fließende Übergänge ersetzt. Und kein Gedanke, wohin es geht.

Vielleicht laufen gar die Zusammenhänge aus, in denen man Geschichte haben kann. Der Verzicht auf Zusammenhangsknüpfung, dem man an vielen Stellen, etwa in der vorwaltenden Form der Theaterregie, begegnet, könnte dafür symptomatisch sein.

Wenn nun so viele Veränderungen so rasch »von selbst« geschehen – einfach aufgrund all dessen, was überall auf der Welt im Gange ist –, wenn wir aber nicht darauf vertrauen können, daß diese Prozesse zum Guten oder gar zum Besseren für uns, wenigstens für unsere Gesellschaften im ganzen führen, wie lassen sie sich kontrollieren? In den Staaten, zwischen den Staaten? Demokratisch, also irgendwie unter Beteiligung der Völker? Können wir uns – und unsere Verhältnisse – insofern selbst bestimmen? Oder müssen wir als

Gesellschaften einfach mehr oder weniger tun – und werden! –, wozu uns das Geschehende nötigt?

Hier stellt sich die Frage des Mitkommens mit der Zeit für alle, also für unsere Zeit insgesamt. Die alte Konstellation, daß da Fortschrittliche, Vorandrängende, aufstiegsverdächtige Schichten gar waren, die Neues verfochten (und gegen die man kämpfen konnte), ist nicht mehr gegeben. Sofern Selbstbestimmung auf Besitzstandswahrung hinausläuft, kann man sich höchstens – und spät – von Sachzwängen zu Neuem treiben lassen.

Man sagt zu Recht, es sei daran zu denken, wie wir die Welt unseren Kindern hinterlassen. Aber wissen wir, wer unsere Kinder sein werden? Müssen sie nicht ganz andere werden, weil die Zeit sie formen wird? Oder werden wir Elemente, die wichtig, die unbedingt zu verteidigen sind, so befestigen können, daß sie durchhalten, was auch immer mit all dem Beiwerk sein wird, das am Wege liegenbleibt? So daß es auch »unsere Gesellschaften« sein werden, über allen Wandel hinweg, die in Zukunft bestehen? In einer tieferen Identität? Dergestalt, daß »wir« uns in den künftigen Veränderungen nicht nur einrichten und vielleicht zurechtfinden, sondern daß »wir« uns das Neue und immer Neuere auch offensiv zu eigen machen können – bis wir uns darin zurechtzufinden meinen?

Dazu braucht es neues Wissen, neue Maßstäbe, neue Wertschätzungen, neue Offenheit. Vielleicht auch neue Parteiungen; neue Institutionen, neue Leidenschaften. So mögen wir irgendwann wieder gleichauf kommen mit der Zeit. Denn Beschleunigungen haben zunächst immer Angst und Verzweiflung hervorgebracht, und man konnte letztlich damit fertig werden. Warum also nicht auch wir?

Historiker und Prognose

Alle Geschichte ist offen, so heißt es, so betonen gerade auch die Historiker.[1] Trotzdem erscheint sie, wenn man ihr in deren Werken begegnet, nur allzu leicht als mehr oder weniger zwangsläufig, genauer gesagt: es scheint sich mit ziemlicher Konsequenz zumeist das eine aus dem andern zu ergeben. Das Bedürfnis, Abläufe der Geschichte zu verstehen, das Streben nach Sinn und der Drang nach Konsistenz, dem der Erzählende allzu leicht unterliegt, wirken beim Historiker (und oft schon bei seinen Vorlagen) darauf hin, den Eindruck der Offenheit zu begrenzen. Gewiß, es gibt immer wieder Gelegenheiten, bei denen es sich nahelegt, dieser Tendenz zu widerstehen. In bestimmten Situationen, in denen vieles auf dem Spiel steht und wichtige, folgenreiche Entscheidungen zu treffen sind, wird dies in der Regel markiert.[1a] Es kann auch sein, daß ein ganzer Geschehenskomplex in all seiner Dramatik und seinen unvorhersehbaren Windungen geschildert wird. Aufs Ganze gesehen bleibt das jedoch bei den meisten die Ausnahme.

Somit entsteht allzu leicht ein falsches Bild, insofern eben die Offenheit der Geschichte – und die Nicht-Vorhersehbarkeit ihrer Abläufe – ungebührlich in den Hintergrund historischer Darstellung gerät. Der Historiker wird zum »rückwärts gewandten Propheten« und entfernt sich dadurch weit von aller vergangenen Zeitgenossenschaft. Ja, er kann die Menschen der Vergangenheit »um so schlechter verstehen, je deutlicher er weiß, was sie noch nicht wissen konnten«[2]. Wichtigste Bedingungen der Geschichte haben mithin wenig Chancen, innerhalb von deren Wiedergabe Berücksichtigung zu finden.

Was dabei fehlt, illustriert ein Passus bei Solschenizyn[3], in welchem er einen russischen General darüber reflektieren läßt, wie sich die Perspektive in eventu von derjenigen ex eventu unterscheidet: »Hinterher weiß man es immer ganz genau: Natürlich mußten sie abziehen, und zwar schnell! Natürlich mußten sie bleiben, ganz sicher! Vielleicht werden sie gerade in diesen Minuten abgeschnitten. Vielleicht ist gerade in diesen Minuten die Hilfe nur noch eine Werst weit weg. Aber jetzt mußt du, von allen, die weiter oben sind, verlassen, ohne etwas über Armee oder Korps, über den Gegner oder den Nachbarn zu wissen, in der Stille, der Dunkelheit, der Tiefe des fremden Landes, eine Entscheidung treffen, und zwar fehlerlos!«

Solche Betrachtungen stellt der Historiker normalerweise nicht an. Aber müßte er nicht auf irgendeine Weise die ganze Unklarheit all dessen, was hinterher klar zu sein scheint, kennzeichnen? »Für den Historiker ist es vielleicht am schwierigsten, zu rekonstruieren, was die Menschen in einem historischen Moment tatsächlich *nicht* über die Zukunft wußten«, hat Timothy Garton Ash festgestellt.[4] Liegt hier also vielleicht eine besondere Herausforderung für ihn?

Selbstverständlich kommt keine historische Darstellung ohne grobe Verkürzungen aus; die Geschichte wird immer länger, die Dimensionen der Historie fächern sich auf, der Stoff nimmt zu und die Zeit ab, welche historische Darstellungen innerhalb des Interesses der Leser- und der Hörerschaft beanspruchen dürfen.

Allein, zugleich schwindet der Sinn für jene Sphäre menschlichen Lebens, in der die Ungewißheit, die Dunkelheit der Zukunft am schmerzlichsten zu spüren ist, in der, eigentlich, die wichtigsten Entscheidungen zu treffen sind und in der breitere Kreise der Gesellschaft nur mitsprechen können, wenn sie diese Entscheidungen intellektuell mit vorbereiten, wenn sie Maßstäbe setzen, an denen sie sich orientieren sollen – mit einem Wort: Es schwindet der Sinn für Politik, für politisches Handeln und für den ganzen Umfang seiner Schwierigkeiten. Er tut dies, so scheint es, sowohl in der »politischen Klasse« wie vor allem in der Breite der Gesellschaft. Zeiten, die Politik gar als »das Schicksal« empfanden, werden zunehmend unverständlich; jedenfalls fürs erste.

So fragt sich, ob Historiker heute nicht doch sehr viel mehr tun müssen, um gerade die Bedingungen der beschränkten Voraussicht, der »Blindheit«, anders gesagt: der Offenheit der Geschichte deutlich zu machen; sich selbst und denen, zu denen sie sprechen. Müssen sie nicht mehr Aufmerksamkeit darauf verwenden, die Einsicht, die sie ex eventu besitzen, mit dem Wissen, dem Horizont des Denkens und Voraussehens jener Zeiten zu konfrontieren, mit denen sie befaßt sind? Muß nicht die Zukunft, genauer: das »Wissen« der Politiker, der politischen Klassen, der Gesellschaften, aber auch der Historiker vergangener Zeiten von der Zukunft, ihre Annahmen über Veränderungstendenzen, über das, was sie in kürzerer oder längerer Frist zu gewärtigen zu haben meinten – die Historiker künftig sehr viel stärker beschäftigen? Unter den vielen Fragen, die sich in diesem Zusammenhang stellen, seien hier einige herausgegriffen, die die Problematik der Prognose innerhalb der Arbeit des Historikers betreffen.

*

Im allgemeinen haben Historiker heute zu Prognosen kein Verhältnis. Konrad Adenauer berichtet am Anfang seiner Erinnerungen von einer Unterhaltung mit einem »Professor der Neueren Geschichte an einer deutschen Universität«, von dem er wissen wollte, wie er sich die weitere Entwicklung vorstelle, von dem er aber nur gesagt bekam, der Historiker sei kein Prophet. Diese Haltung (einschließlich der Abwertung der Prognose als Prophetie) kann vermutlich als die unter heutigen Historikern überwiegende angesehen werden.[5]

»Nichts lehrt die Geschichte so klar wie die Eitelkeit von Voraussagen«, hat James Bryce in seiner Arbeit über die Voraussagen Hamiltons und Tocquevilles festgestellt, und Otto Vossler hat ihm zugestimmt. Man solle nicht die Schwächen und Irrtümer Tocquevilles beklatschen (und darüber das, »womit er uns Vorbild sein könnte«, verkennen).[6]

Jacob Burckhardt schreibt: »Eine vorausgewußte Zukunft ist ein Widersinn.« Ja, es sei »nicht *wünschenswerth*, die Zukunft zu wissen«, und »unsere astrologische Ungeduld danach ist wahrhaft thöricht«. In einer Anmerkung fügt er hinzu: »Abgesehen von der Nichtwünschbarkeit die *Nichtwahrscheinlichkeit*: vor allem die Irrung der Erkenntnis durch unser Wünschen, Hoffen und Fürchten.« Trotzdem hat er privat, zumindest in seinem Briefwechsel mit Friedrich von Preen, mit Leidenschaft prognostiziert; und zwar gar nicht schlecht. Aber was er sich da im Privaten erlaubte, hat er sich in seiner Wissenschaft verboten.[7]

Im Unterschied zu dieser modernen Abstinenz berichtet Thukydides gleich im ersten Satz seines Geschichtswerks, nachdem er kurz das Thema angegeben hat, von einer eigenen Prognose: Er habe gleich zu Anfang des – nach unserer Zeitrechnung – im Jahre 431 v. Chr. ausbrechenden Krieges zwischen Athen und Sparta erwartet, daß dieser Krieg groß und im Vergleich zu allen vorangegangenen am denkwürdigsten sein werde. Beide Städte seien nämlich auf der vollen Höhe ihrer Machtmittel gewesen, und die übrigen Griechen sah er Partei ergreifen, teils sofort, teils nach einigem Zögern. Diese Behauptung wird insofern in seiner »Archäologie« begründet, als diese den Nachweis führt, daß Macht- und Größenverhältnisse in Griechenland seit der Frühzeit – wo es relativ bescheiden um sie bestellt war –, aufs Ganze gesehen, im Anwachsen begriffen gewesen seien.

Übrigens hat jüngst ein moderner Zeithistoriker, wenn auch an nicht so prominenter Stelle seines Werkes, von einer eigenen Prognose berichtet, die sich als richtig erwiesen habe – im Hinblick auf den Zusammenbruch der kommunistischen Regime im östlichen Teil des mittleren Europa.[8]

Meine These ist, daß man die Problematik, der der Historiker in Sachen Prognose konfrontiert ist, zum Gegenstand methodischer Erörterung machen sollte; man sollte das Problem der Voraussicht nicht einfach dem Geratewohl überlassen. Aus vielen Gründen, nicht zuletzt aber deswegen, weil sich hier eine besondere Möglichkeit eröffnet, sich der Offenheit der Geschichte zu vergewissern und etwas davon zugleich seinen Lesern und Hörern zu vermitteln.

Im folgenden seien vor allem zwei Problemkomplexe erörtert. Zunächst soll an eine Reihe von historisch bezeugten handlungsleitenden Prognosen erinnert werden, deren Bedeutung für den Historiker kaum strittig sein wird. Sodann sollen einige Betrachtungen über die Einbettung von Prognosen (wer immer sie vorgebracht haben mag) in weitere Zusammenhänge angestellt werden. Dabei geht es letzten Endes um die Eigenart des Zukunftshorizonts verschiedener Gesellschaften in verschiedenen Phasen ihrer Geschichte. In einer Situation, in der die Geschichtswissenschaft immer mehr der Frage nach der Eigenart von Gesellschaften und Epochen ausgesetzt ist, scheint mir dieses Problem besondere Beachtung zu verdienen. Zudem ist es gerade im Blick auf die gegenwärtige Umbruchssituation von großem Interesse.

In diesem Zusammenhang scheinen mir ferner die »sich selbst erfüllenden Voraussagen« ein besonderes Problem darzustellen, das auch den Historiker angeht. Zum Schluß soll kurz anhand von zwei Fragen auf die Rolle hingewiesen werden, die eigene Prognosen, Befürchtungen und Erwartungen des Historikers in seiner Arbeit spielen respektive spielen könnten oder sollten.

*

Prognosen sind, insofern sie dem Historiker in seinen Quellen begegnen, Teil seiner Vergangenheitserforschung. Stammen sie von Handelnden oder haben sie deren Entscheidungen beeinflußt, braucht er sie für die Motivation von deren Tun oder Unterlassen, für sein Urteil über die prognostische Potenz, welche darin enthalten ist. Wobei zwischen verschiedenen Formen der Voraussicht zu unterscheiden wäre; der bloßen Hoffnung, der vagen Vermutung, des ungefähren Wahrscheinlichkeitskalküls, der Intuition oder der Prognose im Wortsinn einer auf Erkenntnissen beruhenden (und trotzdem vielleicht irrenden) Voraussage, also der mehr oder weniger durchdachten Erwartung respektive der Berechnung; die Fristen, auf die sich die Voraussicht erstreckt, spielen keine geringe Rolle.

Die erste Prognose, die uns aus der griechischen Geschichte bezeugt ist, stammt aus dem Anfang des sechsten vorchristlichen Jahrhunderts: Der Athener Solon beobachtet einen zwangsläufigen Ablauf, der von der Ausbeutung der Bauern über Zwischenstadien zum Bürgerkrieg führt: Eine Empörung der Notleidenden (wie sie zu befürchten ist) ziehe jedenfalls eine ganze Verkettung von Aktionen und Reaktionen nach sich; eine Seite treibe die andere; beide seien derart in einem Prozeß des Sich-Aufschaukelns befangen, daß es notwendig zu einem blutigen Ende komme. Doch noch ist es offensichtlich nicht so weit. Denn Solon muß damit gerechnet haben, daß die Athener zu dem Zeitpunkt, da er seine »These« vortrug, das Eintreten des unheilvollen Ablaufs noch verhindern konnten. Aber sie hatten dazu seiner Ansicht nach nicht mehr viel Zeit.[9]

Daß Athen auf die abschüssige Bahn zum Bürgerkrieg gerät, ist hier also abhängig von einer Bedingung, die ihrerseits zur Disposition steht. Die Kenntnis der Gesetzmäßigkeit soll ein Handeln ermöglichen, das den Eintritt der gesetzmäßigen Abfolge schlimmer Ereignisse ausschließt. Zusammen mit einer anderen Stelle, in der Solon die Bürgerschaft ebenfalls auf bestimmte nahezu gesetzmäßige Abläufe hinweist, stellt dieses Gedicht einen wichtigen Beleg für die Entstehung der Voraussetzungen eines (kurzfristig) vorausschauenden Handelns in der attischen Polis dar.

Wer den Krieg, den der Lyderkönig Kroisos in der Mitte des sechsten vorchristlichen Jahrhunderts gegen das junge Perserreich entfesselte, verstehen will, wird kaum an dem berühmten delphischen Orakel vorbeikommen, er werde, falls er gegen die Perser ziehe, ein großes Reich zerstören. Wenn dieser Spruch, wie ich annehme, wirklich ergangen ist, so sollte man übrigens nicht übersehen, daß er durchaus eine beachtliche Aussage enthält: Denn Kriege können ja auch ausgehen wie das Hornberger Schießen.[10] Eben damit, so das Orakel, war in diesem Fall nicht zu rechnen; es wird Gründe dafür gehabt haben. Wer von den beiden freilich den Sieg davontragen würde, mußte offenbleiben. Wieweit diese Auskunft in Kroisos' Überlegungen den Ausschlag gab, ist eine andere Frage.

Wenn weiterhin Thukydides dem Themistokles ein hohes Maß an prognostischer Kompetenz zuspricht, so muß sich dies vornehmlich in der Vorbereitung auf den zweiten Perserzug gezeigt haben. Dem Bau der attischen Kriegsflotte, den Themistokles veranlaßte, lag eine Vorausberechnung der persischen Strategie zugrunde, die sich an der Geographie sowie an den Möglichkeiten persischer und griechischer Rüstung orientierte. Von daher schloß er, kurzfristig prognostizierend, auf das, was die Perser tun würden. Auch die Wahl des Schlachtortes bei Salamis beruhte nicht nur auf genauer Kenntnis der geographischen und politischen Gegebenheiten, sondern wiederum auf einer Vorausberechnung: wie nämlich der Feind sich darin bewegen werde, wobei möglicherweise auch Faktoren wie der Stolz und das unbezwingbare Überlegenheitsgefühl des Xerxes in das Kalkül eingegangen sind. Schließlich ging es darum, daß die Griechen aus der Position der Unterlegenen den Sieg erfechten mußten.

Ein Vergleich zwischen Themistokles' Plänen und dem, was wir als Planung anderer erschließen können (falls das Wort in diesem Fall nicht schon zu hoch gegriffen ist), zeigt, wie weit sein Blick über das Herkömmliche und Naheliegende, an dem sich die andern orientierten, hinausging.[11]

Um ein letztes Beispiel für die Griechen anzuführen. Man kann den Ausbruch des Peloponnesischen Krieges nicht sinnvoll behandeln, ohne auf die Vorausberechnung des Perikles einzugehen, seinen Kriegsplan, der zur Grundlage hatte, daß Athen seinen Gegnern weit überlegen war, sowohl an Erfahrung (die so leicht nicht einholbar war) wie an materiellen Mitteln, zudem zu Lande unangreifbar und im Besitz der Seeherrschaft. Wenn die Stadt sich also zu Lande auf Verteidigung beschränkte, keine Schlacht riskierte, auch zur See ihre Kräfte nicht unnötig band respektive verbrauchte (um etwa Eroberungen zu machen), vielmehr durch immer neue überraschende Angriffe von der See den Gegner zermürbte, bis er einsehen mußte, daß er gegen Athens Macht nichts auszurichten vermochte – dann mußte der Krieg auf jeden Fall gewonnen werden. Die Situation war offenbar dadurch bestimmt, daß die Herrschaft Athens über einen Großteil der Griechenstädte prekär war, genauer: daß verschiedene Städte sie gerne abgeworfen hätten; daß dies aber relativ aussichtslos war, sofern sie nicht damit rechnen konnten, Athen mit Hilfe Spartas zu besiegen. Perikles' Absicht lief also darauf hinaus, die Möglichkeit eines spartanischen Sieges zu widerlegen. Daß er dabei verschiedene Probleme der Kriegspsychologie nicht einkalkulierte und vor allem übersah, daß die Einhaltung des Planes weitgehend an seiner Person hing, steht auf einem anderen Blatt.[12]

Selbstverständlich könnte man, je besser die Quellenlage ist, um so mehr weitere Fälle handlungsleitender Prognosen anführen. Doch an dieser Stelle scheint es mir zu genügen, einige Beispiele der Neuzeit herauszugreifen.

Unter den Staatsmännern der frühen Neuzeit hat das Voraussehen, -vermuten, -berechnen natürlich eine besondere Rolle gespielt. »Wer das Übel erst erkennt, wenn es schon sichtbar geworden ist, ist kein kluger Staatsmann«, schreibt Machiavelli; »daß es wichtiger ist, die Zukunft als die Gegenwart zu bedenken und daß es mit den Übeln wie mit den Feinden eines Staates ist, denen man lieber entgegenrücken soll, als so lange zu warten, bis man sie nach ihrem Einfall erst verjagen muß«, heißt es bei Richelieu.[13]

Friedrich der Große ist in seinen Testamenten zwar bewußt vorsichtig. »Ich hüte mich vor Prophezeiungen.« Er weiß: »Die allzu weit greifenden und verwickelten politischen Entwürfe gelingen ebenso wenig wie allzu künstliche Bewegungen im Kriege.« Was er vorhersieht, bezeichnet er als »politische Träumereien«, als »wesenlose Schatten«, als »Schimären«. Er will daher nur »aus der Verkettung der Ereignisse ihre natürlichen Folgen ableiten. Jedoch sind meine Mutmaßungen unverhofften Folgen ausgesetzt.« Unter diesen Vorbehalten aber entfaltet er dann, indem er Staat für Staat durchgeht, eine glänzende Übersicht über Möglichkeiten wie über die Voraussetzungen, unter denen man sie eventuell politisch und militärisch nutzen kann. Insofern sind die Prognosen an Voraussetzungen gebunden – aber indem unter diesen Voraussetzungen Prognosen angestellt werden, wird eben doch eine intellektuelle Vorbereitung auf die Zukunft geleistet.[14]

Prognose kann ja nicht nur darin bestehen, daß man etwas Bestimmtes voraussagt, sondern sie kann sehr wohl auch zum Inhalt haben, daß man bestimmte Möglichkeiten als gegeben ansieht, andere dagegen ausschließt.

Es gelingt Friedrich im Jahre 1768 sogar, freilich zufällig, eine Vorhersage, die fast aufs Jahr genau eintreten sollte, daß nämlich »in hundert Jahren ... ein weltlicher Herrscher ... den Kirchenstaat als bequeme Beute einstecken« werde.[15] Er hat zudem 1770 einen kommenden Bürgerkrieg in Frankreich als Ergebnis der Aufklärung vorausgesehen – worauf dann Diderot 1780 »als Aufklärer der Aufklärung noch einen Schritt weiter« ging und »die Dialektik von Herr und Knecht in eine politische Strukturaussage« ummünzte, »die eine freiwillig akzeptierte Diktatur zum Ergebnis hatte«[16].

»Aber«, so heißt es bei Richelieu, »die Weisheit und der Blick des Menschen haben immer ihre Grenzen, über die hinaus sie nichts bemerken können. Nur Gott kann das letzte Ende der Dinge sehen; darum genügt es auch oft, wenn man weiß, daß die Pläne gerecht und so beschaffen sind, daß man sie mit Raison zur Ausführung bringen darf.«[17]

Diese Grenze indes, die noch für Bismarck verbindlich war[18], wird mit der Zeit durchlöchert. Wobei es eine interessante Frage ist, wie die nun zu beobachtenden Veränderungen mit solchen des Glaubens in immer neue Wechsel-, aber auch Ausschließungsverhältnisse geraten. Wenn die aufgeklärten Monarchen versucht hatten, bestimmte Veränderungsprozesse in Gang zu setzen, etwa durch Anregung des Handels, der Wirtschaft, durch »Peuplierung«, so schienen mit der Zeit immer mehr Veränderungen unabhängig von politischen Impulsen sich zu vollziehen.

Je mehr Geschichte als ein großer, umfassender Veränderungsprozeß verstanden wurde, sobald man nicht nur politische, sondern auch technische, wirtschaftliche, soziale und andere Veränderungen zu gewärtigen hatte, um so mehr schien in die Hand der Gesellschaften und der Politiker gelegt zu sein, um so mehr war nicht nur in, sondern über die Verhältnisse zu verfügen (handelnd oder geschehenlassend, hemmend, fördernd oder kanalisierend) – bis es schließlich im 20. Jahrhundert zu dem Irrglauben kam, man könne Geschichte planen oder gar vollstrecken.[19]

Seitdem stellen sich ganz andere Probleme der Voraussicht. Es wäre interessant zu untersuchen, wie sich das im Denken der Politiker niedergeschlagen hat – bevor sie sich daran gewöhnten, auch angesichts sich beschleunigender Veränderungen kaum mehr weiter als bis zur nächsten Wahl zu denken, es sei denn, weit über die Politik ihrer Zeit hinaus, an ihren Nachruhm.[20] Doch wie dem auch sei, in dieser Betrachtung, in der nur beispielhaft an die Bedeutung handelnsleitender oder auch -verhindernder Prognosen erinnert werden soll, muß darauf nicht eingegangen werden.

So sei zum Abschluß nur noch eine besonders eindrucksvolle Beispielreihe angeführt: Reinhart Koselleck hat einmal drei Prognosen in Hinblick auf den Ausbruch des Zweiten Weltkriegs verglichen[21]: Da ist zunächst diejenige des Präsidenten Benesch vom 16. November 1937: »Ich glaube nicht, daß in absehbarer Zeit ein europäischer Krieg möglich ist. Ich bin vielmehr der Hoffnung, daß er nicht kommen wird«, man müsse sich nur auf die Verteidigung vorbereiten. »Für die Tschechoslowakei fürchte ich nichts.« Eine reine Wunschprognose also.

Sieben Tage später deutete Hitler in einer Rede in Augsburg an, er habe keinen Zweifel, »daß wir genau so, wie es uns möglich war, die Nation im Innern emporzuführen, auch die äußeren gleichen Lebensrechte wie die anderen Völker uns verschaffen werden«. Auch hier eine Wunschprognose, diesmal in Form einer linearen Hochrechnung mittelfristiger Art aus der Vergangenheit in die Zukunft, wobei freilich zusätzliche Faktoren der Weltpolitik zumindest im Zusammenhang der Rede nicht bedacht wurden. Da Hitler sich zugleich auf das Schicksal berief, an dem er »keine Sekunde zweifelte«, wie er autosuggestiv versicherte, enthielt diese Äußerung nach Koselleck zugleich eine »ultimative Zwangsprognose«.

Schließlich führt Koselleck eine »alternative Bedingungsprognose« an, die Churchill am 27. November 1932 im Unterhaus vorgebracht hat. Danach sei es sicherer, die Frage Danzigs und des polnischen Korridors neu aufzurollen, solange die Siegermächte noch ihre Überlegenheit innehätten, »anstatt zu warten und dahinzutreiben, Schritt für Schritt und Stufe um Stufe, bis noch einmal eine große Konfrontation zustande kommt, in der wir in gleicher Weise kämpfend einander gegenüberstehen«. Churchill bietet keine »lineare Hochrechnung unentrinnbarer Zukunft, sondern diese Hochrechnung setzte eine Bedingung möglicher Wiederholung, um in actu dagegen anzukämpfen«.

All diese – und unendlich viele andere – Prognosen sind von großem Interesse, um Handeln zu verstehen, um aber auch die Differenz zwischen Absichten und Ergebnissen bemessen zu können. Jeweils ist zu fragen, welche Rolle Annahmen über zukünftige Handlungen, Ereignisse, aber auch über das Ergebnis zukünftiger Prozesse, also über die nähere wie über die fernere Zukunft spielten, auch wie gut die Voraussagen, gemessen am Ausgang, waren. Dies letztere ist dann schwer zu beurteilen, wenn man nur weiß, was im gegebenen Fall prognostiziert worden ist. Denn es ist ja möglich, daß einer bloß zufällig das Rechte getroffen hat. Aber je mehr über die Gründe der Prognose bekannt oder zu ermitteln ist, um so mehr läßt sich auch über ihre Qualität sagen (wobei man keineswegs auslassen muß, daß bestimmte Situationen, im Großen wie im Kleinen, sich besser, andere dagegen weniger gut für das Anstellen von Prognosen eignen). Jedenfalls ist es niemals gleichgültig, ob und wozu man versucht, in die Zukunft zu blicken. Daß auf diesem Feld mit viel, vermutlich sogar besonders viel Vorsicht gearbeitet werden muß, braucht nicht eigens hervorgehoben zu werden. Übrigens sollte man dabei nicht nur mit besonderem Nachdruck nach falschen Prognosen fragen, sondern auch danach, ob und inwieweit die Quellen eher richtige als falsche Prognosen zu überliefern tendieren.

*

Prognosen aber, damit stellt sich das zweite Problem, stehen innerhalb ihrer Zeit in bestimmten Zusammenhängen. Sie verdanken sich in der Regel nicht nur dem besonderen Interesse dessen, der sie unternimmt, sondern auch der Weise, in der bestimmte Gesellschaften in bestimmten Epochen die Zukunft in ihr Gesichtsfeld bekommen; sich dafür interessieren oder gerade nicht interessieren, Erwartungen, Befürchtungen, Hoffnungen darauf beziehen. Es fragt sich, was sie als veränderbar oder als gleichbleibend ansehen, wieweit sie zur Zukunft offen sind oder ihr vielleicht geradezu den Rücken zukehren. Es fragt sich auch, wie weit Parteien mit verschiedenen Zukunftsvorstellungen (wie im 19. und 20. Jahrhundert) gegeneinander antreten. Dies alles scheint jedenfalls für die Erkenntnis von Gesellschaften, in Hinsicht auf ihr Handeln, ihr Lebensgefühl, ihren geistigen Horizont von großer Bedeutung zu sein.

Schon die Analyse der eigenen Zeit (anders gesagt, die Bereitschaft, sie gedanklich zu durchdringen) hängt von prognostischen Perspektiven ab, da ja die Dinge im Fluß sind und keine Diagnose auf Vergangenheit und Zukunft verzichten kann – sofern sie nicht allzueng und rasch überholt sein will; so jedenfalls in Zeiten größerer Veränderung, wie es zumindest die sind, in denen wir uns spätestens seit Beginn der Neuzeit, wenn auch in wechselnder Geschwindigkeit, befinden. Vielleicht kann man gar als Regel aufstellen, daß die Erkenntnis der eigenen Zeit um so besser und intensiver ist, je weniger die Zukunft verdunkelt erscheint.

Bei der Frage nach dem Zukunftsverhältnis von Gesellschaften können sehr wohl auch individuelle Prognosen aufschlußreich sein. Aber es interessiert dann eher das Symptomatische an ihnen. Und es ist zu untersuchen, wie sie sich in allgemeinere Befunde einbetten.

Perikles' Prognose in Hinsicht auf den zu riskierenden Peloponnesischen Krieg steht – abgesehen von der attischen Macht, die sie zur inhaltlichen Voraussetzung hat – im Kontext einer beachtlichen Bewußtwerdung zunehmenden menschlichen Könnens. Auf den verschiedensten Gebieten war man zu der Erkenntnis gelangt, man vermöge durch methodisches Herangehen alle wichtigen Probleme zu lösen. Auch, gerade auch in der Politik – in der man, zumal in der Stadt Athen, ungeheure Handlungs- und Gestaltungsmöglichkeiten entdeckte.[22]

Das außerordentliche Können, das man erfuhr und dessen Ausmaß man, da es neu und ungeheuerlich war, im Bewußtsein noch übertrieb, bewährte sich zum einen bei der Herstellung von Gegenständen (in Handwerk und Kunst) sowie in der Wissenschaft, nicht zuletzt in der Medizin, das heißt auf Feldern, wo einzelne Subjekte, Herstellende, Erkennende oder Ärzte, mit einer Materie zu tun hatten, die sie formen, mit Gesetzmäßigkeiten, die sie erkennen, oder mit Krankheitsabläufen, die sie vielfach nicht nur erkennen, sondern auch beeinflussen konnten. Dabei spielte gerade in der Medizin auch die Prognose damals eine bedeutende Rolle.[23]

Doch meinte man auch, in Bereichen, in denen der Wille der einen demjenigen anderer begegnete, in »multisubjektiven« Zusammenhängen also, ganz neue Möglichkeiten zu entdecken. Mit den Mitteln der Rhetorik sollten nicht nur Einzelne, sondern speziell Volksversammlungen und Gerichte überzeugt werden. Sophisten und andere behaupteten, viele neue Kenntnisse zur Verfügung stellen zu können, die es erlaubten, das eigene Haus oder die eigene Stadt besser zu verwalten. Man glaubte, allgemein gesagt, die Welt intellektuell neu durchdringen und große Teile der eigenen Sphäre unter Kontrolle bringen zu können. Das war für die Griechen besonders wichtig, weil sie herkömmlich großen Wert darauf legten, die Dinge »in der Mitte«, das heißt unter sich zu entscheiden. Automatische Abläufe waren ihnen sehr zuwider.[24]

Damals finden wir den Gegensatz von *techne* und *tyche* betont. Erfahrung mache die Dinge zur Sache der *techne*, also des methodischen Zugriffs, während Unerfahrenheit sie dem Zufall anheimgebe.[25] Wir besitzen schon aus früherer Zeit Zeugnisse für den Glauben, daß demjenigen, der gut plane, das Glück zu Hilfe komme. Doch handelte es sich dabei zumeist nur um eine Ermunterung zum Planen, und in allem war impliziert, daß (wie es etwa bei Schlachten hieß) die Götter beiden Seiten das Gleiche zuteilten.[26] Jetzt ging man sehr viel weiter: Der Störfaktor Zufall sollte nach Möglichkeit ausgeschaltet werden. (Unter *tyche* konnte Zufall, Glück sowie göttliche Fügung, Schicksal verstanden werden. Aber die Überlegungen, die hier zur Debatte stehen, rechneten nicht mit göttlicher Fügung. »Zufall« war für sie einfach das, was sich menschlicher Verfügung entzog.[27])

Demokrit fand, die Menschen hätten sich das »Bild des Zufalls *(tyche)*« geformt als Ausrede, um ihre eigene Unberatenheit zu verbergen. »Schwach nämlich streitet der Zufall gegen die Klugheit, das meiste im Leben richtet wohlverständiger Scharfblick ins Gerade.« Demokrit soll auch eine Schrift »Prognosis« abgefaßt haben, von der wir freilich außer der Überschrift (unter der sie später rubriziert wurde) nichts wissen.[28]

Wenn es indes in gewissen Bereichen, deren Beherrschung wesentlich von einem Einzelnen abhängt, wirklich Sache des »wohlverständigen Scharfblicks« sein mag, den Zufall mehr oder weniger auszuschließen, wird es doch problematisch bei einem multisubjektiven Geschehen, wo also verschiedene Kräfte mit mehr oder weniger gleicher Macht aufeinanderstoßen; zumal im Politischen. Aber auch dort könnte man noch eine Unterscheidung treffen: Denn es mag möglich sein (und damals wurde es zweifellos so empfunden), durch geeignete Gesetze die Ordnung einer Stadt derart zu gestalten, daß das Wirken verschiedenster Kräfte kanalisiert wird; zumindest in der Regel. Dann können gewisse Mißbräuche und Auswüchse verhindert, Gewalttätigkeit wirksam beschränkt und eine Art des Zusammenlebens gefunden werden, die gleichsam oberhalb aller möglichen Gegensätze einer Ordnung gehorcht, die weit verbreitete Zustimmung findet. Soviel sich »zufällig« aus Auseinandersetzungen ergeben mag:

Der Rahmen selbst beruht dann auf einem Willen und auf der *techne*, mit der er sich institutionell ins Werk setzt.

Aber wie verhält es sich im Krieg, der, wie Clausewitz[29] sagt, »das Gebiet des Zufalls« ist? Auch bei Thukydides spielt das Zufällige, das Erwartungswidrige eine große Rolle, und die Frage, wem die Götter ihre Gunst erteilten, war noch im relativ aufgeklärten späten fünften Jahrhundert so aktuell, daß auch die attischen Armeen nach wie vor Zeichendeuter mit sich ins Feld führten.[30]

Wie konnte man in diesem Bereich etwas berechnen? Wie konnte Perikles gar meinen, einen ganzen Krieg planen zu können? Die Lösung war, daß er die Möglichkeit einer großen Zahl von Zufällen, übrigens auch von Fehlern auf athenischer Seite, durchaus einkalkulierte.[31] Wenn er meinte, sein Plan sei trotzdem zu verwirklichen, so deswegen, weil der attische Vorsprung an Seemacht, Mitteln und Erfahrung zusammen mit der Wohlberatenheit *(euboulia)* entsprechend seinem Kriegsplan so groß sei, daß selbst eine beachtliche Zahl von Fehlern und unglücklichen Zufällen ihn nicht einholen könne. Thukydides hat ihm darin recht gegeben, jedenfalls für eine ganze Reihe von Jahren – bis in Folge der allzu kühnen sizilischen Expedition, vor allem der dabei begangenen großen Fehler, die Abweichung von Perikles' Linie zu stark geworden war und mit der Überlegenheit Athens die Urteilsfähigkeit seiner Bürgerschaft dahinschwand.

Jedenfalls wird hier nicht, wie bei Demokrit, die Domäne des Zufalls aufs stärkste eingeschränkt, sondern der Zufall behält sein Recht, es werden nur Tatbestände geltend gemacht, die über alle Zufälle so weit hinaus sind, daß sie davon nicht berührt werden können.

Dieser Plan setzte, wie gesagt, die außerordentliche Übermacht Athens voraus, derartige Berechnungen hätten andere sinnvollerweise gar nicht anstellen können. Insofern kommt hier dreierlei zusammen: erstens eben diese Überlegenheit, zweitens ein hohes Zutrauen in die Möglichkeiten von Planung, drittens die Tatsache, daß diese Stadt zwar eine Demokratie war (und davon lebte, daß sie in dieser politischen Form ungeheure Kräfte entfaltete)[32], daß sie in gewissem Sinne aber auch eine »Herrschaft unter dem Ersten Mann« war. So jedenfalls nennt es Thukydides[33], indem er die Führungsstruktur im Auge hat. Dies Letztere war um so wichtiger, als ein derart großer Krieg, in den beiderseits neben den Führungsmächten zahlreiche, und nicht durchweg zuverlässige, Bundesgenossen verwickelt waren, allenfalls dann im Sinne eines Plans kontrolliert werden konnte, wenn in Athen die Einheit der Führung gesichert war. Der notwendigen Multisubjektivität des Geschehens mußte an dieser Stelle ein einziges Subjekt, das heißt die Stadt Athen unter Führung ihres Ersten Mannes gegenüberstehen.

Fragt man nach der Möglichkeit eines Erfolgs, so war der Plan in der Voraussetzung quasi monarchischer Macht des Perikles aufs höchste gefährdet: Alles stand auf zwei Augen. Sieht man aber davon ab und sucht nach den Voraussetzungen des Plans, so wird deutlich: Hier wird nicht einfach eine Möglichkeit, zu prognostizieren und zu planen, von Gebieten, auf denen sie angebracht erscheint, auf ein anderes übertragen, auf dem dies nicht der Fall ist, sondern es konnte dank ausnahmsartiger Bedingungen (und eben: unter selbstverständlicher Voraussetzung der »Monarchie« des Perikles) wirklich begründet als möglich erscheinen, einen ganzen Krieg zu entwerfen. Perikles erweist sich hier so sehr als Herr einer großen komplexen Materie wie etwa gleichzeitig die Baumeister des Parthenon. Indes nur ein gutes Stück weit. Übrigens hängen die drei Bedingungen innerhalb Athens untereinander zusammen.[34]

Für Thukydides' historischen Ansatz waren Perikles' Plan und Prognose von großer Bedeutung. Nicht nur für sich genommen, wie etwa seine ausdrückliche Stellungnahme anläßlich der abschließenden Würdigung des Perikles zeigt, sondern zugleich im Rahmen seiner Frage nach den Möglichkeiten vorausschauenden Handelns. Denn das ist doch ein wesentliches Charakteristikum seiner Historiographie, daß er möglichst genau festzustellen sucht, wie die Abläufe, die er schildert, zustande kamen; und speziell, wie sie sich zu den Absichten der Akteure verhielten; wieweit diese sie also zu bestimmen vermochten, innerhalb des multisubjektiven Geschehens. So kam er – doch wohl gerade weil er die Möglichkeiten menschlichen Berechnens ursprünglich hoch veranschlagt hatte – dazu, die große Rolle des Zufalls festzustellen. Er benutzte dafür nicht nur die eingeführten griechischen Termini *(tyche, xymphora)*, sondern prägte auch einen eigenen Begriff für das Erwartungswidrige *(ho paralogos)*. Es sei den menschlichen Dingen überhaupt, besonders aber dem Krieg, eigen, je länger er dauere, um so mehr. Dadurch wie durch seine Feststellungen über die stets gleichen Antriebe der menschlichen Natur sollte sein Werk zum *ktema es aei* werden: Denn dabei ging es ja nicht darum, weise für immer, sondern klug, unter anderm für das nächste Mal, zu werden.[35]

Für den zeitlichen Horizont der griechischen Gesellschaft des 5. Jahrhunderts ergibt sich aus dieser Betrachtung eher ein negativer Befund: Wir finden keine Prognosen, die den Bereich des Handelns der damals Lebenden überschreiten. Man kann nicht sagen, wie viele Jahre Perikles im Höchstfall für seinen Krieg voraussah. Aber selbst wenn er mit den zehn Jahren gerechnet hätte, die es dann bis zum Nikias-Frieden dauerte, wäre seine Voraussicht – bei aller Großartigkeit der Planung – zeitlich recht begrenzt gewesen. Sie hätte sich beschränkt auf eine Frist, welche normalerweise auch für Männer, die, wie Perikles, damals etwa sechzig Jahre alt waren, noch in Reichweite lag.

So gehört es vermutlich zu einer Zeit, für die politisches Handeln der zentrale Faktor von Veränderung war. Einer Zeit, die als Veränderung überhaupt fast nur die Wandlungen politischer Verhältnisse begriff, negativ gesagt: die mit längerfristigen Wandlungen wirtschaftlicher, gesellschaftlicher oder verkehrsmäßiger Struktur, mit solchen der Mentalität, der Demographie oder des Verhältnisses des Menschen zur Natur nicht rechnete – und in der solche Wandlungen auch kaum vorkamen. Nicht einmal die Aufteilung der griechischen Welt in viele Poleis schien ja irgend in Frage gestellt zu sein, und daran, daß sich Griechenland einmal im größeren politischen Kontext der östlichen Mittelmeerwelt zu verändern hätte, scheint keiner gedacht zu haben.[36]

Was man andererseits an großen neuen Möglichkeiten des Menschen erschloß, stand auf einem anderen Blatt. Es mochte sich zwar in Politik und Waffentechnik auswirken, aber man konnte dies nicht als Teil eines allgemeineren Veränderungsprozesses verstehen; jedenfalls nicht für Gegenwart und Zukunft.

Man muß hier Dinge sorgfältig auseinanderhalten, die im modernen Geschichtsbegriff ineinander übergehen. Die Mehrung des Könnens konnte nicht als ein allgemeiner Fortschrittsprozeß verstanden werden (mit einer Ausnahme, von der gleich noch die Rede sein muß). Erstens wurden nur in einem überschaubaren Kreis von Männern, Fachleuten je auf ihrem Gebiet, zum Teil auf mehreren Gebieten zugleich, deren Fähigkeiten bewußt. Das konnte so weit gehen, daß ein Musiker damals erklärte: »Jetzt ist die Zeit des jungen Zeus«, worin sich ein Bewußtsein der Höhe der eigenen Zeit spiegelte.[37] Aber das war nur gleichsam eine Grenzerkenntnis, über die man nicht hinauskam, ja die nicht verallgemeinert werden konnte.

Zweitens war das Bewußtsein der neuen Möglichkeiten insofern ambivalent, als man wußte, in wie verschiedenen Richtungen sie genutzt werden konnten. Im berühmten Chorlied aus Sophokles' Antigone, das die großartigste damalige Demonstration menschlichen Könnens darstellt, wird am Schluß sehr eindrücklich erklärt, daß es sowohl zum Guten wie zum Bösen gebraucht werden könne. Ganz im Sinne der Polis sei der, der es unter Beachtung der Gesetze und des göttlichen

Rechts verwende; wider den Sinn der Polis dagegen der, dem seines Übermuts wegen das Ungute beiwohne.[38] Und gleich darauf ist im zweiten Chorlied desselben Dramas davon die Rede, daß Menschen nur ein kurzes Stück weit kommen, ohne daß Verblendung sie beschleiche.

Aus dem einen wie aus dem anderen Grunde konnte man nicht mit einer allgemeinen Verbesserung rechnen – es gab da auch keine breite Schicht, die an sich selbst in vergleichsweise kurzer Zeit so umfassende Verbesserungen der allgemeinen Verhältnisse wahrgenommen (und sich dann mit der Menschheit verwechselt) hätte wie die neuzeitliche Bourgeoisie. Der antike »Fortschritt« war eben genau genommen gar kein Fortschritt, keine, aufs Ganze gesehen, beträchtliche Veränderung, sondern nur eine Mehrung des Könnens innerhalb im ganzen gleichbleibender Verhältnisse.

Drittens war es dadurch, daß ein kleiner Kreis von Männern sich selbst auf der Höhe der Zeit empfand, offenbar gegeben, daß in diesem Kreis, wie Ludwig Edelstein es genannt hat, eine *illusion of finality* sich breit machte.[39]

So waren die Folgerungen, die man aus dem eigenen Vermögen zog, beschränkt; im wesentlichen bestanden sie in Konsequenzen, die sich unmittelbar aus der eigenen Erfahrung sowie aus Rückschlüssen, die dadurch nahegelegt waren, ergaben. Einer dieser Rückschlüsse war, daß sich offenbar das menschliche Können in der Vergangenheit erheblich gemehrt hatte. Es galt, die Differenz zwischen dem Urzustand und der Höhe der eigenen Zeit zu überbrücken. Dies geschah in der »Kulturentstehungslehre«, in der, wenn man so will, die Geschichte menschlicher Zivilisation von den Anfängen bis zur Entstehung der Polis konstruiert wurde. Aber daraus wurde nichts für die weitere Zukunft extrapoliert.

Ähnlich konnte aus den Erfahrungen des eigenen Könnens die Frage resultieren, wie dieses Können sich innerhalb einzelner Zweige, etwa bestimmter Wissenschaften, bestimmter Techniken, entwickelt habe. Aber solche »geschichtlichen« Abrisse blieben Sache der einzelnen Fächer, daraus ergab sich nichts für eine allgemeinere Geschichte.[40] Ganz entsprechend wurden ja auch die hohen theoretischen Erkenntnisse antiker Wissenschaft so gut wie nie praktisch angewandt. Ja, es gab in der Allgemeinheit sogar die merkwürdige Sitte, daß man auch dann an Erkenntnissen dessen, der als erster etwas entdeckt hatte, festhielt, wenn die Wissenschaft längst darüber hinausgegangen war.[41]

Nur in der Wissenschaftsgeschichte liefen die Erfahrungen darauf hinaus, daß in Zukunft weitere nennenswerte Fortschritte zu erwarten seien. »Wahrlich, nicht von Anfang an haben die Götter den Sterblichen alles enthüllt«, schreibt Xenophanes, wohl um 500; und er fährt im Präsens fort: »sondern mit der Zeit finden sie suchend Besseres hinzu«[42]. Nicht lange nach 400 heißt es bei dem Tragiker Chairemon: »Es gibt nichts bei den Menschen, was nicht, wenn man es untersucht, mit der Zeit gefunden wird.«[43] Die Erforschung der Wahrheit erscheint als Zusammenhang unendlich vieler einzelner Beiträge.

So hat die Antike auch in der Wissenschaftsgeschichte längerfristige Prognosen angestellt. Zu erinnern wäre vor allem an die berühmten Voraussagen Senecas. Zur Astronomie etwa: »Es wird die Zeit kommen, da Verstand und gewissenhafte Forschung eines längeren Zeitraums ans Licht bringt, was jetzt verborgen ist. ..., da unsere Nachkommen sich wundern, daß wir so offensichtliche Dinge nicht gewußt haben.« Und an anderer Stelle: »Vieles uns Unbekannte wird die Menschheit einer kommenden Zeit wissen, und vieles ist für die Jahrhunderte, welche sein werden, wenn die Erinnerung an uns erloschen ist, reserviert. Eine Winzigkeit wäre das Weltall, wenn nicht jedes Zeitalter in ihm etwas zu erforschen hätte« –, so daß er dann sogar mit der Entdeckung neuer Kontinente jenseits des Atlantiks rechnet, was ja wohl nur als Extrapolation aus andern Fortschritten zu verstehen ist.[44]

Die wissenschaftsgeschichtlichen Prognosen der Antike blieben also entweder ganz allgemein, oder sie richteten sich, sofern sie spezifisch waren, auf geradezu phantastische Erkenntnisse und Entdeckungen, die dann auch erst mehr als ein Jahrtausend später gemacht wurden. Aber auch dann blieben die verschiedenen Gebiete, auf denen es zu Fortschritten kam, gegeneinander wie gegen die Praxis (in die sie – außer im Militärischen – kaum umgesetzt wurden) isoliert. Ein allgemeiner Verbesserungsprozeß war nicht erkennbar.

Damit müßte klar sein, warum antike Prognosen sich nicht auf Wandel von Technik, Wirtschaft, Gesellschaft, Moral oder dergleichen beziehen konnten. Warum sie sich also, außer in der Wissenschaftsgeschichte, auf die Ereignisgeschichte beschränkten. In der Regel begnügte man sich mit religiösen Formen der Voraussage. Zur Orientierung brauchte man die Prognose nicht. Sofern man etwas vorausberechnete, bezog sich das vermutlich eher auf Wochen und Monate, etwa eine Schlacht oder einen Kriegszug, als auf längere Zeit (es sei denn, man rechnete damit, daß eine durch Krieg dezimierte Bürgerschaft irgendwann wieder ihre alte Stärke gewinnen und sich rächen konnte). Perikles' Prognose ist – wie auf andere Weise die des Themistokles – im Rahmen der Antike also als Ausnahme zu verstehen, die der ausnahmsartigen Stellung Athens entsprach.

Doch auch Perikles rechnete damit, daß sich die Verhältnisse, aufs Ganze gesehen, auch im Politischen, gleich blieben. Er behauptete nicht, daß Athen die alte Regel durchbrochen hätte, wonach keine Macht auf die Dauer stark sein könne, vielmehr stets dem Auf- der Abstieg folge. In all diesen Variationen vollzog sich gleichsam eine Gesetzmäßigkeit. Letztlich lief es immer aufs gleiche hinaus.[45] Nur in der Sphäre des Ruhmes sollte Athens Größe Ewigkeit beschieden sein. Ruhm schien in dieser Welt nicht dem Wandel zu unterliegen! Athen stellte sich neben die homerischen Helden, denen es sich einmal sogar, wie Perikles meinte, als überlegen erwies.[46] Entsprechend hält Perikles es nach Thukydides auch für möglich, daß die Athener »nachließen (alles nämlich ist von Natur dazu bestimmt, auch abzunehmen)«[46a]. An sich hätte auch der Gedanke nahe gelegen, den Hektor bei Homer äußert, daß nämlich ein Tag käme, an dem das heilige Ilion hinsinken werde. Eben dieses *essetai hemar* soll später Scipio Aemilianus angesichts des zerstörten Karthago zitiert und auf Rom bezogen haben.[47] Allein, so weit wollte Perikles offenbar nicht gehen. Allerdings bestand am Ende des Peloponnesischen Kriegs die Gefahr der Zerstörung Athens. Aber die Spartaner haben dafür gesorgt, daß es nicht dazu kam; angeblich übrigens entsprechend einem Vorauswissen der Athener.[48]

Der Glaube, daß jeder Größe der Niedergang drohe, entsprach den durchaus labilen Machtverhältnissen, die der griechischen Welt seit Jahrhunderten eigen waren; der Erfahrung der engen Grenzen, die allem größeren, dauerhafteren Machtgewinn damit gesetzt waren, daß die Eigenständigkeit der Poleis so stark im griechischen Wissen, ja in Lebens- und Seinsformen verankert war, daß sie als ganz selbstverständlich galt. Die spezifisch griechischen Auffassungen vom »Neid der Götter«, vom »Tragischen« könnten durchaus mit der breiten Lagerung der Macht, der großen Schwierigkeit der institutionellen Befestigung von Machtpositionen zusammengehangen haben.[49]

Deswegen konnte auch die politische Prognose nicht damit rechnen, daß bestimmte Großmächte in der Zukunft herrschten – was die europäischen Prognostiker des 19. Jahrhunderts so sehr beschäftigte. Wobei allerdings hinzukam, daß die Griechen eben jenen Wandel außerpolitischer Bedingungen der Macht (der Wissenschaft, der Wirtschaft, der Demographie, der Mentalität etc.) nicht kannten, dem im 19. Jahrhundert die Stärke der künftigen Großmächte verdankt werden sollte. Aber das eine hing ja mit dem andern zusammen: in der Moderne der Staat und der Fortschritt, während es in der griechischen Poliswelt nur Poleis und ein Könnensbewußtsein gab.

*

Auf der Folie der Antike wird die Problematik der Neuzeit deutlicher. Mit der Erfahrung, daß in der Geschichte alles im Wandel begriffen sei, werden andere, sehr viel weitergreifende Prognosen notwendig und möglich. »Erfahrungsraum« und »Erwartungshorizont« treten auseinander (Koselleck). Seit dem 18. Jahrhundert ist der Zukunftshorizont derart ungewiß, daß man sich ohne Voraussicht kaum mehr ausreichend zurechtfinden kann.

Nun herrschte in breiten Kreisen nicht nur ein Könnens-, sondern ein Fortschrittsbewußtsein, das Bewußtsein eines Prozesses, der in Verkehr wie in Wissenschaft, Handel und Produktion, gesellschaftlich, ja moralisch und politisch zum Besseren führt. Seine Verursachung ist außerordentlich breit, keineswegs nur Sache von Fachmännern. Letztlich läuft der Fortschrittsbegriff auf eine einzige große, wenn auch sehr allgemeine Prognose hinaus.

Nachdem seit der Antike alle Prognose, grob gesagt, durch das Gleichbleiben der außerpolitischen Bedingungen von Politik, das Gleichbleiben auch der menschlichen Natur möglich geworden und bedingt war (in diesem Sinne war ja *historia magistra vitae*[50]), war es jetzt gerade der umfassende, diese Bedingungen gründlich verwandelnde Veränderungsprozeß, welcher Prognosen provozierte.[50a] Und zwar ebenso gut bei Freunden wie bei Skeptikern und Feinden der zu beobachtenden Bewegung.

Burckhardt bemerkt in der Einleitung zu seiner Geschichte des Revolutionszeitalters vom 6. November 1871, man habe bis 1848 noch meinen können, »die Revolution sei ein Abgeschlossenes«. »*Jetzt* dagegen wissen wir, daß ein und derselbe Sturm, welcher seit 1789 die Menschheit faßte, auch uns weiter trägt.« »Das Hauptphänomen unserer Tage ist das Gefühl des Provisorischen«, hatte er an gleicher Stelle schon vier Jahre zuvor gesagt. »Die Weissagung ist zwar gestorben, aber es ist Tatsache, daß unsere Zeit überhaupt Zukunfts*berechnungen, Konstruktionen* provoziert.« Reinhard Wittram nimmt das auf: »Sind wir aber wesensmäßig mit unseren unwillkürlichsten Regungen auf Zukunft bezogen, so hängt alles davon ab, welchen Begriff wir von ihr haben«[51]. Jetzt läßt sich, wie Lorenz von Stein 1852 schreibt, erkennen, daß »die vorhandenen Verhältnisse etwas anderes und Weitergreifendes bedeuten, als sie sind«[52].

Wenige sind sich der damit sich stellenden Probleme so bewußt gewesen wie Tocqueville, der von dem *mouvement* in Richtung auf Gleichheit und Demokratie meinte, er sei schon zu stark, um noch aufgehalten werden zu können, hinwiederum aber auch noch nicht so reißend, daß man nicht hoffen könnte, ihn zu lenken. Er sagt von den christlichen Völkern: *leur sort est entre leurs mains; mais bientôt il leur échappe.* Das klingt, im letzten Teil, genau wie bei Solon. Und er zieht daraus die Folgerung: *Il faut une science politique nouvelle à un monde tout nouveau.* Nur, »daran denken wir kaum. Mitten in einem reißenden Fluß befindlich richten wir unsere Augen stur auf einige Trümmer, die man noch am Ufer erkennt, während der Strom uns davonreißt und uns rücklings auf die Abgründe zuträgt.«[53] Hannah Arendt hat gemeint, wir hätten jedesmal eine Geschichtsphilosophie bekommen, »wenn wir mit Tocqueville oder mit Marx hoffen konnten, eine politische Philosophie, die den Anforderungen der neuzeitlichen Welt gerecht werden würde, zu erhalten«[54]. In diesen Worten ist vermutlich die ganze Problematik der Orientierung in einem derart historisch sich erlebenden Zeitalter wie dem 19. Jahrhundert enthalten.

Vielerlei Prognosen jener Zeit ergaben sich einfach aus

einer, übrigens oft sehr guten, Fortschreibung sich schon ankündigender Bewegung, so etwa Condorcets schon gegen Ende des 18. Jahrhunderts geäußerte Erwartung, daß Chemie und Medizin das Leben umgestalten würden, daß die menschliche Lebensdauer verlängert werden könnte.

Marx dagegen meint, die Zukunft in den »Widersprüchen« seiner Gegenwart schon als anwesend zu erkennen: »Wenn das Proletariat die *Auflösung der bisherigen Weltordnung* verkündet, so spricht es nur das *Geheimnis seines eigenen Daseins* aus, denn es *ist* die *faktische* Auflösung dieser Weltordnung«, oder: »Der Kommunismus ist die notwendige Gestalt und das energische Prinzip der nächsten Zukunft.«[55]

Interessant wäre es, den Gründen nachzugehen, die Heinrich Heine zu seiner Prognose der deutschen Revolution bestimmten, welche nach '33 als so realistisch erscheinen konnte.[56]

Ein besonderes Kapitel bildet die Reihe der Voraussagen über die Rolle Rußlands und der USA als künftiger Weltmächte, von Mechior von Grimm über Tocqueville zu Friedrich List und Nietzsche. Sie sind von sehr verschiedener Qualität, wie ihre Begründungen zeigen.[57]

»Es ist möglich, das Kommende vorherzusagen, nur daß man das einzelne nicht prophezeien wolle«, hat Lorenz von Stein 1852 in seiner kleinen Schrift »Zur preußischen Verfassungsfrage« geschrieben, und Reinhart Konselleck hat gezeigt, daß er diesen Anspruch verblüffend gut eingelöst hat: durch eine genaue Analyse der preußischen Verhältnisse, die es ihm ermöglichte, das Wirken der von ihm beobachteten Kräfte in der Zukunft der nächsten Jahrzehnte zu prognostizieren. Er fragte »nach den konkreten Voraussetzungen einer Verfassung, nach den Bedingungen ihrer Möglichkeit. ›Denn das Verfassungsrecht entsteht nicht aus dem Recht der Gesetze, sondern aus dem Recht der Verhältnisse.‹« Koselleck bemerkt dazu: »Stein dachte geschichtlich, nicht utopisch; er schloß von dem bekannten Heute auf das mögliche Morgen, er schritt von der Diagnose zur Prognose, nicht umgekehrt. ›Nur daß sich auch hier die alte Erfahrung bestätigen wird, daß die Menschen lieber in gewohntem Gedankengange unrecht, als in ungewohntem recht haben mögen.‹«[58]

Friedrich August Ludwig von der Marwitz sagte 1814 voraus, wer sich der »Idee eines gemeinsamen teutschen Vaterlandes« bemächtige, werde in Deutschland herrschen; nähme der preußische König den Titel eines »Königs der Teutschen in Preußen, Brandenburg und Sachsen« an, so wolle er sich »verbürgen, daß, ehe fünfzig Jahre vergehen, der König der Teutschen ... auch Franken, Schwaben, Rheinland usw. in seinem Titel führen würde«. Friedrich Engels prognostizierte 1887, daß der nächste Krieg ein Weltkrieg werde; ähnlich, wenn auch mit weniger Phantasie, Helmuth von Moltke 1890 – um damit die Reihe abzuschließen.[59]

Doch geht es hier nicht darum, Beispiele aus der langen – und noch erheblich zu verlängernden – Reihe berühmter oder weniger berühmter Prognosen vorzulegen. Wenn es um den spezifischen Zukunftshorizont jener Zeit geht, wäre sehr viel mehr einzubeziehen. Es ist etwa nach den impliziten Prognosen zu forschen, die der Arbeit der Sozialdemokratie im vorigen Jahrhundert zugrunde lagen; nach den Vorstellungen vom wirklichen »Staatsmann«, der im Unterschied zum bloßen Politiker schon an das Übermorgen denkt.[60]

Man hätte zu untersuchen, wieweit die modernen Parteien mit ihrer Programmatik durch den besonderen prognostischen Horizont einiger Jahrzehnte bestimmt waren – (und eben dadurch, daß dieser Horizont heute verdunkelt zu sein scheint, in zusätzliche Schwierigkeiten geraten)[60a]. Was macht es dabei aus, daß eine Zeitlang wichtigste Teile des Wandels zugleich Streitpunkte der Parteien waren – so daß sie wirklich auf die Tagesordnung der Politik gelangen konnten? Ja, man könnte einfach dem Gebrauch von Worten wie »schon« und »noch« nachgehen – um zum weiteren Kreis dieser Thematik Belege zu finden. Walter Benjamins Aussage, es sei nicht philosophisch, darüber zu staunen, »daß die Dinge, die wir erleben, im 20. Jahrhundert ›noch‹ möglich sind«, nimmt Bezug auf eine weit verbreitete Anschauung; wenn man sich umsieht, findet man Belege allenthalben.[61]

Meine Vermutung geht jedenfalls dahin, daß anhand von expliziten wie von impliziten Prognosen vielerlei Aufschlüsse zu gewinnen sind, um zum einen Eigenarten des seit dem 18. Jahrhundert erschlossenen Zukunftshorizonts herauszuarbeiten, zum andern aber auch verschiedene Unterschiede nach Nationen, nach Phasen der Geschichte, sowohl einzelner Nationen wie Europas und der Welt, wie natürlich auch nach verschiedenen Gruppen, Klassen, Temperamenten[61a]. Die hier liegenden Erkenntnismöglichkeiten, die sowohl der Herausarbeitung moderner Eigenart wie der Absetzung anderer Zeiten von ihr dienen, sind jedenfalls nicht gering. Und man sollte sie nutzen.

Schließlich drängt sich auch die Frage auf, warum die alte Bundesrepublik von den Ereignissen des Jahres 1989 so völlig überrascht wurde. Um nur zweierlei zu nennen: Sie hatte die weiten Zukunftsperspektiven der achtundsechziger Generation, die Katastrophen- und Weltuntergangsstimmung der achtziger Jahre – aber in Hinsicht auf die politischen Möglichkeiten reichte ihr Blick kaum über die Gegenwart hinaus. Lag es daran, daß sie kaum außenpolitische Verantwortung trug? Oder daran, daß die Übermacht der Sowjetunion und ihr fester Wille, nicht herzugeben, was sie erobert hatte, seit dem Ende des Krieges tief in die Fundamente des Denkens und Erwartens der Deutschen eingeprägt waren? Oder wollte man einfach nicht über die liebenswerte Gegenwart hinausdenken – und schon gar nicht in Richtung Osten? An diese Fragen schließen sich die weiteren an, was dies alles für die deutsche Gesellschaft, was für ihre Intellektuellen, was für ihre Politiker bedeutet.

Hermann Lübbe hat geschrieben, daß »jede frühere Gegenwart … ungleich mehr über ihre Zukunft wußte als unsere heutige Gegenwart, und zwar einfach deswegen, weil zu jeder früheren Zeit die Wahrscheinlichkeit ungleich größer war, daß die Zukunft der Gegenwart strukturell in wesentlichen Zügen gleichen werde. Die Zukunft wird unkalkulierbarer, wenn, wie es in unserer dynamischen Zivilisation der Fall ist, die Menge der unsere Situation strukturell verändernden Ereignisse und Vorgänge pro Zeiteinheit anwächst.« Daher bedürfe es der Zukunftsforschung. »Man darf nur nicht übersehen, daß es sich dabei um einen Fortschritt in der Kompensation fortschreitend prekärer Fortschrittsnebenfolgen handelt. Der Segen dieses Fortschritts ist der Segen der Prothesen, und das Glück, das er bereitet, gleicht dem Glück des Kurzsichtigen, der seine Brille bekommt.« Und er verweist auf die Unzahl von Einrichtungen, die sich international mit Fragen der Zukunftsforschung befassen.

Aber so sehr die Technik samt ihren vielfältigen Auswirkungen zu vielerlei Prognosen Anlaß gibt, so wenig scheint sich die Gesellschaft für ihre politische, ja auch: gesellschaftliche Zukunft zu interessieren. Auch insofern die Einigung Europas ins Auge gefaßt wird, geschieht dies zumeist in sehr isolierter Betrachtung, dergestalt, daß neben der Programmatik die Prognostik in Richtung auf die Möglichkeiten kaum Raum hat. Was aber hinwiederum auch für die Möglichkeiten und Grenzen der Zeitdiagnose von Interesse wäre. *Temps désastreux* seien *temps à prédictions*, hat Grimm 1790 geschrieben.[62] Aber das schließt ja nicht aus, daß auch Zeiten der Ratlosigkeit eine gewisse Voraussicht nahelegen, die dann freilich vielleicht so notwendig wie kaum möglich ist.

Hier geht es nicht nur um Gegenwartserkenntnis, sondern zugleich um Probleme von Historikern. Golo Mann hat 1964 bezeugt, es sei »unendlich schwer …, jüngste Vergangenheit und Gegenwart als Historiker zu beschreiben, ohne einen Begriff von der nahen Zukunft, ohne eine Hoffnung, ohne einen Willen«. Er fügt hinzu, gerade aus diesem Umstand ergäbe sich »wohl, zumal für den deutschen Geschichtslehrer, eine schwere Belastung«[63]. Vermutlich gilt das weit über den Geschichtsunterricht hinaus.

*

Jacob Burckhardt hat einen der neun Abschnitte, in die er seine Griechische Kulturgeschichte gliedert, »Die Erkundung der Zukunft« überschrieben. Es ist der kürzeste Abschnitt, aber er umfaßt immerhin 61 Seiten. Schon im dritten Absatz kommt er auf einen Vergleich zu seiner eigenen Zeit, von der er sagt: »Außerdem will unsere jetzige Zeit die Zukunft womöglich vorausberechnen, so sehr auch Ungeduld und leidenschaftliches Wünschen sie dabei stören mögen. Ob diejenige Quote Wahnes, von welcher sie dabei geführt wird, wesentlich geringer ist als in den Zeiten des sogenannten Aberglaubens, wird schwer zu sagen sein. Das Altertum dagegen, wie die meisten Heidentümer überhaupt, glaubte das Künftige auf wunderbare Weise erfahren zu können.«[64]

Die Abhandlung selbst bietet ausführlich und detailliert, was wir über die verschiedenen Arten solch wunderbarer Zukunftserkundung wissen, ohne freilich die Frage zu stellen, wieweit man aus den Auffassungen über Geschehen und Historie Rückschlüsse darauf ziehen kann, wie sich den Griechen jeweils der Zukunftshorizont darstellte; wobei dann die Ausnahme, Athen im 5. Jahrhundert, besonders zu erwähnen gewesen wäre.

Aber entscheidend ist, daß die Bedeutung der Zukunftserkundung Burckhardt offenbar nur allzu bewußt gewesen ist; im Gegensatz zu vielen anderen. Was immer im einzelnen zu seinen Ausführungen zu bemerken wäre: Es bleibt jedenfalls bestehen, daß hier für die verschiedensten Epochen ein wichtiges Problem liegt – dessen Behandlung um so dringender wird, je mehr die Geschichtswissenschaft vor der Frage steht, die Eigenart der verschiedenen Epochen und Gesellschaften für sich und insbesondere im Vergleich zueinander deutlich zu machen.

Nicht nur also die handlungsleitenden respektive -hemmenden Prognosen, die in der Politik eine Rolle spielen, sondern auch die allgemeinen Zukunftshorizonte und -probleme, die die Gesellschaften in ihrer jeweiligen Gegenwart beschäftigen, unter Umständen auch prägen, verdienen unser Interesse.

Es stellt sich im Anschluß daran noch ein Spezialproblem in Hinsicht auf die Geschichte – bevor jene zwei Fragen zu erörtern sind, die den prognostischen Einschlag der Geschichtsschreibung und das prognostische Training der Historiker selbst betreffen.

*

Prognosen können das, was sie vorhersagen, auch herstellen: Daß man an Wahrsagungen nicht glauben, ihre Veröffentlichung jedoch sehr ernst nehmen soll, da durch sie viel Unheil angerichtet worden sei, hat schon Francis Bacon gefunden.[65] Golo Mann spricht von den »Prognosen derer, die so tun, als seien sie reine Beobachter, als stünden sie außerhalb des Prozesses, den sie beobachten und durch ihre Voraussagen auch beeinflussen, als sei es nicht ihre eigenste Sache, die sie da prognostizieren«[66]. Robert K. Merton hat in seinem Aufsatz über die Eigendynamik gesellschaftlicher Voraussagen darauf hingewiesen, »daß Definitionen einer Situation (Prophezeiungen oder Voraussagen), die im öffentlichen Bewußtsein wirksam sind, ein integraler Bestandteil der Situation selbst werden und dadurch spätere Entwicklungen beeinflussen«. Er rechnet ausdrücklich auch damit, daß »die ›self fulfilling prophecy‹ … ursprünglich eine *falsche* Definition« gibt, »die ein neues Verhalten hervorruft, welches am Ende die zunächst falsche Vorstellung *richtig* werden läßt«.

Die »trügerische Richtigkeit der ›self fulfilling prophecy‹ verewigt die Herrschaft des Irrtums«[67].

Entsprechend legt Kant im Streit der Fakultäten dar, daß die jüdischen Propheten ebenso wie, modern gesprochen, »pessimistische« moderne »Realpolitiker« die Menschen derart bestimmen, daß diese eben das tun, was sie voraussagen. Daher seine berühmte Antwort auf die Frage, wie eine Geschichte a priori möglich sei: »Wenn der Wahrsager die Begebenheiten selber *macht* und veranstaltet, die er zum Voraus ankündigt.« Er setzt dem eine »philosophische Vorhersagung« entgegen, die an eine »Begebenheit« seiner Zeit anknüpft, »das Phänomen nicht einer Revolution, sondern ... der *Evolution* einer *naturrechtlichen* Verfassung«: »Nun behaupte ich, dem Menschengeschlechte ... das ... nicht mehr gänzlich rückgängig werdende Fortschreiten desselben zum Besseren, auch ohne Sehergeist, vorhersagen zu können.«[68]

Meines Erachtens sollte man aber doch fragen, wie weit unter verschiedenen Umständen die Macht »falscher« Prognosen reichen kann. Und dies sowohl im Kurzfristigen wie im Langfristigen. Wie weit wäre man etwa mit der »Fortschritts«-Prognose gekommen, wenn nicht wirklich, und keineswegs unbedingt der Prognosen wegen, immer wieder neue Fakten aufgetaucht wären, die diese Prognose zu bestätigen schienen; die in irgendeiner Weise als Belege derartiger Annahmen dienen konnten?

Was wäre die Folge, wenn kritische Annahmen über die Zukunft unter den Verdacht der Fortschrittsvereitelung gestellt würden? Wenn im Zeichen des Rechnens mit Verbesserung immer neue Enttäuschungen geradezu provoziert würden? Wenn wir uns alle einreden ließen, die Dinge würden sich zum Besseren wenden und dabei jeden Kontakt zur Wirklichkeit verlören?

»Wenn Sie in Ihrem Garten einen Apfelbaum haben und hängen nun an denselben einen Zettel, auf den Sie schreiben: Dies ist ein Feigenbaum, ist denn dadurch der Baum zum Feigenbaum geworden? *Nein,* und wenn Sie Ihr ganzes Hausgesinde, ja alle Einwohner des Landes herum versammelten und laut und feierlich beschwören ließen: Dies ist ein Feigenbaum – der Baum bleibt, was er war, und im nächsten Jahr da wird sich's zeigen, da wird er *Äpfel* tragen und keine *Feigen.*«[69]

Sollte man nicht, soweit das geht, auch in der Geschichte die Frage verfolgen, wann und unter welchen Umständen, durch welche Antriebe und in welchen Lebensbereichen *self fulfilling prophecies* eine Chance haben, sich, indem sie sich verwirklichen, als richtig zu erweisen? Es wäre dann zu fragen, welche Reichweite sie hatten, sowohl zeitlich wie gleichsam im Winkel ihrer Aussagen. Wo sonst als in der Geschichte ließe sich ausreichendes Material dafür finden? Die grundsätzliche Möglichkeit solcher Voraussagen dagegen braucht ebenso wenig bewiesen zu werden wie die Möglichkeit von *self defeating prophecies*.[70]

*

Schließlich hat der Historiker in Hinblick auf die Arbeit seiner Vorgänger viel mit Prognosen zu tun – und sollte entsprechend auch in der eigenen Arbeit besondere Aufmerksamkeit darauf verwenden.

»Gute Historiker haben m. E., ob sie nun darüber nachdenken oder nicht, die Zukunft in den Knochen«, so schrieb – in Anlehnung an eine Äußerung von Charles Snow – Edward Hallett Carr in seinem Buch »Was ist Geschichte?«[71]. Golo Mann sprach davon, daß der Historiker in der Vergangenheit eine Bewegung entdeckt, die auf uns zukommt; eine Bewegung, »in der er selber noch steht und die er dann auch in die Zukunft projiziert, gedanklich weiterführt, gleichgültig ob er ihr bejahend oder verneinend gegenübersteht«. Er hielt dies Motiv für berechtigt, »und zwar um so mehr, je näher rein chronologisch der geschichtliche Gegenstand uns ist, je mehr er sich der eigentlichen Zeitgeschichte nähert«. »Wie ja auch die historischen Schriftsteller, die besonders stark an den großen Fragen ihrer Zeit teilnahmen, ihre Forschungen meist nicht sehr tief in die Vergangenheit führten, sich gern auf einen Zeitraum von zwischen 50 und 100 Jahren beschränkten: Tocqueville, Taine, Treitschke.« Diese Regel ließe freilich Ausnahmen zu, wobei er besonders Theodor Mommsen erwähnt.[72]

Jedenfalls ist das Bild der Geschichte, das Historiker zeichnen, nicht nur potentiell von *ira et studium* in Hinsicht auf Parteiungen der Gegenwart oder Vergangenheit bestimmt, es ist nicht nur abhängig davon, wieweit sie neben den Feldherrn die Soldaten, neben den Tätern die Opfer, neben den Männern die Frauen, neben den Ober- die Unterschichten, neben der Makro- die Mikrogeschichte etc. berücksichtigen. Vielmehr ist auch die Weise, in der sie sich Ereignissen oder Prozessen widmen, in der sie in der Geschichte Gesetzmäßigkeiten oder reine Zufälle oder – eventuell besonders nachdrücklich – die Freiheit des Willens betonen, potentiell aufs stärkste von ihren Hoffnungen und Befürchtungen gelenkt. In sehr verschiedener Richtung, sei es, daß sie eher als Sieger oder eher als Besiegte urteilen, sei es eher im Sinne von Fortschrittshoffnungen oder mehr im Sinne von Zukunftsangst – um nur einige Alternativen aufzuweisen. Ich vermute, daß man gerade in der zweiten Hälfte des vorigen Jahrhunderts, je mehr die Liberalen vom Proletariat in Richtung Zukunft überholt zu werden drohten, interessante Veränderungen in diesem Punkt beobachten kann.

L'historien fait pour le passé ce que la tireuse de cartes fait pour le futur. Mais la sorcière s'expose à une vérification et non l'historien, meinte Paul Valéry.[72a] Das stimmt und stimmt nicht. Denn auch der Historiker, der die Geschichte vergangener Zeit schreibt, kann von der Zukunft widerlegt werden: Indem sie an den Tag bringt, daß seine Betrachtungsweisen gemessen an dem, was bald darauf (oder schon zur gleichen Zeit) als relevante Gesichtspunkte, Kategorien, Dimensionen des Historischen erkannt wurde, veraltet ist. Freilich differieren da die Auffassungen.

Gemessen an den modernen Gegenbildern könnte man meinen, daß zwischen Herodot und Thukydides in dieser Hinsicht keine großen Unterschiede bestünden, da beide im antiken Horizont einer im ganzen gleichbleibenden Welt befangen waren. Beide waren sich durchaus bewußt, daß die Geschichte offen ist[73] (und man sollte im Blick auf die vorangegangenen, orientalischen Hochkulturen hinzufügen: Beide zeigen in ihren Werken zugleich, daß man bei den Griechen, wohl erstmals in der Weltgeschichte, große Darstellungen einer offenen Geschichte an die Öffentlichkeit geben konnte). Aber die Weise, in der Thukydides nach den Möglichkeiten von Planung und Vorausschau fahndet, zugleich im Horizont dieser Fragen entdeckt, wieviel »Erwartungswidriges« sich ständig ereigne, die Weise auch, in der er meint, aus seiner Geschichtsschreibung könne man für künftiges Handeln etwas lernen, zeigt doch eine ganz andere Haltung gegenüber Politik als bei Herodot – und das wirkt sich in seiner Geschichtsschreibung aufs vielfältigste aus.

Größere Unterschiede als diese ließen sich gewiß in einem Vergleich etwa zwischen Ranke und Gervinus herausarbeiten, wahrscheinlich sogar zwischen verschiedenen Perioden in der historischen Arbeit Droysens. Und dafür, wie sehr auch für eine ferne Geschichte bestimmte gegenwartsorientierte Auffassungen von der historischen Motorik das ganze Werk eines Historikers prägen können, bietet Theodor Mommsens Römische Geschichte ein hochinteressantes Beispiel.[74]

Aber man kann auch auf die verschiedenen Aussagen darüber, ob eine historische Erscheinung »endgültig« gescheitert, vorbei oder tot sei, verweisen, welche Historikern unter Umständen allzu leicht von den Lippen kommen und – falls sie sich jedenfalls im Bereich jüngerer Vergangenheit bewegen – durchaus (wenn auch irrtümlich) prognostisch sein und auf die Darstellung sich auswirken können, wie zum Beispiel verschiedene Urteile westdeutscher Historiker darüber, daß der deutsche Nationalstaat »endgültig« gescheitert sei.[75] Insofern leuchtet es wohl ein, wie wichtig es ist, in den Werken früherer Historiker auch die Frage nach deren Zukunftsverhältnis zu verfolgen. Eine größere Bewußtheit in diesem Zusammenhang scheint mir deswegen unbedingt geboten. Denn Historiker sollten, soweit es irgend geht, wissen, was sie tun.

*

In diesem Zusammenhang könnte sich aber noch etwas Weiteres empfehlen: daß man nämlich vermittels expliziter eigener Prognosen sich der Offenheit der Geschichte und der zwangsläufigen Begrenztheit des Horizonts aller Zeitgenossen stärker bewußt zu werden versucht. Gewiß, keiner weiß so gut wie der Historiker, daß die Geschichte voller Überraschungen steckt. Und keiner soll sich anmaßen zu meinen, er habe den Schlüssel zu irgendeiner, und sei es einer naheliegenden, Zukunft in der Hand. Aber mit derartigen Allerweltsweisheiten ist noch nicht viel erreicht.

Die ganze Problematik des beschränkten Zukunftshorizonts von Zeitgenossen sowie der Offenheit der Geschichte macht man sich am besten am eigenen Leibe klar – indem man selber prognostiziert (wobei gegen das Eingrenzen auf mögliche Alternativen und gegen Konditionalsätze nichts einzuwenden ist). Nicht, um das zu veröffentlichen, nicht, weil der Historiker eine besondere Kompetenz der Zukunft gegenüber hätte![76] Vielmehr zur eigenen Kontrolle. Indem man etwa von Zeit zu Zeit eigene Prognosen aufschreibt, mit dem Datum versieht und irgendwo aufbewahrt, um sie sich später einmal wieder anzusehen. Man sollte auch seine Studenten dazu auffordern. Ja, es könnte sich empfehlen, daß man auch Seminare zur Prognose abhält.

Ich kann berichten, daß dies außerordentlich interessant sein und lebhafte Mitarbeit hervorrufen kann, und zwar gerade in dem Teil, wo die Teilnehmer eigene Prognosen anzufertigen haben (nachdem man die Prognosen anderer aus der Vergangenheit gehörig studiert hat). Schon was von den Studenten zum Gegenstand der Prognose gemacht wird, für das eigene Land, für den Erdteil wie für die ganze Welt, erweitert die Umsicht und schärft die Fragen der Beteiligten. Sowohl geographisch, wie insbesondere auch in Hinsicht auf die verschiedenen Dimensionen, in denen sich Geschichte abspielt – und nicht zuletzt auf deren Zusammenhang. Die Diskussion trägt zusätzlich dazu bei. Man lernt es, der eigenen Zeit mit viel mehr Aufmerksamkeit, mit größerer Distanz, einem weiteren Horizont und geschärftem Möglichkeitssinn zu begegnen – was keinem Historiker zum Schaden gereicht.

Das scheint gerade heute höchst aktuell zu sein. »Wie lange unser Planet noch organisches Leben dulden wird und wie bald mit seinem Erstarren, mit Aufbrauch der Kohlensäure und des Wassers auch die tellurische Menschheit verschwindet, mag auf sich beruhen«, hat Jacob Burckhardt 1871 geschrieben, und er hat diesen Satz in Klammern gesetzt.[77] Das wird man heute so nicht mehr sagen können. Aber man wird auch, allgemeiner, zu fragen haben, was es ausmacht, wenn nicht mehr über allen Schwierigkeiten eine Verheißung zum Besseren steht, sondern alle Veränderungserwartungen in großem Stil zwischen Begünstigten und Benachteiligten, zwischen Vorteilen und Kosten zu unterscheiden haben. Was sich eventuell lähmend auswirkt.

Vermutlich liegt hier der Grund für das ganze Ausmaß unserer Schwierigkeiten, die eigene Zeit zu diagnostizieren. Was ja nicht nur aus der beschleunigten und immer weiter ausgreifenden Veränderung resultieren wird und aus der des

Staatensystems vielleicht vornehmlich nur dadurch, daß ihr ein ideologischer Zusammenbruch korrespondiert, das Ende zwar nicht der Geschichte, aber immerhin eines ganzen Abschnitts neuzeitlicher Geschichte. Die Geschichte selbst dagegen könnte erst richtig wieder anfangen. Jedenfalls tut man besser daran, mit allem Möglichen zu rechnen, als einfach das Bisherige als gleichbleibend fortzuschreiben.

Alles Weitere, was man nämlich bei späterer Einsicht in schriftlich festgehaltene frühere Prognosen über sich als Historiker wie über historische Vergangenheit lernen kann, muß sich noch herausstellen. Ich vermute, daß es nicht wenig ist.

»Logisch gut und menschlich gut sind die Prognosen, die unterscheiden zwischen dem Vorgegebenen, dem als unvermeidlich zu Erkennenden und der Entscheidungsfreiheit, die dem Menschen gleichwohl bleibt.«[78] Darüber wird man durch nichts so gut belehrt wie durch die Übung im Umgang mit Vorhersagen. Wird nicht die ausgeprägte Skepsis, die gerade Jacob Burckhardt – aber auch Friedrich der Große – gegenüber Prognosen äußern, gerade von daher genährt, daß sie selbst so gern Prognosen anstellten? Gerade dadurch konnten sie lernen, wie gefährlich respektive unsicher diese sein können. Das bloße Beharren darauf, daß der Historiker kein Prophet sei, ist dagegen wenig lehrreich, ja es beschneidet, wenn die vorangehenden Erörterungen nicht ganz in die Irre gehen, seine Erkenntnis- und Darstellungsmöglichkeiten.

Le passé n'éclairant plus l'avenir, l'esprit marche dans les ténèbres, heißt es im letzten Kapitel von Tocquevilles Buch über die Demokratie in Amerika.[79] Daran, daß die Vergangenheit nicht mehr *magistra vitae* ist, haben wir uns allmählich gewöhnt. Aber wie schwierig Gegenwart und Zukunft sind, wird neuerdings immer deutlicher. Auch Historiker sind da gefordert. Insofern scheint mir das Thema »Historiker und Prognose« von besonderer Aktualität zu sein.

Anmerkungen

Die andere Mauer in den deutschen Köpfen

1 Vortrag in Bremen am 29. November 1997. Bisher unveröffentlicht. Gekürzt nur in: *DIE WOCHE* 2. 1. 98.
Der Aufsatz von Tilmann Moser findet sich in: *Psyche* 46, 1992, 389 ff. Interessante Überlegungen über das Erzählen als Vermittlung des Hineinwachsens von Jugendlichen in eine Überlieferung bei: Alfred Heuß, »Geschichtliche Gegenwart, ihr Erwerb und ihr Verlust.« In: *Geschichte in Wissenschaft und Unterricht* 38, 1987, 389 ff. Zuvor schon zur Sache: Drei Äußerungen in: Augstein u. a., *Historikerstreit*, München 1987. *Vierzig Jahre nach Auschwitz*, München 1987 und (überarbeitet und erweitert) München 1990. Der deutsche Historikerstreit. In: H. Kreutzer / D. Zerlin (Hrsg.), *Verfolgung und Widerstand*, München 1989. Zur deutschen Geschichtserinnerung nach Auschwitz. In: *Modern Age/Modern Historian. In Memoriam G. Ránki*, Budapest 1990. Notizen zum Verhältnis von Makro- und Mikrogeschichte. In: K. Acham / W. Schulze (Hrsg.), *Teil und Ganzes, Beiträge zur Historik 6*, München 1990, 134 ff. »Juden. Das besondere Stichwort.« In: *Der Knaur. Universallexikon* Band 7, München 1991. »Der letzte Tag. Auschwitz duldet keine Normalisierung.« In: *FAZ* 27. 1. 95. »Auszug aus der Geschichte. Die deutsche Gesellschaft und Goldhagen – Ein Rückblick.« *FAZ* 27. 12. 96. »Goldhagen und die Deutschen.« In: *Internationale Zeitschrift für Philosophie* 1, 1997.

Erinnern – Verdrängen – Vergessen

1 Erschienen in: *Merkur* 50, 1996, 937–952, als gekürzte Fassung einer Akademievorlesung. Deren nachträglich erweiterter und mit Belegen versehener Text findet sich in den *Berichten und Abhandlungen der Berlin-Brandenburgischen Akademie der Wissenschaften* 3, 1997, 59–99. Auf eine zum Teil daran anknüpfende Vorlesung von Timothy Garton Ash sei verwiesen: »Geschichtliche Aufarbeitung nach dem Kommunismus. Das deutsche Beispiel im europäischen Vergleich.« Ebd. 4, 1997, 75 ff.
2 Dazu Christoph Münz, *Der Welt ein Gedächtnis geben. Geschichtstheologisches Denken im Judentum nach Auschwitz*, Gütersloh 1995.

Das Problem eines Berliner Denkmals

1 Ungekürzte Fassung eines bei der Deutsch-Israelischen Gesellschaft in Bonn im Juni 1997 gehaltenen Vortrags. Erschienen in: *Die neue Gesellschaft/Frankfurter Hefte* 1997, 733–743. Gekürzt in *FAZ* 25. 7. 97. Weitere Äußerungen zum Thema: *Focus* 7, 1997, 108. *DIE ZEIT* 11. 4. 97. *Tagesspiegel* 23. 1. 98. 26. 3. 98. 19. 6. 98.

2 Auf der Rückseite des Basaltfindlings, der seit 1950 der 600 Bonner Opfer des Nationalsozialismus gedenkt, wurde 1997 diese Inschrift angefügt: »Zu den tausenden ermordeten und überlebenden Opfern der nationalsozialistischen Gewaltherrschaft im heutigen (!) Bonn zählen sowohl deutsche als auch ausländische Frauen, Männer und Kinder. Opfer waren alle, die aus weltanschaulichen, politischen, religiösen, ethnisch-rassistischen (!), sozialen und medizinischen Gründen sowie lesbischer und homosexueller Orientierung (der Verfolger? C. M.) verfolgt wurden.«
Ein sehr brauchbares Verzeichnis der »Gedenkstätten für die Opfer des Nationalsozialismus« haben Ulrike Puvogel und Martin Stankowski unter Mitarbeit von Ursula Graf erstellt. Es ist unter diesem Titel bei der Bundeszentrale für politische Bildung in zweiter Auflage 1995 erschienen; 1999 ist ihm ein zweiter Band für die neuen Bundesländer und Berlin gefolgt (Hrsg. von Stefanie Endlich u. a.).

Müde Gaedt

1 Erschienen in: *FAZ* 28. 4. 1995. Kurz zuvor: »Niederlage oder Befreiung?« In: *Focus* 17, 1995, 146.
Selten habe ich so viele Zuschriften zu einem Artikel bekommen wie zu diesem. Was wohl nur zu verstehen ist aus der Situation jener Wochen am Vorabend des 50. Jahrestages des Kriegsendes, als die veröffentlichte Meinung sich ausgiebig darin gefiel, von der »Befreiung« Deutschlands zu sprechen; wie wenn das alles gewesen wäre! Ständig sah man Deutschlands Staatsmänner und -frauen wie die begossenen Pudel bei den verschiedenen Veranstaltungen zum Tag der Befreiung herumstehen. Wenig später war im Daily Telegraph zu lesen, 54% der englischen Schulkinder seien überzeugt gewesen, daß die Deutschen im Zweiten Weltkrieg England besetzt hätten. Wie lange mag es dauern, bis man in deutschen Schulklassen überwiegend zu der Meinung kommt, die Nazis hätten 1933 Deutschland besetzt?
Nachträglich erwies sich, daß meine Erinnerung in verschiedenen Einzelheiten falsch war. Gaedt ist 1884 geboren worden, war 1942 also erst 56 Jahre alt. Er hat seinen Direktorposten zwar als Meister vom Stuhl der Doberaner Loge verloren, aber nicht schon 1933 und kam wohl gleich im Anschluß daran als Studienrat nach Rostock, brauchte also nicht im Krieg reaktiviert zu werden. »Müde« haben wir zwar so gedeutet, wie im Artikel wiedergegeben, doch war das wohl eine, wenngleich sinnvolle, Mißdeutung von »Müthe«, der mecklenburgischen Kurzform seines Vornamens Helmuth. Die eigentliche Aussage des Artikels wird durch diese Korrekturen nicht betroffen.

Am Ende der alten Bundesrepublik

1 Erschienen in: *Merkur* 48, 1994, 561–572. Es handelt sich um die gekürzte Fassung eines Vortrags, der beim Goetheinstitut in Weimar gehalten worden war. Parallel ein anderer: Deutschland zwischen der Bonner und der Berliner Demokratie. In: *Zeitschrift für Politik* 41, 1994, 261 ff. Zuvor zur Vereinigung: *Deutsche Einheit als Herausforderung,* München 1990; *Die Nation, die keine sein will,* München 1991.

Das Problem der Arbeit in seinen Zusammenhängen

1 Erschienen in: *Merkur* 52, 1998, 202–214. Zum althistorischen Teil: Arbeit, Politik, Identität. Neue Fragen im alten Athen? In: V. Schubert, *Der Mensch und seine Arbeit,* St.Ottilien 1986, 47–109. Eine, zum Teil zu anderen Ergebnissen kommende, ausführliche Abhandlung soll demnächst in den Berichten und Abhandlungen der Berlin-Brandenburgischen Akademie der Wissenschaften erscheinen. Parallel zu diesem Aufsatz, in den Gesichtspunkten zum Teil abweichend: »Zur Krise der Arbeit – eine anthropologisch-historische Bestandsaufnahme.« In: K. E. Becker / H. P. Schreiner (Hrsg.), *Geht uns die Arbeit aus? Beschäftigungsperspektiven in der Gesellschaft von morgen,* Frankfurt/New York 1998. »Die Erfindung der Arbeit. Vom Wert der Muße zur Arbeitsgesellschaft, der die Arbeit ausgeht.« In: Zukunfts- und Kulturwerkstätte (Hrsg.), *Vita activa* 1, Wien 1998, 91 ff. »Am Ende der Arbeitsgesellschaft.« In: Stifterverband für die deutsche Wissenschaft (Hrsg.), *Aus Wirtschaft und Politik* 1999, 38 ff.

Wo bleibt die Demokratie in diesem Europa?

1 Erschienen in: *Merkur* 54, 2000, 1010-1015. Zum weiteren Zusammenhang: »Das Problem einer europäischen Identität.« In: *Europäische Rundschau* 28, 2000/3, 57-70.
2 Was inzwischen geschehen ist, ohne daß es Haider zugute gekommen wäre.

Vom »fin de siècle« zum »end of history«?

1 Erschienen in: *Merkur* 44, 1990, 809-824. – Die Nietzsche-Passage S. 178 hält sich, so unwahrscheinlich diese Prognose von 1883 sich heute auch ausnimmt, ganz eng an den Wortlaut (nachzulesen in: Also sprach Zarathustra. Zarathustras Vorrede Abschnitt 5). Nur die Reihenfolge der Sätze ist teilweise verändert.

Läuft der Zeit die Zeit davon?

1 Erschienen in *DAMALS,* Dezember 1999. Erste Äußerung zu diesem Thema, das ich inzwischen weiter verfolgt habe: *Merkur* 54, 2000, 415–426 und V. Schubert, *An der Schwelle des Jahrtausends,* 2001. Ein vorläufig abschließender Aufsatz mit weitergehenden Überlegungen soll in den Vorträgen des Warburginstituts in Hamburg erscheinen.

Historiker und Prognose

1 Erschienen in: *Über die Offenheit der Geschichte,* Historisches Kolleg München 1996, 45–81. Hinzuweisen ist in diesem Zusammenhang auf zwei jüngere Publikationen: Paul Noack, *Eine Geschichte der Zukunft,* Bonn 1996. Lucian Hölscher, *Die Entdeckung der Zukunft,* Frankfurt 1999.
1a Wie das aussehen könnte, zeigt etwa in Hinsicht auf den Ausbruch des Ersten Weltkriegs Karl Dietrich Erdmann, »Die Zukunft als Kategorie der Geschichte«, in: *Historische Zeitschrift* 198 (1964) 54.

2 Wilhelm Kamlah, Korreferat zu Erdmanns Vortrag, ebd. 73. Vgl. auch Theodor Lessing, *Geschichte als Sinngebung des Sinnlosen*, Hamburg 1962, 207f.
3 August 1914 (München 1971), 254.
4 Timothy Garton Ash, *Im Namen Europas. Deutschland und der geteilte Kontinent*, München 1993, 348.
5 Konrad Adenauer, *Erinnerungen 1945-1953*, Stuttgart 1986, 13. Wortgleich Thomas Nipperdey, *Nachdenken über die deutsche Geschichte*, München 1986, 216. Herausragende Ausnahme in letzter Zeit: Paul Kennedy, *Aufstieg und Fall der großen Mächte. Ökonomischer Wandel und militärischer Konflikt von 1500 bis 2000* (erstmals auf Englisch erschienen 1987), Frankfurt a. M. 1989, 648ff. Dazu Christian Meier, »Die ›Ereignisse‹ und der Umbruch des Weltsystems«, in: *Merkur* 44, 1990, 376ff. Ferner: Paul Kennedy, *In Vorbereitung auf das 21. Jahrhundert*, Frankfurt a. M. 1993.
6 James Bryce, »The Predictions of Hamilton and De Tocqueville«, in: *Johns Hopkins University Studies in History and Political Science* 5, Series 9, Baltimore 1887. Otto Vossler, *Alexis de Tocqueville. Freiheit und Gleichheit*, Frankfurt a. M. 1973, 73ff. Mit Genugtuung erinnert er an die erste Voraussage Tocquevilles, »die er, erfolgsicher, sogar dokumentarisch festgehalten wissen wollte. Am 24. März 1830 sagt er voraus, daß die Juli-Revolution nicht stattfinden werde« (216, 17).
7 *Über das Studium der Geschichte*, München 1982, 246. Jacob Burckhardts Briefe an seinen Freund Friedrich von Preen 1864/93 (Stuttgart, Berlin 1922). Z. B. 26: »Sie wissen, ich hatte immer die Torheit des Weissagens, und bin schon erstaunlich damit angelaufen; aber ich muß mir diesmal doch ein Bild machen von dem, was man vorzuhaben scheint ...«; 130: »Es wird dahin kommen mit den Menschen, daß sie anfangen zu heulen, wenn ihrer nicht wenigstens Hundert beisammen sind«; 164; 178: »Für mich ist es schon lange klar, daß die Welt der Alternative zwischen völliger Demokratie und absolutem rechtlosem Despotismus entgegentreibt, welcher letztere denn freilich nicht mehr von Dynastien betrieben werden möchte, denn diese sind zu weichherzig, sondern von angeblich republikanischen Militärkommandos«; 51: »Am merkwürdigsten wird es den Arbeitern gehen; ich habe eine Ahnung, die vorderhand noch völlig wie Torheit lautet und die mich doch durchaus nicht loslassen will: Der Militärstaat muß Großfabrikant werden. Jene Menschenanhäufungen in den großen Werkstätten dürfen nicht in Ewigkeit ihrer Not und ihrer Gier überlassen bleiben; ein bestimmtes und überwachtes Maß von Misere mit Avancement und in Uniform täglich unter Trommelwirbel begonnen und beschlossen, das ist's, was logisch kommen müßte. (Freilich kenne ich Geschichte genug, um zu wissen, daß sich die Dinge nicht immer logisch vollziehen.)« (Vgl. Kommunistisches Manifest. Karl Marx, *Die Frühschriften*, Stuttgart 1964, 533. Bismarck, *»Der Soldat der Arbeit«, Gespräch mit ... Moritz Busch*, 1881. Friedrichsruher Ausgabe 8.419); 180; 271; 291; 293: Vgl. Werner Kaegi, *Jacob Burckhardt. Eine Biographie* Bd. 5, Basel, Stuttgart 1973, 283, 483, 613ff. Vgl. u. S. 232f.
8 Ash, (wie o. Anm. 4), 345. Vgl. 260ff.
9 Elegie 3 (Diehl). Dazu Christian Meier, *Entstehung des Begriffs »Demokratie«*, Frankfurt a. M. 1970, 19ff. Athen, Berlin 1993, 69ff. Das im nächsten Absatz zitierte Gedicht ist Elegie 10. Vgl. u. S. 233.

10 Herodot 1, 53, 3. Vgl. zur Ungewißheit darüber, ob sie mit einem Friedensschluß enden: Eberhard Kolb, »Der schwierige Weg zum Frieden. Das Problem der Kriegsbeendigung 1870/71«, in: *Historische Zeitschrift* 241, 1985, 51.
11 1, 138, 3. Meier, *Athen*, 7ff. Vgl. immerhin Herodot 5, 36.
12 Thukydides, 1, 141, 2ff., 2, 13, 2ff., 62, 65. Meier, 528ff. Ähnliche Fehler, die allesamt darin bestehen, daß die Rechnung zwar innerhalb eines bestimmten Rahmens gut, aber ohne Berücksichtigung möglicher Einwirkungen von außerhalb angestellt worden ist, begegnen auch sonst häufig. Vgl. etwa Machiavelli, *Principe*, Kapitel 7: »Bei der Wahl Julius' II. sagte er (Cesare Borgia) mir: er habe alle möglichen Vorgänge nach Alexanders Tode berechnet und sich auf alles gefaßt gemacht; daß er aber zu eben der Zeit, in welcher sein Vater starb, selbst in Lebensgefahr kommen werde, habe er nicht voraussehen können.« Machiavelli gibt ihm recht.
13 *Principe*, Kapitel 13. Es heißt weiter: »Aber die Gabe des rechtzeitigen Erkennens ist nur Wenigen gegeben« (Übersetzung Carlo Schmid). Vgl. Kapitel 3. Richelieu, *Politisches Testament und Kleinere Schriften. Eingeleitet und ausgewählt von Wilhelm Mommsen*, Berlin 1926, 172. Vgl. 173: »Diejenigen, die in den Tag hineinleben, leben für sich glücklich, aber man lebt unglücklich unter ihrer Führung. Wer lange voraussieht, tut nichts überstürzt, weil er zu rechter Zeit daran denkt, und es ist schwer, es schlecht zu machen, wenn man frühzeitig daran gedacht hat.«
14 *Die Politischen Testamente. Mit einer Einführung von Gustav Berthold Volz*, München [3]1941, 70, 61. Wie Jacob Burckhardt hat Friedrich trotzdem große Freude am Prognostizieren. Vgl. z. B. 230: »Nachdem ich so viele ernste Dinge besprochen habe, darf ich mir eine Erholung gönnen und einen Blick in die Zukunft Europas werfen. Ich könnte ebenso gut alte Märchen erzählen als den Propheten spielen. Einerlei; prüfen wir, was uns zu erraten erlaubt ist.« Welche Schulung der Phantasie!
15 Ebd. 231.
16 Friedrich der Große, *Werke*, deutsch (hrsg. v. G. B. Volz), Bd. 7, Berlin 1912, 267f. Zu Diderot: Reinhart Koselleck, *Vergangene Zukunft. Zur Semantik geschichtlicher Zeiten*, Frankfurt a. M. 1979, 45f., 36, 75f. sowie Reinhart Koselleck, »Die unbekannte Zukunft und die Kunst der Prognose«, in: *Attempto. Nachrichten für die Mitglieder der Vereinigung der Freunde der Universität Tübingen e. V.* 70/71, 1984/85, 82.
17 Wie Anm. 13, 174. Ähnlich übrigens schon der Scholiast zu Thukydides 1, 138, 3: *καλῶς τὸ ἐπὶ πλεῖστον. θεοῦ γὰρ μόνου τὸ πάντα εἰδέναι*
18 Otto Vossler, »Bismarcks Ethos«. In seiner Aufsatzsammlung: *Geist und Geschichte. Von der Reformation zur Gegenwart*, München 1964, 235ff., bes. 253. Lothar Gall, *Bismarck. Der weiße Revolutionär*, Berlin 1980, 127ff.
19 Reinhart Koselleck, »Über die Verfügbarkeit der Geschichte«, in: *Vergangene Zukunft*, 260ff. »Wozu noch Geschichte?«, in: *Historische Zeitschrift* 212, 1971, 1ff., dort S. 8: »›Wir‹, rief Hitler, ›sind vom Schicksal ausersehen worden, im höchsten Sinne des Wortes Geschichte zu machen. Was Millionen Menschen verwehrt wird, hat uns die Vorsehung gegeben. An unserem Werk wird sich die späteste Nachwelt noch unserer erinnern.‹« Und: »Bei der Vorbereitung über die zu erstellende Parteigeschichte in der DDR hat ›Ge-

nosse Ulbricht ... heute morgen in einem Zwischenruf gesagt, die Arbeit mit den Historikern hat ihn mehr Mühe gekostet als die Arbeit mit der Geschichte ...‹«

20 Indiz dafür ist das Bestreben, alle möglichen Ereignisse, die in Wirklichkeit eher gleichgültig sind, als »historisch« zu deklarieren. Man sieht sich lieber in den Schulbüchern der Zukunft als im sumpfigen Gegenwartsgelände. – Interessant ist es in diesem Zusammenhang, einem führenden deutschen Politiker der letzten Zeit, dem ehemaligen Bundeskanzler Helmut Schmidt zuzuhören, wenn er der Frage eines Historikers ausgesetzt ist, ob man sich nicht bei aller Ungewißheit, die die einzelnen Situationen mit sich bringen, auf die Möglichkeiten und Risiken der Zukunft im vorhinein wenigstens etwas besser vorbereiten könnte. Die Antwort läuft letztlich auf den Spruch hinaus: *the unexpected is what happens.* Das schließt gewisse Zielsetzungen nicht aus, Europa etwa, aber Planung ist kaum möglich, und Visionen sind unbrauchbar: Helmut Schmidt, im Gespräch mit Eberhard Jäckel und Edzard Reuter, *Was wird aus Deutschland?* (Stuttgart 1994): »Wunderbar verächtlich«, heißt es in Musils *Mann ohne Eigenschaften* (Hamburg 1952, 894), »ist auch die von dir geprägte Formel, daß im heutigen Leben die Menschen bloß das tun, was geschieht.« Mit heutigen Augen liest man, scheint mir, weniger die Verachtung als die Angst in dieser Formulierung, die aufkommt, wo man das Gefühl hat, irgendwohin zu treiben, ohne es beeinflussen zu können. Schließlich ist ja inzwischen selbst das Leben auf dem Globus in die Hand von Menschen gegeben.

21 Koselleck, *Die unbekannte Zukunft,* 83 f.

22 Hierzu und zum folgenden: Christian Meier, *Die Entstehung des Politischen bei den Griechen,* Frankfurt a. M. 1980, 435 ff. mit weiteren Hinweisen.

23 Im Corpus Hippocraticum gibt es ein »Prognostikon« überschriebenes Buch. Wichtig der Gedanke, daß eine richtige Voraussage des Krankheitsverlaufs Voraussetzung nicht nur einer angemessenen Therapie ist, sondern auch des Vertrauens der Patienten zum Arzt. Für die Bedeutung der Prognose bei den Medizinern im Zusammenhang mit Thukydides vgl. zuletzt: Georg Rechenauer, *Thukydides und die hippokratische Medizin. Naturwissenschaftliche Methodik als Modell für Geschichtsdeutung,* Hildesheim, Zürich, New York 1991, 196 ff.

24 (Aristoteles), *Athenaion Politeia* 8, 5. (Der solonische Standpunkt ist der zukunftsträchtige. Zum Gesetz zuletzt: Christian Meier, »Die Gewalt und das Politische«, in: *Jahrbuch der Berlin-Brandenburgischen Akademie der Wissenschaften,* 1994, 178 ff.) Siehe auch Marcel Detienne, »En Grèce Archaique: Géométrie, Politique et Société«, in: *Annales* 20, 1965, 425 ff. Christian Meier, *Introduction à l'Anthropologie Politique de l'Antiquité Classique,* Paris 1984, 50 ff.

25 Felix Heinimann, »Eine vorplatonische Theorie der *τέχνη*«, in: *Museum Helveticum* 18, 1961, 105 ff., bes. 108 f. Vgl. Thukydides 1, 144, 4 u. a. Auf den »Zufall« setzen nicht zuletzt auch die, die sich, unvorsichtigerweise, von der Hoffnung leiten lassen. Sie ist, nach Thukydides, in der Gefahr zwar ein Trost, aber sie schadet, da sie »von Natur verschwenderisch« ist (5, 103).

26 Herodot 8, 60. Alkman 44 [Ernst Diehl, *Anthologia Lycrica Graeca* 2, Leipzig 1935, 24]. Kritias, *Fragment 21* (Fragmente der Vorsokratiker 2, 385). –